Señor, soy yo de nuevo

BroadStreet
ESPAÑOL

BroadStreet Publishing Group, LLC
Savage, Minnesota, E.U.A.
BroadStreetPublishing.com

Señor, soy yo de nuevo

Edición en español, copyright © 2023 por BroadStreet Publishing®
Publicado originalmente en inglés con el título *Lord, It's Me Again*,
© 2016 por BroadStreet Publishing

ISBN: 978-1-4245-6600-6 (piel símil)
e-ISBN: 978-1-4245-6601-3 (libro electrónico)

Devociones compuestas por Janelle Anthony Breckell, Diane Dahlen, Claire Flores,
Shannon Lindsay y Michelle Winger.

Las escrituras marcadas como «NVI» son tomadas de la Santa Biblia, NUEVA VERSIÓN
INTERNACIONAL® NVI® © 1999, 2015 por Biblica, Inc.® Todos los derechos reservados en todo el mundo. / Las escrituras marcadas como
«NTV» son tomadas de la Santa Biblia, Nueva Traducción Viviente, © 2010 por Tyndale
House Foundation. Usada con permiso de Tyndale House Publishers, Inc., 351 Executive
Dr., Carol Stream, IL 60188, Estados Unidos de América. Todos los derechos reservados.
/ Las escrituras marcadas como «NBLA» son tomadas de la Nueva Biblia de las Américas
(NBLA), Copyright © 2005 por The Lockman Foundation. Usadas con permiso. www.
NuevaBiblia.com. / Las escrituras marcadas como «RVC» han sido tomadas de la versión
Reina Valera Contemporánea® © Sociedades Bíblicas Unidas, 2009, 2011. Todos los
derechos reservados. / Las escrituras marcadas como «NBV» son tomadas de la Nueva
Biblia Viva © 2006, 2008 por Biblica, Inc.® Usada con permiso de Biblica, Inc.® Todos
los derechos reservados en todo el mundo. / Las escrituras marcadas como «DHH» son
tomadas de la Biblia Dios habla hoy®, Tercera edición © 1966, 1970, 1979, 1983, 1996 por
Sociedades Bíblicas Unidas. Usada con permiso. / Las escrituras marcadas como «TLA»
son tomadas de la Traducción en lenguaje actual, © 2000 Sociedades Bíblicas Unidas.
Usada con permiso. / Las escrituras marcadas como «PDT» son tomadas de La Biblia:
La Palabra de Dios para Todos (PDT) © 2005, 2008, 2012, 2015 por Centro Mundial de
Traducción de la Biblia. Usada con permiso.

Diseño por Chris Garborg | garborgdesign.com
Compilado y editado en inglés por Michelle Winger
Traducción, adaptación del diseño y corrección en español por LM Editorial Services |
lmeditorial.com | lydia@lmeditorial.com con la colaboración de Belmonte Traductores
(traducción) y produccioneditorial.com (tipografía)

Impreso en China / Printed in China

23 24 25 26 27 * 5 4 3 2 1

Introducción

Es difícil admitir que necesitamos a Dios;
todo el tiempo. Nos encontramos pidiendo
tímidamente su atención como si Él se molestara
fácilmente. Como si Él estuviera cansado
de oírnos pedir algo una vez más.
¡Eso no podría estar más lejos de la verdad!

A Dios le encanta encontrarse con nosotras
en cada momento de cada día. Él nos alienta
a acercarnos y pedirle con confianza todo lo que
necesitamos. Él quiere escuchar lo que hay
en nuestro corazón.

A medida que pases tiempo leyendo estas
reflexiones, versículos y oraciones, recuerda
que a Dios le gusta escuchar cada una de tus
palabras. Él está esperando colmarte de sus
bendiciones de paz, esperanza, alegría y fortaleza.
Lo único que tienes que hacer es pedir.

Enero

Así que no temas, porque yo estoy

contigo;

no te angusties, porque yo soy tu Dios.

Te fortaleceré y te ayudaré;

te sostendré con mi diestra victoriosa.

Isaías 41:10 NVI

Algo nuevo

Pues estoy a punto de hacer algo nuevo.
¡Mira, ya he comenzado! ¿No lo ves?
Haré un camino a través del desierto;
crearé ríos en la tierra árida y baldía.

ISAÍAS 43:19 NTV

Ya sea que hayas generado una lista con códigos de color para metas, sueños, y un plan de ejecución para los próximos 365 días, o hayas excluido las resoluciones y prometido hacer de éste tan solo un día más en el calendario, la hoja en blanco representada por el primer día de un nuevo año está llena de un aire de expectativa innegable. La emoción de un nuevo adorno o artefacto palidece en comparación con la promesa de un nuevo comienzo. En lo profundo de nuestro ser hay una parte de nosotras que piensa: «¡Este podría ser mi año!».

¿Quieres que te diga algo? *Es* tu año. Este día, y cada uno de los que sigue, es tuyo. Es tuyo para decidir a quién y cómo amar, servir, e incluso ser. Y la decisión que tomes al leer esta página representa la decisión de emprender este viaje en compañía de tu Padre celestial. Ese es un lugar hermoso donde comenzar.

Padre celestial, te entrego este año. Te pido que
me ayudes a mantenerte a ti en primera línea
en mi mente cuando tomo decisiones y hago planes.
Quiero buscar tu consejo en todo lo que mis manos
se propongan hacer.

Nuevas todas las cosas

El que estaba sentado en el trono dijo:
«Mira, yo hago nuevas todas las cosas».
Y me dijo: «Escribe, porque estas palabras
son fieles y verdaderas».

APOCALIPSIS 21:5, RVC

Lo más hermoso acerca del Dios a quien hemos entregado nuestra vida es que Él hace nuevas todas las cosas. Esa es una declaración de fe; siempre ha sido cierta y siempre será cierta.

Al comenzar un año nuevo, vacío y lleno de brillante promesa y de lo preocupante y desconocido, podemos descansar nuestra alma en la verdad de que nuestro Dios hará nuevas todas las cosas. Nuestros lamentos, errores y fracasos no son nada comparados con su promesa de pacto de redención y novedad.

Gracias, Jesús, porque tú haces nuevas todas las cosas.
Gracias porque tu Palabra es fiel y verdadera,
y no tengo que dudar de tus promesas.
Este año, trae novedad a mi vida. Toma mis
lamentos y conviértelos en nuevos comienzos.

Invisible

*El Señor mira desde el cielo
y ve a toda la raza humana.
Desde su trono observa
a todos los que viven en la tierra.*

SALMOS 33:13-14, NTV

¿Te sientes invisible hoy? Puede que estés rodeada por una multitud de personas y, aun así, te sientes sola y aislada. Puede que así se sintiera la mujer que necesitaba un toque sanador de Jesús, y estaba convencida de que Él nunca la observaría entre tantas personas. Ella extendió su mano y lo tocó, y descubrió que Él era plenamente consciente de que ella estaba allí. Agar, la sirvienta de Sara, fue expulsada de su hogar por su ama enojada. Cuando vagaba perdida y sola en el desierto, Dios le vio y se convirtió en su libertador.

Es difícil comprender que, por pequeñas e insignificantes que somos en el tiempo y el espacio, Dios nos ve a cada una de nosotras e incluso conoce nuestro nombre. Otros puede que no observen o no entiendan, pero Dios conoce toda nuestra historia. Él siempre está presente, lo ve todo, y es sabio. Sin importar dónde estemos, Dios ve.

*Estoy muy agradecida, Señor, porque tú no solo
me ves físicamente, sino también ves mi corazón
y mi mente, y conoces cada uno de mis pensamientos.
Ayúdame a recordar siempre que nunca soy
invisible para ti.*

Señor, dame paciencia... ¡ahora mismo!

*Siempre humildes y amables, pacientes,
tolerantes unos con otros en amor.*

EFESIOS 4:2, NVI

Se ha dicho que una oración pidiendo paciencia es peligrosa porque, a fin de desarrollarla, es necesario que lleguen pruebas. La paciencia se desarrolla con mucha práctica; incluso el sencillo acto de esperar, realmente cualquier cosa, es una buena práctica. Pensemos en la paciencia que Jesús tiene con nosotras. Antes de que conociéramos a Cristo, Él esperó con paciencia a que llegáramos al arrepentimiento. Cuando no confiamos en Él, nos preocupamos y nos quejamos de nuestras circunstancias, Él espera hasta que estamos listas para regresar a Él de nuevo. Él soporta nuestras rarezas e inconsistencias y nos ama de todos modos.

¿Estás siendo llamada a un nuevo nivel de paciencia en estos días? ¿Estás llena de frustración y enojo por cosas que no salen como tú quieres? ¿Están a punto de agotarte los crecientes dolores del crecimiento espiritual? Entonces, es momento de arrodillarte de nuevo ante el trono de la gracia y pedir ayuda en tu momento de necesidad.

*Oh, Dios, perdóname por mi impaciencia hoy.
Voy a hacer una oración osada y pedirte que
desarrolles en mi vida la cualidad de la paciencia.
Ayúdame a cooperar con el proceso.*

Mi identidad

«Antes no tenían identidad como pueblo,
ahora son pueblo de Dios.
Antes no recibieron misericordia,
ahora han recibido la misericordia de Dios».

1 PEDRO 2:10, NTV

Hay un énfasis en la sociedad sobre la importancia de «encontrarnos a nosotras mismas». Parece un esfuerzo válido. Necesitamos conocer nuestros dones y talentos y tener un medio para expresarlos: un propósito para vivir. Necesitamos una identidad. Como cristianas, ¡tenemos una! Primera de Pedro dice que somos piedras vivas en el templo espiritual de Dios, real sacerdocio, un pueblo escogido, posesión exclusiva de Dios. Antes de Cristo no teníamos ni identidad ni propósito.

¿Has perdido tu identidad en algún lugar del camino? ¿Quizá has perdido tu posición cuando has lidiado con las responsabilidades diarias? Reafirma quién eres y de quién eres. Eres una mujer que pertenece a Cristo, llamada de la oscuridad para hacer brillar la luz de Cristo en este mundo.

Dios, quiero reafirmar que soy tu hija. Soy perdonada,
tengo un nombre nuevo, y soy parte de tu reino.
Tú me has llamado de la oscuridad para mostrar
tu bondad a otros. ¡Mi identidad está en ti!

No nos pertenece

Yo sé, Señor, que nuestra vida no nos pertenece;
no somos capaces de planear nuestro propio destino.
Así que corrígeme, Señor, pero, por favor, sé tierno;
no me corrijas con enojo porque moriría.

JEREMÍAS 10:23-24, NTV

Jeremías, un profeta de Dios, fue llamado a revelar los pecados de los israelitas y advertirles del juicio que llegaría. Sus ruegos fueron ignorados, y llegaron las consecuencias cuando los babilonios destruyeron Jerusalén. Antes de esa catástrofe, Jeremías hizo una de las declaraciones más profundas en la Escritura. Los israelitas insistieron en seguir los pasos de las naciones idólatras que los rodeaban, haciendo las cosas a su propia manera. Parece que olvidaron que eran el pueblo escogido de Dios y que Dios había dirigido sus pasos con amor. En su independencia, cayeron en pecado y perdieron la presencia de Dios prometida.

Me pregunto cuántas veces olvidamos a quién pertenecemos y comenzamos a pensar que podemos planear nuestro propio destino en la vida. Quizá no estamos felices con la dirección de Dios y nos resistimos al camino que Él nos ha pedido que transitemos. Tal vez hoy necesites orar junto con Jeremías:

Corrígeme, Señor, pero, por favor, sé tierno; no me corrijas con enojo porque moriría. Me arrepiento de mi independencia y me rindo de nuevo a tu dirección.

¡Buena fragancia!

Ahora nos usa para difundir el conocimiento de Cristo por todas partes como un fragante perfume. Nuestras vidas son la fragancia de Cristo que sube hasta Dios.

2 CORINTIOS 2:14-15, NTV

¿Cuáles son tus fragancias favoritas? ¿Olor a pan recién horneado, a madreselva, lilas, café recién hecho, o el aire fresco del otoño? Un aroma puede catapultarte años atrás a un recuerdo de la niñez, o causar que surja de repente una emoción o un estado de ánimo mientras te vincula a tu experiencia del pasado. Una mujer que lleva un perfume agradable comparte la fragancia mientras inunda el espacio que le rodea, flotando suavemente en el aire.

Cristo quiere que vivamos nuestra vida de tal modo que, sin importar dónde estemos, extendamos el perfume de dulce aroma del evangelio, que después se eleve para glorificar a Dios. Nuestro espíritu amable y tranquilo, la paz y la alegría que mostramos, la bondad, el amor y la paciencia que mostramos a otros hará que personas volteen su cabeza y digan: «¿Qué huele tan bien? ¡Yo quiero eso!».

Oh, Jesús, ayúdame a vivir mi vida mostrando tu carácter en todo lo que haga y diga. Quiero oler bien para que mi vida atraiga a otros a ti.

Domar lo indomable

Señor, ponme en la boca un centinela;
un guardia a la puerta de mis labios.

SALMOS 141:3, NVI

¡Qué reto es para las mujeres dominar su lengua! ¿Ha estado la tuya fuera de control últimamente? Se dice que las mujeres utilizan un promedio de veinte mil palabras al día, mientras que los hombres hablan solamente siete mil. Con tantas palabras que salen de nuestra boca cada día, sencillamente hay una mayor probabilidad de que algunas de ellas serán hirientes, desagradables y dañinas.

¿Qué debemos hacer con nuestra lengua? Santiago la describe como un fuego que el hombre no puede controlar. En un momento alaba a Dios y, en el siguiente, maldice al hombre. ¡Qué dilema! Es maravilloso saber que, igual que los demás retos que enfrentamos, podemos acudir a Dios para encontrar una solución. Él hace lo que nosotras no podemos hacer, pero sí debemos hacer nuestra parte. Meditar en la Palabra para que la Escritura fluya fácilmente y nuestra conciencia sea sensible. Decidir hablar más acerca de Dios y menos acerca de otros. Y, finalmente, orar junto con el salmista:

Señor, ponme en la boca un centinela; un guardia a la puerta de mis labios. Ayúdame, Señor, a declarar palabras de vida a quienes me rodean. Ayúdame a tragarme palabras que hagan daño, y a declarar solamente palabras que edifiquen.

La fe importa

Abraham estaba plenamente convencido de que Dios es poderoso para cumplir todo lo que promete. Y, debido a su fe, Dios lo consideró justo.

ROMANOS 4:21-22, NTV

A veces, vacilamos en admitir que nos hemos desalentado porque nuestras oraciones no están siendo contestadas. Muchos hombres y mujeres piadosos han creído a Dios para recibir un milagro y no lo han recibido en la tierra. ¿Significa eso que su fe no sirvió de nada?

Dios prometió a Abraham que sería el padre de muchas naciones y que, por medio de él, serían benditas todas las familias de la tierra. Él creyó, aunque en lo natural eso era una imposibilidad. Dios vio su fe y lo consideró justo. Hebreos 11 enumera a otros gigantes de la fe, como Abel, Enoc, Noé, Jacob, José y Moisés, y dice: «Todas estas personas murieron aún creyendo lo que Dios les había prometido. Y aunque no recibieron lo prometido, lo vieron desde lejos y lo aceptaron con gusto» (Hebreos 11:13, NTV). Puede que haya oraciones que hacemos y que no veremos respondidas en nuestra vida. ¿Podemos emular a los santos de antaño y creer sin tener en cuenta el resultado?

Señor, ayúdame a perseverar en la fe,
¡porque mi fe cuenta! Tú estuchas mis oraciones,
e incluso si no puedo ver tu respuesta,
¡sé que tú estás obrando!

El factor miedo

Pero cuando tenga miedo, en ti pondré mi confianza.
Alabo a Dios por lo que ha prometido.
En Dios confío, ¿por qué habría de tener miedo?

SALMOS 56:3-4, NTV

Observarás que David no dudaba en admitirlo cuando tenía miedo. El rey Saúl lo perseguía; tan grande era su terror, que huyó al campamento enemigo, un lugar improbable donde encontrar refugio. Fue un movimiento osado y arriesgado, pero quizá el rey Aquis no lo reconoció, o pudo considerarlo un desertor y una ventaja para él. Por desgracia, David fue descubierto, fue reportado al rey y, motivado por más temor, se comportó como un hombre loco y fue despedido. El miedo causa que hagamos cosas que normalmente no haríamos.

No pasó mucho tiempo hasta que David reajustó sus pensamientos y volvió a poner su confianza en Dios de nuevo. Es interesante que dice: «*cuando* tenga miedo», y no «*si* tengo miedo». El miedo es una respuesta humana y, a menos que sea contrarrestado por la confianza, es destructivo en el mejor de los casos. ¿Qué te da miedo en este día? ¿Estás agrandando una preocupación y convirtiéndola en una montaña imposible de suposiciones? Confía en Jesús. Recuerda sus promesas para ti. Sin importar cuál sea el resultado, ¡Él está a cargo!

Señor, hoy tengo miedo, pero al igual que David,
¡voy a confiar en ti! No tengo que preocuparme
por nada, porque sé que todo lo que tú permitas
que suceda en mi vida está diseñado para mi bien.
Descanso en ese conocimiento.

Recuerda

Pero después me acuerdo de todo lo que has hecho, oh Señor; recuerdo tus obras maravillosas de tiempos pasados. Siempre están en mis pensamientos; no puedo dejar de pensar en tus obras poderosas.

SALMOS 77:11-12, NTV

Habrás oído el término «memoria selectiva»: cuando una persona recuerda solamente las partes del pasado que son convenientes a la vez que olvida las que no lo son. ¡Quizá por eso los «buenos tiempos de antaño» parecen tan buenos! A lo largo de la Escritura se nos ordena recordar. Piensa en cuántas veces Moisés advirtió a los israelitas que recordaran todo lo que el Señor había hecho por ellos a lo largo de los años. Que recordaran cómo ellos habían provocado a Dios y sufrieron las consecuencias, para así no volver a repetir los mismos errores.

Recordar lo que Dios ha hecho edifica nuestra fe. Cada vez que Él demuestra serte fiel, se pone otro ladrillo en tu cimiento de confianza. El precedente ha sido establecido, y siempre que Él se mueve en tu vida, la piedra angular de tu fe se hace más fuerte. Sabes que Él te ayudó antes, y volverá a hacerlo otra vez. Toma tiempo en este día para recordar y dar gracias a Dios por todo lo que Él ha hecho.

Perdóname, Señor, por olvidar el modo en que tú has obrado en mi vida. Soy propensa a preocuparme, ¡como si esta vez tú no me ayudarás! Gracias por tu fidelidad conmigo, ¡y por todo lo que has hecho!

Sentado con pecadores

Pero vayan y aprendan qué significa esto: «Lo que pido
de ustedes es misericordia y no sacrificios». Porque no
he venido a llamar a justos, sino a pecadores.

MATEO 9:13, NVI

¿Has tenido alguna vez la sensación de no obtener
reconocimiento por todo el trabajo que has hecho, ya sea
en tu empleo o en tu hogar? ¿Ha habido veces en las que
has visto que otras personas son reconocidas por hacer
algo aparentemente pequeño? El trabajo duro sin recibir
apreciación puede parecer muy injusto.

Entonces, ¡imagina cómo se sintieron aquellos fariseos
cuando Jesús decidió sentarse con pecadores! Estaban
molestos por el hecho de que Jesús pasaba tiempo con
los injustos cuando ellos habían dedicado toda su vida a
obedecer la ley y trabajar bajo la misma. Jesús respondió
diciendo que no nos ganamos el perdón; más bien, lo
recibimos como un regalo. Todos somos pecadores y,
sin embargo, Jesús decide sentarse con nosotros porque
quiere mostrarnos misericordia. ¡Siéntate con Él y
recíbela libremente!

Señor Jesús, sé que soy pecadora delante de ti y, aun
así, te doy gracias porque has decidido sentarte conmigo
aquí y ahora, ofreciendo tu gracia y misericordia.
Recibo tu perdón como un regalo, sabiendo que no es
lo que yo hago lo que hace que me aceptes.
Ayúdame a ser misericordiosa con los demás,
al igual que tú lo has sido conmigo.

Dar y recibir

El que es generoso prospera;
el que reanima será reanimado.

PROVERBIOS 11:25, NVI

Obtenemos lo que damos. Es un principio sencillo, y la Biblia lo endosa. No somos como un vaso para llevar que se vuelve inútil cuando se ha vaciado. En el reino de Dios, donde las cosas son al revés, mientras más nos vaciamos a nosotras mismas, ¡más somos rellenadas! Puede ser difícil soltar el dinero, el tiempo o la energía por causa de otras personas; sin embargo, si entendemos que Dios nos está usando para dar a otros, también podemos confiar en que Él encontrará un modo de proveer para nosotras. ¡Y lo hace!

¿Está vacío tu tanque, y necesita ser rellenado? ¿Necesitas una renovación? Sé generosa y dispuesta a alentar a alguien que tenga necesidad; hay muchas personas a tu alrededor si estás atenta a verlas. A medida que des, el Señor te lo devolverá.

Amado Señor, muéstrame a las personas en mi vida
que necesitan mi generosidad. Muéstrame a aquellos
que necesitan mi tiempo, mis oraciones y mi aliento.
A medida que doy a otros, por favor lléname
y restaura mi alma para que pueda vivir
una vida que esté llena de ti.

¡Fe, por favor!

Y sin fe es imposible agradar a Dios. Porque es necesario
que el que se acerca a Dios crea que Él existe,
y que recompensa a los que lo buscan.

HEBREOS 11:6, NBLA

Pasamos gran parte de nuestra vida intentando agradar a las personas, ya sea con una casa ordenada, una comida deliciosa, un regalo de cumpleaños estupendo, o ropa nueva. Parece que, para obtener aprobación, necesitamos hacer cosas que nos hagan vernos bien delante de otros.

A menudo, ese es el modo en que nos acercamos a Dios, con un gran esfuerzo por hacer las cosas correctas para agradarle; pero la Biblia dice que es imposible agradarle sin fe. ¿Qué es la fe? Es la creencia en tu corazón y la confesión con tu boca que dice: Jesucristo es el Señor. No es lo que haces lo que agrada a Dios; es un corazón que busca seguirlo a Él. Acércate hoy al Señor con una certeza que sabe que Él se agrada de ti no debido a lo que *haces* sino debido a lo que crees.

Padre, me acerco a ti con un corazón que quiere
agradarte. Perdóname por pensar que todas las cosas
buenas que hago son más importantes que un corazón
que cree en ti y busca tu voluntad continuamente.
Tengo fe en ti, y esperaré con paciencia la recompensa
de buscarte.

Nacida de Dios

Pero a todos los que lo recibieron, les dio el derecho de llegar a ser hijos de Dios, es decir, a los que creen en Su nombre, que no nacieron de sangre, ni de la voluntad de la carne, ni de la voluntad del hombre, sino de Dios.

JUAN 1:12-13, NBLA

Cuando nacen los hijos, la parte más importante a la hora de dar forma a su identidad es saber de quiénes nacen. También continuarán siendo moldeados por el lugar donde nacen y por quienes tienen que alimentarlos mientras crecen. Todos tenemos distintas historias con respecto a esto. Tenemos padres biológicos, y la circunstancia de nuestra concepción puede catalogarse como cualquier cosa, desde deseada hasta no querida.

Puede que a ti te hayan alimentado unos padres amorosos, unos padres descuidados, padres que batallaban, o quizá no tuviste padres; sin embargo, quienes creemos en Dios tenemos algo en común. Somos hijos de Dios. Fue Dios quien nos creó y quien nos trajo al mundo. Es Dios quien nos ha estado cuidando desde que dimos nuestro primer aliento. Fue Dios quien se llenó de alegría cuando lo aceptamos a Él como nuestro Salvador. Hemos nacido de nuevo en la familia de Dios, y nada en esta tierra puede arrebatarnos eso.

Padre celestial, gracias porque tú me has llamado a tu familia. Gracias porque me amas y cuidas de mí como tu hija preciosa.

Escúchame

Dios de mi justicia, ¡responde a mi clamor!
Cuando estoy angustiado, tú me infundes aliento;
¡compadécete de mí y escucha mi oración!

SALMOS 4:1, RVC

¿A quién clamas cuando te sientes angustiada y estresada? ¿Hay alguien en tu vida que te escuchará en tu momento de necesidad? ¿Tienes confianza en que Dios está siempre cerca y puedes acercarte a Él cuando estés angustiada?

El Señor conoce tu corazón y también lo que estás enfrentando; solamente Él puede aliviar tu carga. Él es un Dios de misericordia, lo cual significa que, sin importar lo que hayas hecho o cuán grande sea la batalla que enfrentas, su misericordia puede salvarte en tu momento de necesidad. Él te oirá, de modo que clama a Él.

Amado Señor, clamo a ti ahora, creyendo en tu bondad
y tu capacidad para aliviar mis cargas. Sé que
me escuchas cuando oro. Gracias por escucharme.
Oye el clamor de mi corazón cuando no puedo
expresarlo con palabras. Levántame y dame paz.

¡Siempre alegre!

*Estén siempre alegres, oren sin cesar, den gracias a Dios
en toda situación, porque esta es su voluntad
para ustedes en Cristo Jesús.*

1 TESALONICENSES 5:16-18, NVI

La vida no siempre se desarrolla como queremos.
Las circunstancias en las que nos encontramos pueden
dejarnos decepcionadas e incluso resentidas. Hemos
esperado la bondad de Dios sin darnos cuenta de que
parte del caminar cristiano implica sufrimiento.

No es que Dios quiera que pases por dificultades, sino
que quiere que experimentes su alegría y su presencia
en todo momento. Por eso debemos dar gracias en todas
nuestras circunstancias, ya sean alegres o dolorosas.
Él puede levantarte, permitirte que sientas alegría, y
acercarte más a Él. ¡Alégrate siempre!

*Amado Señor, ayúdame a acercarme a ti en los
momentos difíciles al igual que en los momentos fáciles.
Gracias porque eres un Dios bueno que se interesa
por mí. Gracias porque puedo confiarte mi vida.
Gracias porque estás presente en todas
mis circunstancias.
Recuérdame que me alegre
en ti siempre.*

Valentía por Cristo

*Mi ardiente anhelo y esperanza es que en nada
seré avergonzado, sino que con toda libertad, ya sea
que yo viva o muera, ahora como siempre,
Cristo será exaltado en mi cuerpo.*

FILIPENSES 1:20, NVI

¿Cuáles son tus esperanzas para tu vida? Tal vez quieres
tener una carrera profesional significativa, recorrer
aventuras por todo el mundo, llegar a ser una esposa,
o simplemente educar hijos sabios y maravillosos. Desde
luego que todas esperamos vivir una vida que honre a
Dios, pero ¿somos valientes con respecto a nuestra fe
tanto como Pablo lo expresa en este versículo?

Pablo sabía que el Cristo al que predicaba era ofensivo
para muchas personas; el evangelio era muy difícil de
aceptar para otros. Sin embargo, Pablo tenía confianza
en que finalmente todos conocerían la verdad de Cristo,
y en eso, sabía que no sería avergonzado. ¿Permitirías
que ésta fuera también tu esperanza? Honra a Dios con
toda tu vida siendo lo suficientemente valiente para
compartir a Cristo con el mundo.

*Jesús, quiero servirte y honrarte con toda mi vida.
Enséñame a entender el evangelio y después dame
la valentía para compartirte a ti con otras personas
que me rodean. Que pueda esperar, como hacía Pablo,
que no seré avergonzada.*

«Sí» a la gracia

Dios ha manifestado a toda la humanidad su gracia, la cual trae salvación y nos enseña a rechazar la impiedad y las pasiones mundanas. Así podremos vivir en este mundo con justicia, piedad y dominio propio.

TITO 2:11-12, NVI

Cuando escuchas una palabra muchas veces, comienza a perder su impacto. Eso puede suceder cuando vemos palabras como *gracia* y *perdón*; nos rodean porque son fundamentales para nuestra fe cristiana. En lugar de desconectar cuando leas o escuches la palabra *gracia*, recuerda que gracia en realidad es equivalente a Jesús.

Jesús derrotó el poder del pecado en nuestras vidas, ¡y ya no tenemos que ganarnos nuestra salvación por medio de buenas obras! La gracia es poderosa porque llega al corazón del asunto. Ya no eres juzgada debido a tu pecado externo. El Padre puede ver tu corazón arrepentido, y serás perdonada. Su perdón transforma nuestros corazones, y eso es lo que nos da la fortaleza para decir no a la impiedad y vivir una vida recta. ¡Di sí a su gracia en este día!

Jesús, gracias por sacrificar tu vida en la cruz para que yo pueda experimentar salvación. Necesito el poder de tu gracia obrando en mi vida para así poder resistir las pasiones mundanas. Perdona mi pecado y transforma mi corazón, de modo que pueda vivir una vida piadosa en este momento.

Inconmovible

*Así que nosotros, que estamos recibiendo un reino
inconmovible, seamos agradecidos. Inspirados
por esta gratitud, adoremos a Dios como a él
le agrada, con temor reverente.*

HEBREOS 12:28, NVI

Probablemente sea más fácil entender el poder de los
reinos en la época en la que la monarquía era la forma de
gobierno suprema. En estos tiempos podría ser más fácil
reconocer poder y autoridad en nuestra política, en los
líderes mundiales, y la ley. Como sabemos bien, no muchos
sistemas políticos, líderes, o incluso la ley social han
soportado la prueba del tiempo. Los líderes son sustituidos,
se establece una nueva estructura de gobierno, y las leyes
cambian a medida que lo hace la sociedad.

Vivimos en un mundo muy inestable, y por eso no es
extraño que una buena mayoría de nosotros estemos
ansiosos acerca del futuro. Esa no tiene por qué ser nuestra
perspectiva. La Biblia dice que estamos recibiendo un reino
inconmovible. Eso significa que nuestro Dios reinará con
justicia, misericordia y paz. Puedes estar agradecida porque
tienes un futuro brillante por delante de ti. La buena noticia
es que Él ya ha comenzado su obra. Podemos adorarlo
como nuestro Rey, incluso en este día.

*Amado Señor, te venero a ti como el Señor soberano
de este mundo y también de mi corazón. Te adoro
porque eres asombroso. Un día llevarás a término
tus planes magníficos. Ayúdame a vivir con la esperanza
de tu reino que no puede ser conmovido.*

La corona de la vida

Bienaventurado el hombre que persevera bajo la prueba, porque una vez que ha sido aprobado, recibirá la corona de la vida que el Señor ha prometido a los que lo aman.

SANTIAGO 1:12, NBLA

«¿Cuándo terminarán estos tiempos difíciles, Señor?». ¿Te encuentras orando una y otra vez para ser librada de los retos de la vida? Podrías estar batallando con la tristeza, estar en conflicto con alguna persona, dejando una adicción, o tan solo intentando transitar cada día sin derrumbarte a causa del agotamiento. La vida presenta muchas pruebas y tentaciones.

Dios no promete una vida fácil; sin embargo, sí que promete una gran recompensa para quienes soporten las pruebas. Ser fuerte no tiene por qué verse como tenerlo todo solucionado cuando las cosas son difíciles. No significa que sales indemne de tus batallas. Significa que has sido paciente en medio de la batalla y que has seguido amando a Dios y confiando en Él. La corona de la vida es tu esperanza futura. Algún día recibirás el reino eterno de Dios, y habrá valido la pena soportar tus problemas. Permanece firme; llega tu recompensa.

Señor, enséñame a tener paciencia en medio de los tiempos que parecen casi demasiado difíciles de soportar. Perdóname por querer escapar al reto y buscar una salida fácil. Recuérdame el valor de resistir la tentación y permanecer fuerte. Espero recibir la corona de la vida eterna.

Nombre sobre todas las cosas

Quiero inclinarme hacia tu santo templo
y alabar tu nombre por tu gran amor y fidelidad.
Porque has exaltado tu nombre y tu palabra
por sobre todas las cosas.

SALMOS 138:2, NVI

¿Hacia qué has estado mirando en tu vida últimamente? ¿Hay algo que sea prioritario por encima de todo lo demás? En tiempos bíblicos, las personas construían estatuas y las ponían en lugares altos para adorarlas. Era su modo de mirar algo en lo que podían poner su confianza: algo a lo que podían pedir ayuda o favor. En estos tiempos no tenemos estatuas, pero tenemos comida, entretenimiento, relaciones, carreras profesionales, celebridades, y dinero para idolatrarlos.

En un mundo donde hay tantas cosas que compiten por nuestra adoración, es bueno recordar al Dios cuyo nombre es más alto que cualquier otra cosa. Él es digno de ser adorado debido a su fidelidad y su amor inquebrantable hacia nosotras. Postrarse hacia el templo santo de Dios era acercarse al lugar donde Dios habitaba. Como Cristo nos ha redimido ahora, nos hemos convertido en el lugar donde habita el Espíritu de Dios. ¿Puedes darle gracias a Él en tu corazón, y permitir que ocupe su lugar legítimo otra vez en tu vida?

Señor Dios, quiero darte gracias por tu amor y tu
fidelidad en mi vida. Quiero servirte y adorarte a ti
por encima de todo lo demás en la tierra. Ayúdame
a mostrarte amor manteniéndome fiel a ti.

Vestida de gracia

*Con respecto a la vida que antes llevaban, se les enseñó
que debían quitarse el ropaje de la vieja naturaleza,
la cual está corrompida por los deseos engañosos;
ser renovados en la actitud de su mente.*

EFESIOS 4:22-23, NVI

La moda viene y va con cada nueva temporada. Si
no la sigues de cerca, podrías estar poniéndote el
armario del año pasado antes de darte cuenta de que
estás totalmente desfasada. Puede que no te interese
demasiado la moda, pero vivir en el pasado puede
indicar falta de aceptación del presente.

Esa es la ilustración de nuestra salvación. Cuando
aceptamos a Cristo como nuestro Salvador, aceptamos
una nueva vida, una vida libre del poder del pecado que
dio comienzo a nuestra vida espiritual y eterna. Si tienes
la sensación de que te estás vistiendo del pecado como
si fuera una vestimenta fea y antigua, ¡quítatelo! En
cambio, vístete de una actitud de perdón y de la libertad
que recibiste por medio de Jesús.

*Jesús, perdóname por regresar a algunos de mis
viejos hábitos de pecado. Gracias porque me has dado
una vida nueva que me permite tener libertad
de mi naturaleza de pecado. Dame una actitud
que se despoje voluntariamente de mi vieja vida,
de modo que pueda vivir por tu gracia.*

En su mano

Pero tú ves la opresión y la violencia,
las tomas en cuenta y te harás cargo de ellas.
Las víctimas confían en ti;
tú eres la ayuda de los huérfanos.

SALMOS 10:14, NVI

Los problemas de la vida nos rodean a todas, a veces diariamente. Vemos familias con problemas, pobreza y enfermedad. Tal vez estás experimentando algunas de esas aflicciones. Es consolador saber que Dios ve nuestros problemas. Él no es un Dios que se mantiene a distancia; toma en sus manos nuestra tristeza.

Tal vez te sientes indefensa, pero Dios es el ayudador. Cuando las víctimas de soledad, abuso, hambre y pobreza busquen a Dios, lo encontrarán. Dios cuida atentamente de los que sufren, y les ofrece su mano. Jesús sabía lo que era sufrir; experimentó problemas y tristeza, de modo que sabemos que nos entiende. ¿Confiarás en que Él intervendrá cuando te sientas angustiada? ¿Te entregarás a Él, para que así pueda ayudarte? Él se interesa por la humanidad, ¡y se interesa por ti!

Padre celestial, en este día traigo delante de ti
mi corazón angustiado. Te pido que consideres
mi situación. La entrego a ti, sabiendo que tú me
entiendes y cuidas de mí. Ayúdame a confiar en ti
como un Padre bueno que siempre está ahí para
ayudarme en mi momento de necesidad.

Nunca más cautiva

Pues ustedes no han recibido un espíritu de esclavitud para volver otra vez al temor, sino que han recibido un espíritu de adopción como hijos, por el cual clamamos: «¡Abba, Padre!».

ROMANOS 8:15, NVI

Cuando un esclavo es liberado de la cautividad, a menudo le resulta difícil saber qué hacer con su libertad. De hecho, en tiempos bíblicos muchos esclavos decidían seguir siendo sirvientes de sus amos, al no saber cómo *pertenecer* a otro lugar. Probablemente no nos identificamos con la esclavitud del modo en que lo hacían los israelitas, pero podemos entender el sentirnos impotentes por el pecado, las emociones, o incluso en las relaciones.

Cuando Jesús derrotó a la muerte en la cruz, introdujo un camino para que podamos ser libres de nuestras vidas de cautividad al pecado y la muerte. Ya no tenemos que tener temor a la vieja vida; tenemos una vida nueva que es vivir por el Espíritu. Somos hijas de Dios. Cuando entendemos verdaderamente nuestra libertad, podemos comenzar a soltar las áreas de nuestra vida que nos retienen.

Abba Padre, gracias por liberarme del poder del pecado y la oscuridad. Gracias porque ahora pertenezco a tu familia y puedo vivir protegida en tu amor. Ayúdame a reconocer las áreas en mi vida que evitan que viva en esta libertad, y dame la fortaleza para soltarlas.

Clama a mí

«Clama a mí y te responderé, y te daré a conocer cosas grandes y ocultas que tú no sabes».

JEREMÍAS 33:3, NVI

¿Has usado alguna vez el identificador de llamadas para asegurarte de no responder llamadas telefónicas que no quieres? Tal vez no lo has hecho, pero todas conocemos la sensación de no querer conversar con alguien. Quizá nos preocupa sentirnos incómodas, no sabemos qué decir, o sencillamente no queremos tener que decir «no» a lo que nos pidan.

No hagamos esa misma suposición acerca de la respuesta de Dios cuando nos escucha clamar a Él. Dios mismo nos pide que clamemos a Él, y nos dice que nos responderá. Dios nos conoce; conoce nuestro corazón, nuestra mente y nuestra alma. Él nunca se quedará atascado sin una respuesta, sino que desea tener comunicación con nosotras. Quiere que conozcamos tanto sobre Él, que comencemos a entender cosas grandes y ocultas que antes no conocíamos. ¡Hazle una llamada en este día!

Hola, Señor Jesús. Gracias porque quieres escucharme. Tengo muchas cosas de las que hablarte, y también me gustaría recibir algunas respuestas. ¿Querrás revelarme algo de ti mismo en este día? Sé que hay muchas cosas grandes y maravillosas que todavía no conozco, y estoy lista para escuchar.

Reglas de la felicidad

Felices aquellos a quienes tú disciplinas, Señor,
aquellos a los que les enseñas tus instrucciones.

SALMOS 94:12, NTV

La disciplina a menudo va seguida de lágrimas, ¡de modo que parece sorprendente cuando la Biblia relaciona la disciplina con la felicidad! Aunque podemos sentirnos avergonzadas cuando el Señor da convicción a nuestro corazón de algo que hemos hecho mal, necesitamos reconocer que la corrección de Dios es finalmente para nuestro bien. Él quiere que hagamos lo correcto porque nos ama.

Se ha dicho que poner ciertos límites a los niños les da contentamiento porque tienen claro lo que está bien y lo que está mal. Así es como Dios nos enseña con su ley. No quiere establecer reglas para así poder castigarnos cuando fallamos; quiere que conozcamos la justicia para que así podamos caminar libremente en ella. ¿Le dejarás que te corrija, te guíe y te enseñe el camino en el que deberías ir? Sé bendecida a medida que Él continúa una buena obra en ti.

Señor, gracias por guiarme a todo lo bueno.
Dame oídos para oír y ojos para ver la verdad de tus
caminos. Ayúdame a aprender de tu enseñanza
y conocer tu gracia cuando necesito corrección.
Que pueda experimentar la alegría
de tu disciplina.

¿Con queja y contienda o humilde y agradecida?

Háganlo todo sin quejas ni contiendas, para que sean intachables y puros, hijos de Dios sin culpa en medio de una generación torcida y depravada. En ella ustedes brillan como estrellas en el firmamento.

FILIPENSES 2:14-15, NVI

Muchas empresas tienen un departamento que lidia con las quejas. Es un indicativo muy adecuado de nuestra naturaleza humana: nos quejamos cuando nuestros «derechos» no han sido atendidos. El problema con la queja es que enfoca nuestra actitud en el pecado.

Cuán diferente sería el mundo si primero pudiéramos mirar nuestros propios corazones y admitir nuestro pecado antes de señalar con el dedo a otras personas. Este tipo de humildad es poco frecuente y preciosa, y solamente puede alcanzarse al permitir que la gracia de Dios inunde tu vida. Es Jesús quien te hace ser intachable y pura, y si puedes imitar su humildad, tu vida resplandecerá como una estrella brillante en medio de la oscuridad.

Jesús, reconozco que mi reacción inmediata es quejarme y discutir para mostrar a otros sus faltas. Recuérdame que examine mi propio corazón y sea humilde en mi enfoque hacia otros. Gracias por tu ejemplo supremo de humildad. Que pueda experimentar la medida plena de tu gracia para que pueda seguir tu ejemplo.

En el cruce

Esto dice el SEÑOR: Deténganse en el cruce y miren a su alrededor; pregunten por el camino antiguo, el camino justo, y anden en él. Vayan por esa senda y encontrarán descanso para el alma. Pero ustedes responden: «¡No, ese no es el camino que queremos!».

JEREMÍAS 6:16, NTV

A veces, nuestro viaje en la vida nos detiene en seco y requiere que tomemos una decisión con respecto a qué camino seguir. Algunas de nosotras continuamos en la senda que transitamos, otras corren rápidamente en otra dirección, mientras que a otras les toma tanto tiempo decidir, ¡que parece que siguen estando siempre en el mismo cruce!

Dios dio al pueblo de Israel algunas indicaciones claras acerca de cómo mantenerse alejados de su senda inevitable de destrucción. En primer lugar, necesitamos detenernos y evaluar nuestra situación pasada y futura. En segundo lugar, pedimos conocer el camino piadoso, y entonces caminamos en él. Podemos encontrar el camino mediante lo que ha sido escrito en la Escritura. La Biblia nos dice mucho acerca de quién es Dios y cómo quiere que sus hijos conduzcan sus vidas. No seas obstinada como los israelitas y respondas: «No, eso no es lo que yo quiero». La obediencia finalmente te producirá paz.

Señor, dame sabiduría para seguir la senda piadosa que has establecido delante de mí. Ayúdame a tomar tiempo para detenerme y escuchar tu guía. Permite que confíe en tu fortaleza para decir sí al camino correcto.

Hermosas capas

Precisamente por eso, esfuércense por añadir a su fe,
virtud; a su virtud, entendimiento; al entendimiento,
dominio propio; al dominio propio, constancia;
a la constancia, devoción a Dios.

2 PEDRO 1:5-6, NVI

El arte de la pintura no radica en lo que vemos, sino en el proceso que se ha seguido para llegar hasta lo que ha llegado a ser. Por lo general, una pintura comienza con inspiración: una idea o emoción que quiere ser expresada. Continúa con un boceto, color, textura y variaciones entre medias. Un pintor en raras ocasiones produce exactamente lo que imaginó originalmente.

Nuestra vida con Dios puede ser como una pintura. Comienza con nuestra fe. Nuestra creencia en Jesús prepara nuestro lienzo, pero la Escritura nos llama a añadir a la profundidad de nuestra fe mediante la aplicación de los colores de bondad, entendimiento y dominio propio. Surge la belleza cuando añadimos constancia, piedad, devoción y amor. Estas cosas pueden tomar tiempo para desarrollarse en nosotras. Pueden involucrar errores, y pueden hacer que nos veamos muy diferentes. ¿Necesitas añadir algo a tu fe en este día? ¿Harás el esfuerzo extra para llegar a ser hermosa aplicando bondad, constancia o amor a tu vida?

Gracias, Jesús, porque has comenzado una buena obra
en mí. Tengo fe en tu gracia salvadora. En este día, Señor,
necesito añadir disciplina espiritual a mi fe. Ayúdame a
conocerte más, ayúdame a controlar mis emociones,
ayúdame a perseverar, y ayúdame a amar.

Verano e invierno

Tuyo es el día, tuya también la noche;
tú estableciste la luna y el sol;
trazaste los límites de la tierra,
y creaste el verano y el invierno.

SALMOS 74:16-17, NVI

Quienes viven en climas fríos entienden que los inviernos pueden hacerse muy largos. A medida que la cantidad de luz del día disminuye, es fácil comprobar que se cuelan el desaliento y la depresión. Algunas veces, eso es un resultado directo de necesitar más vitamina D para compensar la falta de luz del sol, pero algunas veces el Señor lo permite para conducirnos a un lugar de encontrar un grado más profundo de contentamiento en Él.

Dios creó las estaciones. Son obra de sus manos. Los tesoros del invierno son como el maná, y el mismo maná se pudriría en el verano. El maná que se proporciona diariamente nos renueva y nos da el tipo de alimento que necesitamos.

Dios, ayúdame a aprovechar al máximo esta estación.
No quiere vivir con quejas o deseando que se acabe
el invierno. Hay tesoros a encontrar en este lugar
que no quiero perderme.

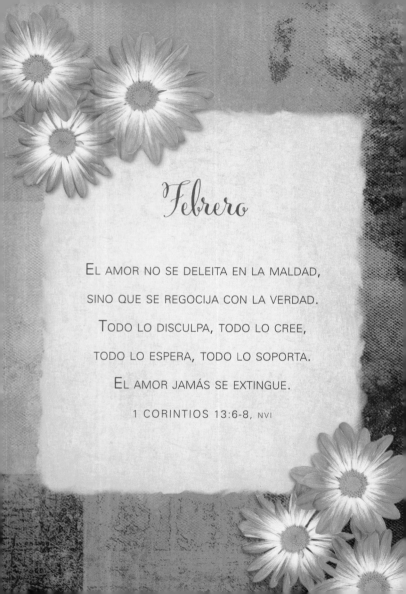

Febrero

EL AMOR NO SE DELEITA EN LA MALDAD,

SINO QUE SE REGOCIJA CON LA VERDAD.

TODO LO DISCULPA, TODO LO CREE,

TODO LO ESPERA, TODO LO SOPORTA.

EL AMOR JAMÁS SE EXTINGUE.

1 CORINTIOS 13:6-8, NVI

Edificadas

Así que aliéntense y edifíquense unos a otros,
tal como ya lo hacen.

1 TESALONICENSES 5:11, NTV

La iglesia tenía la intención de ser un lugar de unidad; por eso se describe como el *cuerpo* de Cristo. Para funcionar bien, el cuerpo necesita que cada parte esté conectada y todas trabajen bien juntas. Cuando hay desunión o disensiones, la iglesia sufre igual que una persona enferma, incapaz de operar de modo sano.

Entonces, es muy importante que pertenezcas a una comunidad de creyentes sana. Es más importante aún que te consideres una parte vital de tu iglesia, y reconozcas la necesidad de alentar a otros dentro de ella para así poder ayudar a fortalecer la familia de Dios. De nuevo, igual que los músculos sanos se desarrollan y se fortalecen, así también lo hace una iglesia donde los unos a los otros se alientan y se edifican. ¿Necesitas encontrar una iglesia que sea alentadora? ¿Necesitas ser quien alienta hoy a tu cuerpo de creyentes? Rodéate de creyentes alentadores y observa cómo aumenta tu fortaleza.

Señor Dios, gracias por poner a buenos cristianos
en mi vida. Es mi oración que pueda encontrar
un modo de alentar a esas personas para que podamos
fortalecernos juntos. Permíteme ser edificada
a medida que aliento a otros.

Aprobado

Así que, ¡adelante! Come tus alimentos con alegría
y bebe tu vino con un corazón contento,
¡porque Dios lo aprueba!

ECLESIASTÉS 9:7, NTV

Todos los niños quieren saber que sus padres están orgullosos de ellos. Es una necesidad humana innata: ser afirmados en nuestras capacidades y ser elogiados por nuestro trabajo. Sin embargo, todo buen padre o madre te dirá lo mismo: están orgullosos de sus hijos pase lo que pase. Los hijos se ganan la adoración simplemente por pertenecer a los padres.

¿Crees que tu Padre celestial se agrada de ti? ¿Caminas en paz sabiendo que tienes su aprobación? Amada, recuerda que, cuando estás en Cristo, su sangre cubre todo tu pecado. No tienes que preguntarte si Dios se agrada de ti; tu identidad por medio de su Hijo es suficiente para garantizar su bendición plena, su aprobación verdadera y su amor feroz.

Padre, la obra que Cristo hizo en la cruz por mí
me da una lección de humildad, y también lo hace
el lugar que ocupo en tu familia. Ayúdame a recordar
que te agradas de mí. Sé que no hay ningún lugar
donde pueda ir donde no esté cubierta en tu amor.
Quiero vivir una vida digna de ser llamada tu hija.

Habían estado con Jesús

Al ver la confianza de Pedro y de Juan, y dándose cuenta
de que eran hombres sin letras y sin preparación,
se maravillaban, y reconocían que ellos
habían estado con Jesús.

HECHOS 4:13, NBLA

Los cristianos quieren ser como Jesús. Le pedimos cada día su gracia, misericordia, humildad y amor; pero el modo más seguro de ser como alguien es pasar tiempo en su presencia.

¿Has estado con Jesús lo suficiente para que las personas lo noten? Cuando alguien está contigo, ¿ve las actitudes y evidencia de Cristo en ti? Al pasar tiempo empapada de la presencia del Señor, leyendo su Palabra y aprendiendo sus caminos, las personas pronto reconocerán que has estado con Él. Estarás marcada como alguien que ha estado en su presencia, y tu vida mostrará su gloria a quienes te rodean.

Dios, ayúdame a anhelar tanto tu presencia,
que no pueda pasarme sin ti. Ayúdame a necesitar
tu Palabra del mismo modo que necesito
la comida. Dame un anhelo consistente
de estar contigo para que, cuando las personas
me miren, vean la clara marca de Cristo.

Bendición ante la mirada del mundo

*Qué grande es la bondad que has reservado
para los que te temen.
La derramas en abundancia sobre los que acuden
a ti en busca de protección, y los bendices
ante la mirada del mundo.*

SALMOS 31:19, NTV

¿Has mirado alguna vez a alguien y has notado que la bendición de Dios está sobre su vida de una forma notable? Tal vez ha recibido un milagro claro, o ha sido inexplicablemente exitoso en sus esfuerzos. Quizá tiene una alegría poco común que fluye de modo contagioso. Sin importar cuál sea la evidencia, sabes sin ninguna duda que la mano de Dios está sobre esa persona.

Muchas veces, cuando nos acercamos a Dios por primera vez, lo hacemos en busca de protección, buscando salvación y seguridad, y Él nos da esas cosas pero no se detiene ahí. También nos da su bondad, su amabilidad y su amor. Y, cuando comenzamos a recibir la bondad de un Dios tan grande, el mundo toma nota.

*Gracias, Dios, porque derramas tu bondad
en abundancia sobre mí. Me acerqué a ti por gratitud
por lo que tu Hijo hizo por mí. Me acerqué a ti en busca
de protección de la muerte y de vida eterna, pero tú
me diste mucho más que eso. Me diste tu bondad,
y me diste tus bendiciones. Que el mundo lo observe,
y te glorifiquen a ti a causa de ello.*

Escoge la alegría

Estén siempre alegres, oren sin cesar, den gracias a Dios
en toda situación, porque esta es su voluntad
para ustedes en Cristo Jesús.

1 TESALONICENSES 5:16-18, NVI

Todos queremos ser felices. Pasamos nuestra vida
persiguiendo la idea de la felicidad solo para descubrir
que está fuera de nuestro alcance. No obstante, cuando
dejamos de perseguir la felicidad, y comenzamos a
escoger la alegría, es entonces cuando verdaderamente
comenzamos a vivir nuestra vida al máximo.

La felicidad llega por azar; la alegría es una elección.
Alegría es escoger ser agradecidas cuando podríamos
ser ingratas. Es escoger ver lo bueno cuando podríamos
ver lo malo. Es oración constante unida a gratitud
constante porque, cuando escogemos la alegría en
nuestro corazón, nada (ni siquiera la peor de las
circunstancias) nos la puede robar.

Gracias, Dios, por las bendiciones que me has dado.
Gracias porque, aunque tengo poco control
de mis circunstancias, sí tengo el control total
sobre si estoy alegre o no en mi propia vida.
Ayúdame a desarrollar una actitud de alegría
y a practicar un corazón de gratitud,
de modo que pueda vivir la vida que tú quieres
que viva en tu Hijo.

Iluminada

*Porque todo aquel que hace lo malo, aborrece la luz
y no se acerca a la luz, para que sus obras
no sean reprendidas. Pero el que practica la verdad
viene a la luz, para que sea evidente que sus obras
son hechas en Dios.*

JUAN 3:20-21, RVC

Desde el principio del tiempo, los seres humanos han conocido el estar avergonzados cuando han hecho algo mal. Veamos a Adán y Eva, que se escondieron cuando fueron conscientes de su gran pecado contra Dios. Sin embargo, Dios es luz; Él puede sacar a la luz todo lo que está escondido. Esto puede explicar por qué no nos gusta comunicarnos con Dios cuando sabemos que hemos hecho lo malo; no queremos que nuestras obras salgan a la luz.

Pero Jesús cambió todo eso. La Biblia dice que, quienes creen en Él, ¡no son condenados! Hemos venido a la luz y hemos creído en Jesús; hemos recibido la verdad y somos salvos. Si estás batallando con el pecado, recuerda que esas obras pueden ser perdonadas porque estás en Dios.

*Padre celestial, a veces me siento cargada debido
a mi pecado y quiero esconderme de ti. Te pido que
me quites esta carga, y me recuerdes que soy
perdonada. Que pueda acercarme a ti con confianza,
sacar a la luz todo mi pecado y aceptar tu gracia, para
que así pueda caminar confiadamente en tu luz.*

Respuesta amable

La respuesta amable calma la ira;
la respuesta grosera aumenta el enojo.

PROVERBIOS 15:1, RVC

¿Alguna vez te ha maravillado cómo puedes maniobrar y dirigir todo tu auto, a menudo con una sola mano? (No es que queramos admitirlo, ¡desde luego!). Normalmente, son partes muy pequeñas las que controlan toda una máquina. La Biblia dice que así es como funciona la lengua. ¿Has observado cuán fácil es controlar un entorno no solo con lo que dices, sino también con el volumen y el tono de tus palabras?

¿Eres culpable de reaccionar groseramente cuando alguien te habla con enojo o injustamente? No te preocupes, pues todas lo somos. El problema de una respuesta grosera es que aviva más enojo y se convierte en un círculo vicioso que es difícil de romper. ¿Eres capaz de permitir que Dios te recuerde en ese tipo de situaciones que responder con suavidad a la ira ayudará a la situación? Confía en que el Espíritu Santo te dé amabilidad y palabras sabias, y comprueba cómo Dios puede producir paz en medio de tus situaciones difíciles.

Espíritu Santo, guíame en mis conversaciones e incluso en mis confrontaciones con otros. Lamento cuando he reaccionado groseramente y he dicho cosas incorrectas a personas que me rodean. Dame palabras suaves y un corazón amable.

Fiel en lo poco

Su señor le respondió: «¡Hiciste bien, siervo bueno y fiel!
En lo poco has sido fiel; te pondré a cargo de mucho más.
¡Ven a compartir la felicidad de tu señor!».

MATEO 25:21, NVI

Es fácil estar descontentas con nuestras vidas. Pensamos que deberíamos estar haciendo más con nuestra educación, nuestros hijos, nuestras carreras profesionales, u otras responsabilidades. Miramos los éxitos de otras personas y nos preguntamos por qué parece que nosotras no hemos logrado tanto. Seguimos esperando el día en que nuestro jefe nos conceda ese ascenso, o que nuestros hijos alcancen grandes cosas, o que finalmente lleguemos a ese nivel de ingresos con el que podamos estar felices.

Cuando Jesús contó la parábola del siervo fiel a quien se le confiaron las tareas de su señor, se propuso enfocarse en lo bien que manejó el siervo las *pocas* cosas que pusieron delante de él. ¿Qué tienes delante de ti en este día, esta semana, o este año? Puede que no parezca mucho, pero Jesús te pide que seas fiel a Él en cualquier cosa que te haya sido dada. Si eres fiel en esas pequeñas cosas, Dios te invita a alegrarte con Él. Es entonces cuando verás que Él te da más.

Padre celestial, lo siento por pedirte demasiado y con mucha rapidez. Permite que sea diligente y esté contenta con las pocas responsabilidades que tú has puesto delante de mí en este momento. Ayúdame a experimentar tu alegría y estar preparada para las mayores responsabilidades que puedas traer a mi camino.

¡Alturas, no tacones!

Tú, Señor eres mi Dios y fortaleza.
Tú, Señor, me das pies ligeros, como de cierva,
y me haces andar en mis alturas.

HABACUC 3:19, NVI

Asegúrate de leer correctamente el versículo. Dios no va a hacerte caminar con tacones altos; ¡eso sería sencillo! Es cierto que nos gusta vestir con elegancia de vez en cuando, pero sabemos que los tacones altos deberían quedar atrás cuando necesitamos caminar de verdad.

Cuando necesites fuerzas, el Señor Dios está ahí para ayudar. Igual que los ciervos, queremos ser capaces de atravesar los tiempos difíciles con ligereza y escalar nuestras montañas con paso firme. No queremos que el agotamiento nos venza, y seguramente no queremos estar tropezando todo el camino al atravesar nuestras dificultades. ¿Tienes necesidad hoy de la fortaleza de Dios? En lugar de agarrar tus tacones, recuerda las alturas de las colinas y la gracia de Dios que está a tu lado para ayudarte a subirlas.

Señor Dios, sé mi fortaleza en este día.
Tengo algunas cosas difíciles que enfrentar
y quiero ser misericordiosa y capaz de soportar
las alturas. Confío en que tú guiarás cada uno
de mis pasos.

Las ovejas necesitan un pastor

Yo soy el buen pastor;
el buen pastor da su vida por las ovejas.

JUAN 10:11, RVC

¡Sería hermoso ser comparada con un animal que sea más noble que una oveja! Sin embargo, vernos a nosotras mismas como ovejas es una buena analogía. La oveja es uno de esos animales que depende de un pastor para poder vivir. Las ovejas necesitan ser guiadas donde hay comida y agua, necesitan que se les proporcione cobijo, y necesitan a alguien que las proteja del daño y el peligro.

Jesús dijo que *Él* es el buen pastor, y es bueno recordarnos a nosotras mismas que lo necesitamos absolutamente. Sin Jesús, estamos perdidas. Sin Jesús, tenemos hambre. Sin Jesús, no estamos seguras. Jesús estuvo dispuesto a poner su vida para salvarte, para guiarte y protegerte. Él prometió caminar contigo, porque es un *buen* pastor. Confía hoy en su bondad.

Jesús, gracias por poner tu vida para que yo pudiera ser salva. Por favor, guíame en este día, igual que me has estado guiando cada día. Confío en que proveerás para mí y me protegerás. Ayúdame a conocer tu bondad a medida que soy guiada por ti, mi buen pastor.

Su espíritu en nosotras

Porque no nos ha dado Dios un espíritu de cobardía,
sino de poder, de amor y de dominio propio.

2 TIMOTEO 1:7, RVC

Cuando acudimos a Cristo, Él pone su Espíritu en nuestro interior; y el Espíritu del Señor es un Espíritu de libertad, de amor, poder y valentía. Ya no podemos identificarnos a nosotras mismas correctamente como personas temerosas. No podemos llamarnos tímidas. No podemos actuar de modo desagradable hacia otras personas, porque cada una de esas cosas va directamente en contra del Espíritu que ahora habita en nuestro interior.

Como pueblo de Dios, debemos dar el paso de vivir una vida que sea la expresión visible del Dios invisible. Se nos ha dado poder pleno para amar, para ser valientes, y para pensar correctamente. Lo único que tenemos que hacer es rendir nuestra propia voluntad a Dios para que su Espíritu pueda moverse libremente en nosotras. Entonces veremos nuestra propia vida, al igual que las vidas de quienes nos rodean, siendo transformadas.

Gracias, Dios, por poner tu Espíritu dentro de mí.
Tú me has dado tu poder, tu amor y una mente fuerte
para hacer tu voluntad y darte gloria. Ayúdame
a permanecer sensible a tu Espíritu, de modo
que pueda representarte bien en mi vida.

Él es fiel

Pues todas las promesas de Dios se cumplieron en Cristo con un resonante «¡sí!».

2 CORINTIOS 1:20, NTV

La fidelidad de Dios es algo que nos encontramos cuestionando a menudo. Aunque Él la ha demostrado una y otra vez a lo largo de la historia, nos seguimos preguntando si nos ayudará o no.

Pero la realidad es que, brille el sol o caiga la lluvia, si nuestro canto llega fácilmente o nuestras lágrimas aparecen libremente, Él sigue siendo fiel. Sin importar cuánto tiempo esperes, Él permanece. Nunca te dará la espalda, y nunca olvidará las promesas que ha hecho. Él te ve. Él te ve en las noches en que estás agotada y lista para abandonar, pero en cambio agachas la cabeza y bendices su nombre. Te ve cuando estás al límite de tus fuerzas y clamas a Él con desesperación. Él lo ve y lo entiende.

Señor, dame la fortaleza para esperar en tus promesas y nunca perder la fe en tu fidelidad.

Su valentía se convierte en la mía

Ya te lo he ordenado: ¡Sé fuerte y valiente!
¡No tengas miedo ni te desanimes! Porque el Señor
tu Dios te acompañará dondequiera que vayas.

JOSUÉ 1:9, NVI

¿Qué significa que se nos ordene ser valientes? A menudo pensamos en la valentía como una cualidad de carácter innata. Alguien es una persona valiente, o no lo es. Y, si somos totalmente sinceras, pocas de nosotras nos sentimos verdaderamente valientes. Hay muchas cosas que nos asustan. Tenemos temor al fracaso, a la muerte, a lo desconocido, e incluso a la insignificancia. No nos sentimos valientes cuando enfrentamos oposición o dificultad, e incluso aquellas que tienen cierta resolución para ser valientes pueden perderla rápidamente en las circunstancias erróneas.

La clave para obedecer este mandato es entender que, cuando nos convertimos en seguidoras de Jesucristo, *su* valentía se convierte en la nuestra. Mediante su gracia y en su poder, somos valientes. Podemos enfrentar los obstáculos en nuestras vidas con fortaleza y resolución porque tenemos un Dios poderoso que va delante de nosotras y detrás de nosotras.

Señor, recuérdame continuamente que puedo ser fuerte
y valiente porque tú estás conmigo. No tengo
que temer porque tú me has rodeado de tu valentía.
Cuando comience a sentirme asustada y abrumada,
recuérdame tu poder y tu gracia hacia mí.

Crecer en amor

Y al vivir en Dios, nuestro amor crece hasta hacerse perfecto.
Por lo tanto, no tendremos temor en el día del juicio,
sino que podremos estar ante Dios con confianza,
porque vivimos como vivió Jesús en este mundo.

1 JUAN 4:17, NTV

El amor es difícil. Significa sacrificar nuestras propias
prioridades por causa de las de otro. Va en contra de
nuestros instintos naturales carnales. En cuanto a nosotras
mismas, el amor no es nuestra reacción o respuesta
natural a las personas que nos rodean. Tenemos que
crecer en amor, y solamente podemos aprender a hacerlo
correctamente de Dios, quien es inherentemente amor.

Sin Dios, somos incapaces de amar verdaderamente.
Podemos intentar hacer todo lo posible por ser
personas que se aman unas a otras, pero tarde o
temprano fracasaremos si no tenemos el corazón
de Dios en nosotras.

Señor Dios, quiero representar tu corazón ante el mundo.
Sé que todavía no soy perfecta en amor. Necesito que
ames a otros por medio de mí. Necesito ver a los demás
con tus ojos para así poder amarlos sin tacha como
tú haces. Quita mi corazón de piedra y dame un corazón
de carne que lata con tu amor por este mundo
y por todos los que están en él.

Esperanza que no se frustra

Si lo haces, serás recompensado;
tu esperanza no se frustrará.

PROVERBIOS 23:18, NTV

Todas hemos sido defraudadas y frustradas numerosas veces en nuestras vidas. La dura verdad es que, siempre que esperamos algo, nos situamos en riesgo de ser defraudadas. Todas hemos aprendido esta lección por el camino difícil demasiadas veces, de modo que nos preparamos para la decepción cuando soñamos.

Pero hay una esperanza que nunca quedará perdida. Sin importar cuánto tiempo estemos esperando, o cuán distante pueda parecernos el cumplimiento de lo que esperamos, cuando ponemos nuestra fe en Dios, no seremos defraudadas. Algún día veremos con claridad el resultado de nuestra creencia en su reino venidero. La confianza que hemos puesto en sus promesas será recompensada, y nuestros corazones no quedarán defraudados y frustrados.

Señor Jesús, gracias porque tú cumplirás
mi esperanza en ti. He sido defraudada
y frustrada por muchas personas y cosas
en mi vida, pero sé que tú no me defraudarás.
Gracias porque mi corazón está seguro contigo.

Soy tuya

Nos predestinó para ser adoptados como hijos suyos por medio de Jesucristo, según el buen propósito de su voluntad, para alabanza de su gloriosa gracia, que nos concedió en su Amado.

EFESIOS 1:5-6, NVI

Sin importar lo que la vida te dé o te quite, una cosa es segura: eres una hija de Dios y nada puede cambiar esa verdad. Él pagó un alto precio por tu alma. Ya sea que te sientas digna de su amor o no, estás envuelta en él.

Él es un Padre bueno. Se deleita en ser bueno contigo. Habita en tu alabanza y disfruta de tus oraciones. Hay mucho poder en entender cuál es tu identidad como hija de Dios. Al habitar en la bondad de Dios, recuerda que su corazón está por ti. No hay ningún bien en Él que no se te haya ofrecido por medio de su Hijo.

Gracias, Dios, por ser un Padre bueno para mí.
Gracias porque soy tuya;
soy tu hija y nada puede cambiar eso.
Ayúdame a no dudar de tu amor sino,
en cambio, caminar en el poder de saber
quién soy en ti.

Siempre es bueno ser amable

Por el contrario, sean amables unos con otros, sean de buen corazón, y perdónense unos a otros, tal como Dios los ha perdonado a ustedes por medio de Cristo.

EFESIOS 4:32, NTV

Debemos tener cuidado de no juzgar a otras personas rápidamente basándonos en nuestra percepción limitada. No debemos suponer cosas acerca de la gente basándonos en lo que hemos oído o lo poco que hemos observado. La realidad es que no podemos conocer verdaderamente la historia completa de quienes nos rodean. No tenemos conocimiento de las pérdidas que han soportado o de las dificultades que han enfrentado. Nunca podremos conocer plenamente el estado de otro corazón humano.

Tratarnos los unos a los otros con bondad es muy importante porque la bondad es siempre justa. La bondad es apropiada para cualquier persona en cualquier circunstancia. Cuando somos rápidas para juzgar, seguro que no vemos el cuadro completo y actuaremos erróneamente; pero, cuando somos rápidas en bondad, siempre estaremos actuando correctamente.

Llena mi corazón de bondad hacia los demás, Señor. Quítame el deseo de juzgar a otros. Ablanda mi corazón y humíllame para que no critique con dureza a las personas cuyas historias no he leído. Que pueda ser lenta para suponer y rápida para amar.

Guíame por un terreno sin obstáculos

Enséñame a hacer tu voluntad,
porque tú eres mi Dios.
Que tu buen Espíritu me guíe
por un terreno sin obstáculos.

SALMOS 143:10, NVI

Caminar delante de Dios por la senda de justicia puede parecer una tarea imposible. Justamente cuando comenzamos a sentirnos santas, sucumbimos a la tentación y caemos. En un instante, recordamos nuestra humanidad innata y nuestra necesidad abrumadora de Dios.

No sabemos inmediatamente cómo hacer la voluntad de Dios cuando somos salvas; tenemos que aprender. No comenzamos a caminar naturalmente en sus caminos; necesitamos ser guiadas. Lo hermoso acerca de la salvación es que no se espera de nosotras que hagamos nada por nosotras mismas. Dios pone su Espíritu en nuestro interior y nos guía en justicia por terreno sin obstáculos. La vida cristiana santificada solamente es posible cuando nos rendimos totalmente a la gracia de Dios, la enseñanza de Jesucristo, y la guía del Espíritu Santo.

Gracias, Dios, porque no esperas de mí que viva una vida recta en mis propias fuerzas. Necesito tu gracia, y tú la das libremente. Gracias por enseñarme y por guiarme en cada paso del camino, para que pueda darte a ti la gloria y el honor que eres digno de recibir.

Abundante consuelo

Pues, así como participamos abundantemente en los sufrimientos de Cristo, así también por medio de él tenemos abundante consuelo.

2 CORINTIOS 1:5, NVI

La vida está llena de belleza, esperanza y promesa; pero la vida también conlleva fealdad, dolor y decepción. Si no has sufrido, entonces no has vivido. Así son las cosas. Puedes mostrar la expresión más valiente y atravesar el dolor, pero la realidad es que incluso los más fuertes necesitan un lugar donde bajar la guardia, llorar, sufrir, sentir y ser consolados.

Nuestro Dios no está distante de nosotras. Él vivió la vida como nosotras en esta tierra y sintió el mismo dolor. No hay mejor consolador que alguien que ha estado exactamente donde tú estás, que ha soportado el mismo sufrimiento. Cristo es nuestro consuelo. Cuando tenemos problemas y tristeza, Él es nuestro consuelo. Él nos acerca a sí mismo y nos abraza; nos oye. Exprésale a Él lo que hay en tu corazón: tus alegrías y tus tristezas.

Señor Jesús, sé que cuando acudo a ti en mi sufrimiento, tu consuelo llegará más lejos y me sanará más rápidamente que cualquier otro consolador. Necesito que seas mi lugar de refugio. Cuando esté sufriendo, recuérdame que acuda a ti en primer lugar antes de acudir a cualquier otra persona o cosa.

Preciosa

Entregué a otros a cambio de ti.
Cambié la vida de ellos por la tuya,
porque eres muy precioso para mí.
Recibes honra, y yo te amo.

ISAÍAS 43:4, NTV

¿Sabes cuán preciosa es tu vida para Dios? Hemos oído un millón de veces que Dios amó tanto al mundo que envió a su Hijo a morir por nosotros, pero ¿entendemos verdaderamente cuán desesperadamente nos anhela Dios? ¿Cuán apasionadamente nos persigue?

El amor de Dios es la fuerza más poderosa de todo el universo, y está enfocado en ti. Su amor puede cubrir cualquier pecado que hayas cometido o que cometerás. Él siempre está listo para volver a atraerte. Nunca permitas que la vergüenza te aleje de su amor. Sin importar cuán lejos sientas que te has ido, siempre es posible la reparación.

Amado Jesús, gracias porque tu amor no es solamente
algo de lo que hablas, sino algo que demostraste cuando
moriste por mí. Tú pagaste el precio más alto por amor,
y nunca podré darte suficientes gracias. Ayúdame a saber
cuánto me amas verdaderamente para así poder tomar
el amor que me has mostrado y ayudar a otros
a que lleguen a conocer tu amor del mismo modo.

El agua no es cemento

Pedro le dijo: «Señor, si eres tú, manda que yo vaya hacia ti sobre las aguas». Y él le dijo: «Ven». Entonces Pedro salió de la barca y comenzó a caminar sobre las aguas en dirección a Jesús.

MATEO 14:28-29, RVC

¿Alguna vez has dado un paso de «fe ciega» y has dicho sí a alguna locura a la que Dios te llamó? El valle de la decisión puede ser largo y difícil, de modo que cuando finalmente damos ese paso de decir sí, podemos esperar que todo se acomode casi al instante al otro lado.

Pero, cuando Dios te llama a salir de la barca, a caminar sobre el agua con Él, no puedes esperar pisar sobre terreno sólido. El agua nunca será cemento. ¿Por qué nos sorprendemos por las olas que en cualquier momento podrían superarnos? Las circunstancias de la vida nunca van a ser seguras. Nuestros planes nunca despegarán sin complicaciones. Después de todo, estamos intentando caminar sobre el agua. Pero, si mantenemos nuestra mirada enfocada en la de Él, podemos atravesar incluso las aguas más tempestuosas como si fueran simplemente terreno sólido.

Señor, mantén mi mirada fija en ti para que, cuando dé un paso de fe como respuesta a tu llamado, pueda caminar incluso sobre las aguas más difíciles como si mis pies estuvieran plantados en terreno firme.

Él nos oye

Esta es la confianza que tenemos al acercarnos a Dios:
que, si pedimos conforme a su voluntad, él nos oye.
Y, si sabemos que Dios oye todas nuestras oraciones,
podemos estar seguros de que ya tenemos
lo que le hemos pedido.

1 JUAN 5:14-15, NVI

Algunas veces, podemos tener la sensación de que Dios está muy lejos: es un hombre elusivo en los cielos que está tan por encima de nosotras, que no puede estar interesado en nuestras vidas diarias. Nuestros deseos y peticiones son tan pequeños en comparación, que parece una tarea indigna incluso pedirle ayuda.

Pero Él es un Dios que ama a sus hijos, y quiere que estemos contentas y nos sintamos realizadas. Cuando nos acercamos a Él con nuestras peticiones y necesidades, ¡Él verdaderamente nos oye! La próxima vez que tengas la sensación de que tus peticiones son muy poco importantes para molestar a Dios con ellas, recuérdate a ti misma que Dios siempre escucha. Aunque quizá no te responda del modo en que esperabas, está a tu lado, listo para escucharte.

Dios, lléname hoy de tu presencia. Sé que me amas
y quieres lo mejor para mí. Gracias porque, cuando
te pido, tú me oyes y me respondes.

Cautiva por el temor

No tendrás temor cuando te acuestes;
te acostarás y tendrás gratos sueños.
No temerás que de repente te asalten
las calamidades que merecen los impíos.
El Señor te infundirá confianza,
y evitará que tus pies queden atrapados.

PROVERBIOS 3:24-26, RVC

Los temores abruman nuestra mente, causando pensamientos de ansiedad y noches sin dormir. ¿Cómo pagaré las facturas este mes? ¿Tendrá malas noticias el médico? Algún familiar necesita ayuda, hay amigos abrumados por el sufrimiento, y no podemos arreglar las cosas.

Cuando pensamientos de temor inundan nuestra mente, las palabras de Dios de sabiduría y consuelo pueden quedar aguadas. Si podemos aprender a confiar totalmente en Él, Él calmará nuestros temores y aquietará nuestro corazón angustiado. Podemos estar libres de temor porque nuestra confianza está en Dios y en sus promesas.

Señor Jesús, ayúdame a no quedar cautiva por el temor
en este día. Aleja la oleada de terror y asegúrame
que tú eres mi refugio. Tú atiendes amorosamente
a cada una de mis necesidades,
y puedo descansar en ti.

Verdaderamente especial

Pero ustedes son linaje escogido, real sacerdocio, nación santa, pueblo que pertenece a Dios, para que proclamen las obras maravillosas de aquel que los llamó de las tinieblas a su luz admirable.

1 PEDRO 2:9, NVI

Todas queremos creer que somos especiales. La mayoría de nosotras crecemos escuchando que lo somos, y es una buena sensación creerlo. Pero, con el tiempo, miramos a nuestro alrededor y nos damos cuenta de que, en realidad, somos como cualquier otra persona. Comienza a llegar la duda, haciendo que nos cuestionemos a nosotras mismas y dañando nuestra seguridad en nosotras mismas.

Mucho antes de que fuéramos incluso una semilla en el vientre de nuestra madre, fuimos apartadas y marcadas como especiales. Tú fuiste escogida para ser posesión especial de Dios, y eso es algo bastante asombroso.

Gracias, Dios, porque tú me consideras especial. Me gozo en ese conocimiento hoy. Tú me llamas a salir de la oscuridad de lo ordinario y me llevas a la luz de lo extraordinario. Me has escogido y me amas.

Pasos ordenados

Yo te instruiré, yo te mostraré el camino que debes seguir; yo te daré consejos y velaré por ti.

SALMOS 32:8, NVI

Si alguna vez has agarrado la mano de un niño pequeño, sabrás que él o ella se apoya en ti para tener equilibrio. Si tropieza, tú puedes mantenerlo firme fácilmente. Este sencillo acto de agarrar una mano significa que el niño tiene confianza en que no se caerá de bruces.

Del mismo modo, cuando entregamos a Dios nuestro camino, esencialmente estamos poniendo nuestra mano en la mano de Él. Él se deleita en el hecho de que estemos caminando con Él. Incluso cuando tropezamos, Él enderezará nuestra senda y nos dará la confianza para seguir caminando.

Señor, he tropezado y algunas veces
no estoy segura de mi caminar contigo.
Dame confianza en que te deleitas en
mi compromiso, aunque pueda ser sacudido.
Acepto tu mano y sigo caminando,
confiando en que tú me guardas de caer.

Tentación

Excelso es nuestro Señor, y grande su poder;
su entendimiento es infinito.

SALMOS 147:5, NVI

Cuando te acercas a Dios para pedir ayuda para resistir la tentación, o perdón por un pecado al que has cedido, ¿te sientes avergonzada? ¿Sientes como si Dios no pudiera entender cómo caíste en ese pecado una vez más?

Sabemos que Jesús fue tentado a pecar mientras estuvo aquí en la tierra, pero también sabemos que nunca cedió al pecado. A causa de haber experimentado tentación, Él tiene una gran compasión hacia nosotras cuando batallamos contra el deseo de pecar.

Jesús, tú entiendes mi tentación a pecar porque fuiste tentado de la misma manera. Gracias por ser mi defensor y entender cuán difícil es resistir la tentación. Dios, te pido tu misericordia y tu gracia a medida que sigo sometiéndome a ti y huyendo del pecado.

Sin límites

*Una y otra vez pusieron a prueba la paciencia de Dios
y provocaron al Santo de Israel.
No se acordaron de su poder
ni de cómo los rescató de sus enemigos.*

SALMOS 78:41-42, NTV

¿Batallas por saber dónde encajas? ¿Estás en una búsqueda para encontrar tu propósito? ¿Tienes la sensación de haber cambiado, y el propósito que creías que Dios tenía para ti parece inmensamente diferente ahora? Puede ser muy confuso, ¿no es cierto? Cuando pensamos que nuestro propósito no está claro, fácilmente podemos volvernos ciegas a la capacidad de Dios.

Amigas, Dios no tiene una capacidad. Servimos a un Dios sin límites. Nos dice que todo es posible en Él. No necesitas tener confianza en lo que tú puedes hacer; solamente en lo que Él puede lograr por medio de ti. Él lo puede absolutamente todo, y sus planes para ti son profundos.

*Dios, abro mi corazón y mi mente a la plenitud
de tu amor. Gracias por mi propósito en la vida.
Ayúdame a caminar de tal modo que pueda
cumplir ese propósito.*

Confianza innegable

Y les aseguro que estaré con ustedes siempre,
hasta el fin del mundo

MATEO 28:20, NVI

¿Has escuchado alguna historia personal que te hizo llorar? ¿Has observado mientras alguien superó probabilidades innegables y siguió aferrándose a Jesús? ¿Quedaste sorprendida, o tuviste confianza en que tú reaccionarías igual en una tragedia o situación difícil? Nuestra respuesta a los sueños hechos pedazos es increíblemente importante en nuestro caminar espiritual. Sin importar cómo nos sintamos, nuestra tarea es tener una confianza completa en que Dios está con nosotras, caminando a nuestro lado y agarrando nuestra mano.

Somos llamadas a amarlo a Él incluso cuando parece que no está a nuestro lado. Somos llamadas a ser fieles incluso cuando no sentimos su fidelidad. Él está ahí. Confiar en Dios es agradable a Él. Él hace el resto del trabajo por nosotras. ¿No es eso hermoso?

Dios, estoy enfrentando una circunstancia difícil
y sé que necesito seguir buscándote. Ayúdame a
acercarme a ti en los momentos difíciles.
Tu amor es verdaderamente el mejor remedio.

Prepárale un lugar

Él debe tener cada vez más importancia y yo, menos.

JUAN 3:30, NTV

Imagina tu vida si lo único que hicieras fuese añadir a tus posesiones. A menos que queramos aparecer en un programa de televisión muy popular acerca de personas que tienen demasiadas cosas materiales, tener cosas nuevas requiere que otras cosas viejas se vayan. No construimos un armario más grande; revisamos la ropa y elegimos cosas para donar. No construimos un garaje más grande; cambiamos un vehículo viejo por un modelo mejor y más nuevo.

Por lo tanto, así también, cuando aceptamos el sacrificio de Cristo y el Espíritu Santo establece su residencia en nuestros corazones, debemos hacer espacio. Viejos hábitos deben dar lugar a otras maneras de ser nuevas e inspiradas. Cosas como celos, amargura e inseguridad necesitan ser apartadas para que puedan entrar la misericordia, el perdón y la confianza. A medida que su presencia crece en nuestro interior, los viejos caminos se disipan.

Espíritu Santo, ayúdame a permitir que tengas todo el espacio en mi corazón. No quiero retener nada para mí misma. Reconozco la necesidad de tener una casa limpia. Sé que tú producirás belleza cuando lo haga.

Marzo

He sido crucificado con Cristo,

y ya no vivo yo, sino que Cristo vive en mí.

Lo que ahora vivo en el cuerpo,

lo vivo por la fe en el Hijo de Dios,

quien me amó y dio su vida por mí.

Gálatas 2:20, nvi

Un tiempo para el consuelo

Él nos consuela en todas nuestras dificultades para que nosotros podamos consolar a otros. Cuando otros pasen por dificultades, podremos ofrecerles el mismo consuelo que Dios nos ha dado a nosotros.

2 CORINTIOS 1:4, NTV

Una joven estaba sentada con la cabeza agachada y lágrimas cayendo por sus ojos, y la pesadez y el dolor de la pérdida le ahogaban. Clamó al Señor pidiendo ayuda como un niño clama por su mamá. Casi de inmediato, llegó el consuelo de Dios. Fue como si un peso tangible fuera levantado y llegara un soplo de esperanza.

¿Estás en un momento de luto? Tal vez has perdido una gran parte de tu vida: tu empleo, una amistad, o un ser querido. En Eclesiastés leemos: «Hay un tiempo para llorar, y un tiempo para reír; un tiempo para estar de luto, y un tiempo para saltar de gusto». En los breves años que pasamos en este planeta, experimentamos periodos de gran alegría y periodos en los que necesitamos el consuelo y la paz de Dios más que el aire que respiramos. ¿Puedes recibirlos hoy? Un día, Dios usará tu sufrimiento para dar ánimo y esperanza a otros.

Estoy muy agradecida porque, en mi momento de tristeza, tú me ofreces consuelo. Te pido alivio de mi sufrimiento y lo recibo, Señor, en el nombre de Jesús.

En espera del amanecer

*Y volverán los rescatados por el SEÑOR,
y entrarán en Sión con cantos de alegría,
coronados de una alegría eterna.
Los alcanzarán la alegría y el regocijo,
y se alejarán la tristeza y el gemido.*

ISAÍAS 35:10, NVI

El pecado y la tristeza de la vida pueden dar la impresión de una noche interminable, donde estamos esperando continuamente a que llegue el amanecer del regreso de Cristo. En la noche más oscura, no siempre ayuda saber que Él regresará *algún día*, porque *este día* está lleno de desesperación.

A ti, su amada, Él le da consuelo. No desesperes. ¡Él viene a buscarte! Puede ser difícil, porque parece que Él se está tomando mucho tiempo, pero está preparando un lugar para ti. No has sido olvidada en esta larga noche; tu dolor le resulta familiar a Él. ¡Mantén tu mirada en Él! ¡Pronto oirás su voz! Él también anhela que llegue ese momento.

*Gracias, Jesús, por la promesa de tu regreso.
Hace que las dificultades sean mucho más soportables
cuando estoy segura de que un día te veré,
te abrazaré, ¡y contemplaré tu belleza!*

Devoción abrumadora

¡Siempre cantaré acerca del amor inagotable del Señor!
Jóvenes y ancianos oirán de tu fidelidad.
Tu amor inagotable durará para siempre;
tu fidelidad es tan perdurable como los cielos.

SALMOS 89:1-2, NTV

Dios, en su gran poder y fidelidad, nunca nos falla, nunca nos da la espalda, y nunca nos dejará solas para que nos las arreglemos por nosotras mismas. Su amor por nosotras permanece fuerte e inamovible, a pesar de nuestras circunstancias o debilidades. Su devoción hacia sus hijos supera la de todos los padres. Él no tiene límites, y nada puede cambiar nunca su devoción.

Esta verdad es abrumadoramente satisfactoria; cuando esa devoción ha sido demostrada, ¿qué otra cosa podría atraer nuestra mirada? ¿Dónde podrían encontrar nuestros ojos tal belleza y pureza como las encuentran en el rostro de Jesús? Con asombro y reverencia, reconocemos que Él nos devuelve la mirada, y nos ve como un premio hermoso y valioso. No podemos merecer esa mirada ni tampoco eludirla. Tenemos defectos, pero Él es inflexible en su amor por nosotras.

Gracias, Padre, porque tú estás
totalmente dedicado a mí.
Puedo disfrutar para siempre de tu amor.
Ayúdame a permanecer en ese amor.

Quitar el velo

*Pero, cada vez que alguien se vuelve al Señor,
el velo es quitado.*

2 CORINTIOS 3:16, NVI

Incluso cuando aceptamos a Cristo como nuestro Salvador, a menudo hay un muro que levantamos en nuestro corazón. Nos esforzamos por amarlo a Él con cada fibra de nuestro ser, pero podemos fallar a la hora de entregarle todo de nosotras. Es como si la parte más humana de nosotras sintiera que, al mantener ese último pedazo de espacio, nos protegemos a nosotras mismas y somos libres para ser quien queremos ser.

Experimentamos libertad verdadera cuando cedemos y nos entregamos por completo. Él quiere quitar ese velo que evita que veamos totalmente toda la belleza que Él tiene preparada para nosotras.

Dios, quita mi velo. Aparta el último pedazo de mí que se ha estado resistiendo a ti. Quiero experimentar la libertad plena que tú has dado tan gloriosamente.

Liberar la belleza

*Por tanto, también nosotros, que estamos rodeados
de una multitud tan grande de testigos,
despojémonos del lastre que nos estorba,
en especial del pecado que nos asedia.*

HEBREOS 12:1, NVI

Dios nos da alivio de cualquier atadura que tengamos.
Él lo hace verdaderamente. Nuestro Padre puede tomar
cualquier error que hayamos cometido en el pasado
y liberar la belleza que hay en ese error. No tenemos
que ser tan duras con nosotras mismas. No tenemos
que sentirnos atrapadas, o pensar que hemos fallado,
o aferrarnos con tanta fuerza que no podemos ver la
alegría en nuestra circunstancia actual.

Dirige tu rostro hacia Dios y deja que Él rompa esa
atadura. Él puede tomar ese viaje y transformarlo en un
lugar de humildad y empatía hacia otros. Observa cómo
se rompen las cadenas y te alejas caminando con mucha
más ligereza.

*Dios, me resulta difícil soltar los errores
que he cometido en el pasado.
Gracias por tu promesa de redención.
En este día, decido perdonarme a mí misma
porque tú ya me has perdonado.*

Eres bella

Toda tú eres bella, amada mía;
no hay en ti defecto alguno.
CANTAR DE LOS CANTARES 4:7, NVI

Los estereotipos se convierten en estereotipos a causa de la verdad que hay en ellos. Pensemos en un grupo de muchachas que comparan defectos, y que se consideran feas a la vez que aseguran a sus amigas que ellas son bellas. Lo hemos oído. Lo hemos vivido. ¿Eres acogedora y aceptas a la mujer que ves en el espejo, o la analizas, la criticas y la juzgas?

Oigamos lo que dice el Novio sobre nosotras. Creamos las palabras de aliento de otras personas, y silenciemos la voz en nuestra cabeza que nos dice que somos cualquier cosa, menos bellas. Esa voz es una mentira. La Palabra de Dios es verdad, y Él dice que somos bellas.

Señor, admito que algunas veces me resulta difícil
considerarme a mí misma bella. Hoy decido mirarme
y sonreír, a pesar de cuán difícil sea hacerlo. Te pido que,
cuando lo haga, tú me muestres cómo me ves,
y me ayudes a creerlo en mi corazón.

En el sol y en la tormenta

Cuando te vengan buenos tiempos, disfrútalos;
pero, cuando te lleguen los malos, piensa que unos y
otros son obra de Dios, y que el hombre nunca sabe
con qué habrá de encontrarse después.

ECLESIASTÉS 7:14, NVI

Es fácil sentirse contenta en un día soleado, cuando todo va bien, los pájaros cantan, y la vida discurre sin problema. Pero ¿qué sucede cuando las aguas son bravas, llegan malas noticias, o los días parecen simplemente difíciles?

Dios quiere que disfrutemos en los tiempos buenos. Él hizo los días. Somos llamadas a gozarnos en todos ellos, sean buenos o malos. La felicidad está determinada por nuestras circunstancias, pero la alegría verdadera llega cuando podemos encontrar las cosas positivas que están escondidas en nuestras horas más oscuras, cuando podemos cantar alabanzas a pesar de todo. No sabemos lo que nos deparará el futuro aquí en la tierra, pero podemos deleitarnos en el conocimiento de que nuestra eternidad está enmarcada en belleza.

Dios, no quiero que mi felicidad esté determinada por mis circunstancias. Ayúdame a descubrir la alegría verdadera en ti. Dame una satisfacción profunda y duradera en cada día, que esté por encima de toda comprensión humana.

Lámparas

Ustedes son la luz del mundo. Una ciudad en lo alto de una colina no puede esconderse. Ni se enciende una lámpara para cubrirla con un cajón. Por el contrario, se pone en la repisa para que alumbre a todos los que están en la casa.

MATEO 5:14-15, NVI

Hay una buena razón por la que se construían los faros. Por cientos de años, han resplandecido con fuerza en puertos en todo el mundo, guiando a los barcos de modo seguro hasta la orilla. La premisa era sencilla: poner la luz en lo alto donde pueda verse fácilmente.

Jesús es la luz del mundo. Esa luz no es para ser escondida, sino para ser puesta en alto, donde todo el mundo pueda verla fácilmente. Y, como seguidoras de Él, somos llamadas a resplandecer con fuerza para Él, de tal modo que otros puedan verla por sí mismos. No la escondemos; con valentía iluminamos el camino hacia Cristo.

Dios, ayúdame a no esconder mi luz. Dame una fe valiente para ser una fuente de luz a todo aquel que entre en contacto conmigo. Quiero resplandecer con fuerza para que otros puedan salir de la oscuridad y acompañarme en tu luz magnífica.

¡Ora en serio!

¿Cómo que si puedo? Para el que cree,
todo es posible.

MARCOS 9:23, NVI

Cuando oras, ¿lo haces en un espíritu de osadía, o haces oraciones débiles? Es como si tuviéramos miedo de molestar a Dios con nuestras peticiones. No le incomodemos, o quizá no nos responderá, ¿cierto? Por lo tanto, decimos tentativamente: «Amado Señor, si es tu voluntad, sería estupendo si pudieras…»; «Padre, sé que estás muy ocupado, pero me gustaría mucho si…».

Dejemos de hacer oraciones débiles. El Señor ya conoce tu corazón. Cree que Él puede hacer lo que le estás pidiendo. No hay necesidad de que seas cauta ante el Padre que te ama tanto. Jesús mismo dijo eso. Da un paso de fe valiente, comenzando con tu vida de oración.

Dios, ayúdame a vencer mi incredulidad.
Quiero creer que todo es posible porque creo en ti.

Él sana y venda las heridas

> *¡Alabado sea el Señor!*
> *¡Qué bueno es cantar alabanzas a nuestro Dios!*
> *¡Qué agradable y apropiado!*
> *Él sana a los de corazón quebrantado*
> *y les venda las heridas.*
>
> SALMOS 147:1, 3, NTV

Sea que estés cargando dolor y sufrimiento por abuso o una tragedia en el pasado, o hayas sido herida más recientemente, corre hacia Aquel que sana. No hay ninguna petición o necesidad que sea demasiado grande; Él te sanará y te vendará.

Podría requerir trabajo. Será necesaria una comunión constante con Él para recordarte su poder sanador, pero Él te vendará hasta que estés sana. Almas rotas, cuerpos rotos, relaciones rotas, recuerden su poder en estos momentos y no se alejen.

> *Dios Padre, necesito tu poder sanador.*
> *Suelto todo aquello a lo que me estoy aferrando,*
> *y te pido que sanes mis heridas.*

Los deseos de tu corazón

*Deléitate en el S*ᴇɴᴏʀ,
y él te concederá los deseos de tu corazón.

SALMOS 37:4, NVI

Cuando eras pequeña, ¿qué querías más que ninguna otra cosa en el mundo? Quizá tener un pony o ser una princesa eran las cosas más hermosas que podías imaginar en aquel entonces. ¿Qué anhelas ahora? ¿Cuán diferentes son tus sueños como persona adulta?

Todas hemos oído que a Dios le encanta responder nuestras oraciones y otorgarnos nuestros deseos. Entonces, ¿deberíamos esperar de Él que nos dé cualquier cosa que queramos? Estudia el versículo anterior, y observa en particular la primera parte. Cuando nos deleitamos en Dios en primer lugar, Él nos concede los deseos de nuestro corazón. Si nos deleitamos en el éxito económico, en tener unos abdominales marcados, o en hijos que alcanzan grandes logros, Él no hace ninguna promesa. Eso no significa que estemos equivocadas por querer esas cosas, simplemente que Dios no participa necesariamente en hacer que nos sucedan.

*Dios, ayúdame a hacer de ti el mayor deleite
y agrado en mi vida.
Quiero que mis deseos sean tus deseos.
Quiero que mi corazón sienta tu corazón.*

Agotada al máximo

El Señor dirige los pasos de los justos;
se deleita en cada detalle de su vida.
Aunque tropiecen, nunca caerán,
porque el Señor los sostiene de la mano.

SALMOS 37:23-24, NTV

¿Alguna vez has estado tan agotada que simplemente no sabías si podrías dar un paso más? Tu calendario es una nube borrosa de actividades programadas, tus días están llenos, cada una de las horas está ocupada para esto o aquello, y es difícil encontrar aunque sea un minuto libre para ti misma. Incluso tus huesos se sienten cansados, y caes a la cama en la noche agotada después de todo el día.

Hay alguien que está preparado para agarrarte cuando caigas. Tal vez podrías tropezar a lo largo de tu día tan ajetreado, pero Él nunca dejará que golpees el suelo cuando tropiezas. ¡Dios se deleita en ti! Él dirigirá cada uno de tus pasos si le pides que lo haga. Con alegría te tomará de la mano y te guiará.

Señor, por favor guía mis días. Estoy cansada y necesito
tu energía para enfrentar todo lo que presente
este día. Ayúdame a tomar tu mano y dejar que
me dirijas cada día, confiando plenamente
en que tú me darás las fuerzas que necesito.

Escoge la sabiduría

Dichosos los que me escuchan
y a mis puertas están atentos cada día,
esperando a la entrada de mi casa.
En verdad, quien me encuentra halla la vida
y recibe el favor del Señor.

PROVERBIOS 8:34-35, NVI

La palabra *sabiduría* se utiliza cientos de veces en la Biblia. Una y otra vez, se nos enseña que usemos el buen juicio, tomemos decisiones sensatas, usemos la prudencia y la introspección.

El rey Salomón se propuso especialmente pedir a Dios que le diera sabiduría durante su tiempo como líder de Israel. A causa de eso, Dios le honró y le bendijo.

Dios, ¡en este día escojo la sabiduría!
Espero a la entrada de su casa.
Sé que la verdadera felicidad se encuentra ahí.

Anima por causa del premio

*Que el Dios que infunde aliento y perseverancia
les conceda vivir juntos en armonía,
conforme al ejemplo de Cristo Jesús.*

ROMANOS 15:5, NVI

¿Has observado alguna vez a las animadoras en un evento deportivo? Sonriendo, vivaces, enérgicas, gritando y animando a su querido equipo. Lo que no vemos es lo que podría estar sucediendo por debajo de todo ese ánimo. Todo el mundo tiene sus problemas; y, sin embargo, ahí están ellas, dedicadas fielmente a su equipo porque conocen el premio que hay al final.

De ese mismo modo, debemos animarnos los unos a los otros en nuestra fe. Imagina la alegría de nuestro Abba Padre cuando nos ve alentándonos los unos a los otros con amor a pesar de lo que podría estar sucediendo. Hay mucho que ganar en las relaciones con otros creyentes, ya sea en la parte receptora o dadora. Y el premio que hay al final es la eternidad. No hay nada más grande.

*Dios, muéstrame maneras en las
que puedo alentar a otros.
Sé que tu corazón se deleita cuando
me ves dando de mi tiempo
y mis talentos, ¡y eso hace que
realmente valga la pena!*

Que gane Dios

Las palabras veraces soportan la prueba del tiempo,
pero las mentiras pronto se descubren.

PROVERBIOS 12:19, NTV

No creas las mentiras. Hay un enemigo ahí afuera que quiere robar, matar y destruir. Una de las maneras más poderosas en que hace eso es llenando nuestros corazones de cosas que pensamos que son verdad acerca de nosotras mismas. Esas mentiras llenan nuestra mente de odio, de modo que, cuando nos miramos en el espejo, comenzamos a aborrecer lo que vemos. *Soy muy fea. No me merezco nada bueno en mi vida. Volví a meter la pata; ¿por qué volver a intentarlo?*

Esos pensamientos hacen llorar al Padre. ¡Él nos ama! Él nos formó y nos escogió. Él atesora cada vez que respiramos y, en el nombre de Jesús, podemos reprender al enemigo para que esas mentiras ya no llenen nuestra cabeza y abrumen nuestro corazón.

Jesús, quita el velo de mis ojos para que pueda ver con claridad. Muéstrame las mentiras que estoy creyendo y que son destructivas. Sé que me amas y que quieres verme caminar en la verdad.

Confianza en nuestra incompetencia

No es que pensemos que estamos capacitados para hacer algo por nuestra propia cuenta. Nuestra aptitud proviene de Dios.

2 CORINTIOS 3:5, NTV

Ya sea llevar a un recién nacido a casa desde el hospital, hacer tu primera presentación importante en el trabajo, o simplemente preparar tu primera cena de Acción de Gracias, probablemente ha habido al menos un momento en tu vida que te hizo pensar: *No tengo ni idea de lo que estoy haciendo. No estoy calificada.* Por lo tanto, ¿qué hiciste? Es probable que pusiste una sonrisa en tu cara, comenzaste, y lo hiciste lo mejor posible.

Mientras más envejecemos, más entendemos cuán verdaderamente indefensas estamos. Además, de manera hermosa, entendemos que eso está bien. Hay una gran libertad en admitir nuestros defectos y carencias y permitir que el Padre sea nuestra fortaleza. Sin importar lo que Él pida de nosotras, tenemos confianza en nuestra incompetencia. Quizá no seamos capaces, pero Dios está más que calificado para llevar a cabo sus planes por medio de nosotras. Lo único que necesitamos hacer es tragarnos nuestro orgullo y permitir que Él nos dirija.

Señor Dios, quiero aceptar tu competencia como la mía propia, de modo que mis sueños y mi llamado puedan cumplirse. Me trago mi orgullo y te pido que me dirijas.

Rinde tu corazón

*Oh, hijo mío, dame tu corazón; que tus ojos
se deleiten en seguir mis caminos.*

PROVERBIOS 23:26, NTV

Al ver las noticias, nos enteramos de que el ejército
perdedor en una guerra se ha rendido a su enemigo.
El fugitivo finalmente se ha rendido a la policía después
de mucho tiempo. Tal vez, más cerca de casa, alguien
a quien conoces se ha rendido a la adicción. Por lo
tanto, dados todos esos ejemplos, ¿cómo se supone
que debemos sentirnos bien acerca de rendirnos a
Dios? Permitirnos a nosotras mismas ser vulnerables
puede dar miedo. ¿Acaso la palabra *rendirse* no significa
derrota y darse por vencido?

Podría ser… si Dios fuera nuestro enemigo; pero,
debido a que Él está por nosotras y no contra nosotras,
rendirse significa otra cosa totalmente distinta. Significa
libertad. Rendirse también significa abandonarnos
a Dios y ya no seguir resistiéndonos a Él, aceptando
sus planes y su voluntad perfecta para nuestras vidas.
Ya no tenemos que seguir esforzándonos cuando le
entregamos nuestro corazón.

*Padre, ayúdame a recordar que tus planes
son perfectos, y que tu voluntad para mí es la paz.
Rindo todo mi corazón a ti y pongo fin a la batalla
de seguir aferrándome. Confío en ti con todo
mi corazón porque tú eres bueno.*

Elección consciente

Hoy te he dado a elegir entre la vida y la muerte,
entre bendiciones y maldiciones.
Ahora pongo al cielo y a la tierra
como testigos de la decisión que tomes.
¡Ay, si eligieras la vida, para que tú
y tus descendientes puedan vivir!

DEUTERONOMIO 30:19, NTV

¿Querrías que alguien te amara si en realidad no quisiera hacerlo? Si alguien fuera obligado o incluso pagado para amarte, pero tú supieras que su amor no era genuino, ¿disfrutarías de ese tipo de amor?

Tenemos la capacidad consciente de elegir si amaremos a Dios o no. Dios no nos obligará a amarlo ni nos forzará a seguirlo. La libertad que tenemos de escoger es el regalo más maravilloso y más temible que nos ha sido dado.

Dios, escojo la vida. Sé que tú tienes cosas maravillosas
esperándome cuando respondo a tu amor.
Te adoro con todo lo que soy.

Libertad sin complicación

He disipado tus transgresiones como el rocío,
y tus pecados como la bruma de la mañana.
Vuelve a mí, que te he redimido.

ISAÍAS 44:22, NVI

Somos nosotras quienes complicamos demasiado la libertad en la vida cristiana. Mediante nuestros legalismos, intentamos encontrar un modo de humanizar la obra redentora de la cruz, porque simplemente no podemos entender el carácter sobrenatural de Dios.

Puede ser difícil entender la gracia completa que se nos ofrece en el Calvario porque somos incapaces de dar ese tipo de gracia; pero, cuando Dios dice que ha olvidado nuestro pecado, y que nos ha hecho nuevas, lo dice de verdad. Dios es amor, y el amor no guarda rencor. Nada puede separarnos de su amor. La salvación rompió el velo que nos separaba de la santidad de Dios. Esa obra completa no puede ser disminuida ni borrada por ninguna cosa que hagamos.

Gracias, Dios, porque esa libertad
es verdaderamente sencilla.
La belleza de tu evangelio está resumida
en el concepto de gracia,
inmerecida y dada sin límites.
La acepto en este día.

Mi recompensa

Llevaré a los ciegos por caminos que nunca conocieron;
les haré recorrer sendas para ellos desconocidas.
A su paso cambiaré en luz las tinieblas,
y allanaré los caminos torcidos.
Todo esto haré por ellos, y no los desampararé.

ISAÍAS 42:16, RVC

La primavera es un periodo de renacimiento y renovación, una recompensa por haber atravesado el largo invierno, frío y desolado. Algunas partes del mundo han disfrutado de jardines primaverales coloridos con buenas fragancias durante semanas. En otras regiones, la fría nieve se sigue derritiendo, y los brotes más tempranos todavía tienen que atravesar el terreno duro. Ya sea por encima de la superficie o por debajo, se está produciendo una resurrección a nuestro alrededor, recompensándonos con nueva vida y vitalidad. La resurrección es un avivamiento de esperanza, de luz que brilla en la oscuridad, de nuestra gloriosa recompensa.

Isaías 42:16 comparte una promesa que no nos puede ser arrebatada. Él ha llegado a su gloria y nosotros seremos partícipes de su recompensa: ¡la muerte no puede conquistar ni robar nuestra herencia! Por lo tanto, podemos confiar y creer plenamente en Jesucristo, nuestra esperanza. No hay nada más magnífico, ¡ninguna otra cosa digna de nuestras expectativas!

Dios, gracias por tu regalo de la salvación.
Que el pecado que me ha obstaculizado se derrita
como la nieve del invierno. Creo que este día
estará lleno de promesa y de vida.

La necesidad de respirar

En medio de mi angustia invoqué al Señor;
El Señor me respondió y me puso en un lugar espacioso.

SALMOS 118:5, NBLA

Hay días en los que parece que las paredes realmente nos aplastan, ¿no es cierto? Presionadas desde todas partes con necesidades, obligaciones, expectativas y compromisos, te preguntas no solo cómo, sino también *si* puedes manejarlo todo. ¿Cuándo podrás respirar?

El libro de Salmos está lleno de tales presiones, a menudo en forma de ejércitos enojados que esperaban matar al rey David. ¿Cuál era su respuesta constante? La oración. ¡Qué imagen tan maravillosa: un lugar espacioso! Lleva tus presiones al Señor, y siente cómo se alejan; siente que tus entornos y tu esperanza se amplían. Vuelve a respirar con Aquel que te dio vida.

Señor, tú ves las presiones de mi diario vivir.
Quiero detenerme y volver a respirar contigo
en el lugar espacioso. Solamente en esos
momentos se irán los estreses
y se establecerá la paz.

Permanezcan en mí

Yo soy la vid verdadera, y mi Padre es el labrador.
Toda rama que en mí no da fruto, la corta; pero toda
rama que da fruto la poda para que dé más fruto
todavía... yo soy la vid y ustedes son las ramas. El que
permanece en mí, como yo en él, dará mucho fruto;
separados de mí no pueden ustedes hacer nada.

JUAN 15:1-2, 5, NVI

Jesús nos da una ilustración maravillosamente transformadora. Él es la vid, Dios es el labrador, y nosotras somos las ramas. Sabemos que la tarea de un labrador es increíblemente importante. Una planta nunca dará tanto fruto sin un labrador como cuando hay uno.

Dios dice que lo único que tenemos que hacer para dar fruto es permanecer en la vid. Esa es una tarea hermosa y sencilla. Si permanecemos en la vid, Él promete alimentarnos y sostenernos; también promete podarnos. La poda no es para que nos quedemos pequeñas; es para que podamos dar más fruto todavía.

Padre, saber que tú tienes en mente mi mejor interés
hace que sea más fácil someterme voluntariamente
a tu poda. Ayúdame a permanecer en ti para que puedas
hacer lo que sea necesario para que siga dando fruto.

Trabajar con propósito

*Todo lo que hagas, hazlo bien, pues cuando
vayas a la tumba no habrá trabajo ni proyectos
ni conocimiento ni sabiduría.*

ECLESIASTÉS 9:10, NTV

Cada día que despiertas es una nueva oportunidad para poner toda tu energía en tu trabajo, ya sea que ese trabajo sea dentro de tu hogar o fuera. Deberías poner todo tu corazón y tu alma en tus esfuerzos. Tal vez no te guste dónde estás en la vida, pero se te regaló este día, ¡así que aprovéchalo!

No siempre nos gusta la tarea que se nos asigna o los trabajos que tenemos que hacer. Independientemente de dónde estés y lo que hagas, hazlo bien. No hay ninguna recompensa en no intentarlo, pero hay alegría y una sensación de satisfacción en trabajar duro.

*Dios, ayúdame a dar todo de mí en cada oportunidad
que tenga por delante en este día.
Incluso si no me gusta lo que hago, te doy gracias
porque tú me has llamado a este lugar y me
ayudarás a trabajar con propósito.*

Nuestro Padre celestial

Los ojos del Señor están sobre los justos,
y sus oídos, atentos a sus oraciones.

SALMOS 34:15, NVI

¿Sabemos en las profundidades de nuestro corazón
que nuestras oraciones son oídas: tantos los clamores
pidiendo ayuda como los suaves susurros de gratitud?
Él conoce cada uno de nuestros pensamientos incluso
antes de que lo pensemos. Este es el Padre que nos
creó. Este es el Abba que nos llama por nuestro nombre.
Somos sus hijas amadas.

Necesitamos permitir que esta verdad penetre hasta
las partes más profundas de nuestro corazón, y
descansar ahí en gratitud. Su Palabra es verdad, y
Él nos dice una y otra vez que responderá nuestra
oración porque confiamos en Él. Ya sea mediante
canto, acción, pensamiento o palabras, Él se deleita
en oír nuestras oraciones.

Dios, es verdaderamente asombroso que te deleites
en oír mis palabras. Tú sintonizas con lo que estoy
diciendo, porque te interesa mi corazón, y eso es algo
que me resulta difícil comprender. Qué Dios
tan maravillosamente bueno eres.

Clamor pidiendo ayuda

A las montañas levanto mis ojos;
¿de dónde ha de venir mi ayuda?
Mi ayuda proviene del Señor,
creador del cielo y de la tierra.

SALMOS 121:1-2, NVI

Dependiendo del tipo de persona que seas, puede que no se te dé muy bien pedir ayuda. Están aquellas a quienes les gusta ser las *ayudadoras*: se manejan mejor sirviendo a otros porque se sienten capaces y útiles. También están quienes aceptan alegremente el servicio en cualquier momento que se les da la oportunidad. Ninguna es mejor que la otra, y ambas tienen sus elementos positivos.

En distintos periodos de la vida, tal vez las que son ayudadoras por naturaleza necesitan ser quienes reciben ayuda. Algunas veces es difícil aceptarla, y tenemos que ser cuidadosas para no permitir que el orgullo tome el control. Pedir ayuda es parte de ser vulnerables: dejamos todo a un lado para decir: «No puedo hacer esto yo sola». Dios ha puesto en nuestra vida a personas capaces y a quienes les gusta ayudar, pero no sabrán que necesitamos ayuda hasta que la pidamos.

Padre, muéstrame cuando estoy siendo terca en
no pedir ayuda. Confío en que tú pones a personas
en mi vida que pueden compartir mis cargas y
permitirme ayudarles con las suyas.

Arriésgate

Tu palabra es una lámpara que guía mis pies
y una luz para mi camino.

SALMOS 119:105, NTV

Hay oportunidades que surgen y que podrían resultarnos sorprendentes. Puede que de repente nos presenten algo que parece un poco aterrador. Lo consideramos una oportunidad porque vemos el beneficio que hay en ello en algún lugar del camino. Entendemos que podría ser un regalo para nuestra vida tanto como un viaje potencialmente difícil o una transición antes de que aparezca el regalo.

Transitar por lo desconocido requiere valentía, y la valentía no está siempre a la mano. Mediante el poder de la oración, y considerando los puntos positivos y negativos de la oportunidad, es de esperar que lleguemos a un punto en el que nuestro corazón sienta la paz que hemos estado buscando. Eso hace que la tarea de aceptar la oportunidad sea mucho más fácil. Tal vez no te sientes valiente en cuanto a una decisión, pero puedes confiar en la paz que hay en tu corazón. Solo eso requiere valentía.

Dios, con cada nueva oportunidad que surja, ayúdame
a buscar tu sabiduría y tu paz a la hora de enfrentarla.
Tú sabes lo que debería perseguir y lo que debería
dejar a un lado. Confío en que tu paz me guiará.

Piedra corrida

Pues la piedra era muy grande. Pero, al fijarse bien,
se dieron cuenta de que estaba corrida...
Ustedes buscan a Jesús el nazareno, el que fue
crucificado. ¡Ha resucitado! No está aquí.
Miren el lugar donde lo pusieron.

MARCOS 16:4, 6, NVI

La mayoría de nosotras sabemos que Jesús resucitó de la muerte. Siempre que lo oímos, sabemos que es parte de la historia de Jesús; pero, ¿alguna vez hemos meditado realmente en la verdad de esa declaración? ¡Jesús resucitó de la muerte! Sin duda, podemos confiarle nuestra vida.

Muchas veces dudamos del amor de Dios por nosotras. Lo dejamos a Él a un lado e intentamos hacerlo todo nosotras mismas. Dudamos de su verdad y su poder sanador. No creemos que todo lo podemos mediante su fortaleza y, en la misma frase, aceptamos fácilmente que Jesús murió y resucitó. Si Él puede hacer eso, ¡nuestras pruebas pueden ser vencidas!

Gracias, Jesús, por el recordatorio
de que la piedra fue corrida.
Lo creo, y creo que todas tus promesas son verdad.
¡Tú me amas! Puedo confiarte todos los detalles
que he estado intentando controlar.

Sin temor a envejecer

Es por esto que nunca nos damos por vencidos.
Aunque nuestro cuerpo está muriéndose,
nuestro espíritu va renovándose cada día.

2 CORINTIOS 4:16, NTV

Envejecer es parte de la vida. Es chistoso cómo el proceso de envejecimiento parece comenzar muy lentamente y después, más adelante en la vida, va cada vez más rápido. Sería fácil desalentarnos si evaluáramos nuestra experiencia de envejecimiento puramente por lo que vemos en el espejo. Si hiciéramos eso, podríamos comenzar a temer o aborrecer el proceso de envejecimiento.

A medida que permanecemos en el Señor, envejecer significa que también estamos madurando. Crecemos en fortaleza y gracia en nuestro conocimiento de Él. Puede que no luzcamos como solíamos, pero tampoco somos zarandeadas. Hay muchos beneficios en envejecer en Jesús. No seremos jóvenes siempre. Somos seres eternos que existirán eternamente y, debido a eso, no tenemos que menospreciar la edad. Dios nos está preparando para un eterno peso de gloria que está más allá de toda comparación.

A medida que envejezco, Dios, dame tu perspectiva.
El mundo no me hace ningún favor a este respecto.
Recuérdame que la madurez es eternamente hermosa,
y este mundo es solo temporal.

Lluvia de amor

*El amor nunca se da por vencido,
jamás pierde la fe, siempre tiene esperanzas
y se mantiene firme en toda circunstancia.*

1 CORINTIOS 13:7, NTV

Todos cometemos errores. Por lo tanto, sé amable contigo misma. Sé amable con la persona que ves en el espejo, con la que podrías creer que no es digna de amor. Dios te ama, con todos tus defectos y errores. Él te ve con los lentes de un Padre que ama sin condiciones ni expectativas.

Podemos aprender mucho del amor de nuestro Padre celestial. Es importante hacer el esfuerzo de mirar más allá de la situación que tenemos delante. Podemos escoger buscar lo mejor en nosotras mismas y en los demás, ofreciendo gracia y amando incondicionalmente en toda circunstancia.

*Gracias, Padre, por tu amor que nunca se da por vencido.
Aunque cometo errores, tú ves más allá de ellos
y te sigues deleitando en mí.
Ayúdame a aprender de tu ejemplo.*

La carta

Oh pueblo mío, confía en Dios en todo momento;
dile lo que hay en tu corazón,
porque él es nuestro refugio.

SALMOS 62:8, NTV

Siempre es bueno tener un confidente: alguien con quien poder desahogarnos sin temor al rechazo o la crítica. Para los cristianos, Dios mismo se ofrece como esa persona. Se relata una historia en el libro de 2 Reyes que ilustra esta verdad. El rey Ezequías de Judá era un rey temeroso de Dios que hizo lo que era agradable ante los ojos de Dios. Su enemigo, el rey de Asiria, comenzó una campaña para infundir temor en el pueblo burlándose de su fe en Dios. Cuando el rey Ezequías recibió una carta que amenazaba con la aniquilación, tomó esa carta y la desplegó delante del Señor. Le dijo a Dios lo que había en su corazón, orando por liberación, y Dios los rescató milagrosamente.

Nuestro Dios está esperando que le digamos lo que hay en nuestro corazón. Adelante; escribe tus preocupaciones y cargas, y despliega tu carta delante del Señor. Él es nuestro refugio. Él tomará nuestras preocupaciones y afanes y nos esconderá a salvo.

Gracias, Señor, por la invitación a que te diga
lo que hay en mi corazón.
Aquí están mis cargas; renuncio a ellas
y las entrego a ti.

El clamor matutino

Por la mañana, Señor, escuchas mi clamor;
por la mañana te presento mis ruegos,
y quedo a la espera de tu respuesta.

SALMOS 5:3, NVI

El día amanece nublado y sombrío, pero las tareas que hay por delante no tienen en cuenta el tiempo que haga. Los días discurren uno tras otro sin pausa, y este no promete nada diferente. En las primeras horas están esperando trabajo, enfermedad, y problemas financieros. Tal vez fue en una mañana como esta cuando David clamó al Señor:

Atiende, Señor, a mis palabras;
toma en cuenta mis gemidos.
Escucha mis súplicas, rey mío y Dios mío,
porque a ti elevo mi plegaria.
SALMOS 5:1-2, NVI

Qué gran consuelo saber que, a pesar de lo gris que sea el momento, no es nuestra tarea temer o solucionarlo. Más bien, podemos presentar nuestra necesidad al Padre, entregarle la carga, y seguir adelante con nuestros asuntos. La espera no es pasiva; es activa, pues seguimos adelante en el día confiadas en la fidelidad de Dios.

Señor, esta mañana presento ante ti mis necesidades
y cargas. Me levanto para enfrentar el día sabiendo
que tú me escuchaste y ordenarás mis pasos.

Abril

DELÉITATE EN EL SEÑOR,

Y ÉL TE CONCEDERÁ LOS DESEOS DE TU CORAZÓN.

ENTREGA AL SEÑOR TODO LO QUE HACES;

CONFÍA EN ÉL, Y ÉL TE AYUDARÁ.

SALMOS 37:4-5, NTV

La fidelidad de Dios

*Acerquémonos, pues, a Dios con corazón sincero y con
la plena seguridad que da la fe, interiormente purificados
de una conciencia culpable y exteriormente lavados
con agua pura. Mantengamos firme la esperanza que
profesamos, porque fiel es el que hizo la promesa.*

HEBREOS 10:22-23, NVI

Dios es bueno y conoce todas tus necesidades. Él es fiel
y anhela mostrarte más de su gloria y su belleza. Prepara
tu corazón para decir «sí» a su llamado. Confía en su
fidelidad. Persigue su gozo.

Tu amor es agradable a Él porque se deleita en ti. Canta
sobre ti, notas y frases aquí y allá mientras tú caminas
por la tierra y esperas en Él. Un día, su canto quedará
completado, y cuando lo oigas en su totalidad, ¡correrás
a Él! Hasta que llegue ese día, confía en su fidelidad.
Mantengamos firme la esperanza que profesamos,
porque tenemos la seguridad plena que produce la fe;
tu corazón está limpio y eres pura.

*En muchos aspectos, Dios, has demostrado tu fidelidad
en mi vida. Gracias por tu sacrificio que me ha
limpiado y me ha dado esperanza.*

Gracia suficiente

*Pero Dios es tan rico en misericordia y nos amó
tanto que, a pesar de que estábamos muertos por causa
de nuestros pecados, nos dio vida cuando levantó a
Cristo de los muertos. (¡Es solo por la gracia de Dios que
ustedes han sido salvados!) [...]
Dios los salvó por su gracia cuando creyeron. Ustedes
no tienen ningún mérito en eso; es un regalo de Dios.
La salvación no es un premio por las cosas buenas que
hayamos hecho, así que ninguno de nosotros puede
jactarse de ser salvo.*

EFESIOS 2:4-5, 8-9, NTV

No hay mayor enseñanza sobre la asombrosa gracia de
Dios que sus propias palabras. Cuando el impacto de
su gracia te ha salvado, estas palabras tienen un efecto
particularmente poderoso y aleccionador. Nosotras no
hemos hecho nada y, sin embargo, lo tenemos todo.
Estábamos muertas, pero ahora tenemos vida. No pagamos
con dinero, carne o esclavitud. Simplemente creímos.

No podemos jactarnos de nuestra salvación, pero
podemos cantar alabanzas por este regalo increíble.
Canta bien fuerte, porque la gracia es el único regalo que
necesitaremos jamás. Y podemos compartirlo sin perder ni
un solo gramo de nuestra porción. Se multiplica una y otra
vez, mientras estemos dispuestas a ofrecerla. Sabemos sin
lugar a dudas que su gracia es suficiente para nosotras. ¡Lo
ha sido desde el momento en que creímos por primera vez!

*Gracias, Dios, por tu regalo inmerecido de la gracia.
Estoy asombrada.*

Caminar con honra

Entonces el nombre de nuestro Señor Jesús será honrado por la vida que llevan ustedes, y serán honrados junto con él. Todo esto se hace posible por la gracia de nuestro Dios y Señor, Jesucristo.

2 TESALONICENSES 1:12, NTV

Los galardones que honran se dan normalmente a quienes alcanzan la excelencia en campos específicos. Las personas son honradas por su desempeño en la música, los deportes, el estudio y otros campos profesionales. Algunos son honrados por su valentía excepcional o su inteligencia; y lo merecen. Sin embargo, si se da honra solamente por un logro excelente, ¿cómo podemos ser consideradas dignas de honra con nuestras habilidades que son menos que impresionantes?

El secreto de vivir una vida que honra a Dios se encuentra en depender totalmente de que su gracia nos cubra. Lo hacemos sencillo. Hacemos lo que sabemos que es correcto; no hacemos concesiones; no buscamos los brillantes galardones del mundo. Y, cuando nos equivocamos, admitimos humildemente nuestro fracaso, aceptamos el perdón de Dios, y seguimos caminando por la senda estrecha.

Dios, ningún galardón de honra vale la pena a menos que te dé honra a ti. Soy muy humana, y tú eres perfecto. Ni siquiera puedo comenzar a alcanzar el estándar de excelencia que tú requieres; pero, por tu gracia, me has hecho capaz y me consideras digna.

Esperanza en Dios

*Que el Dios de la esperanza los llene de toda alegría
y paz a ustedes que creen en él, para que rebosen de
esperanza por el poder del Espíritu Santo.*

ROMANOS 15:13, NVI

*Espero que no llueva hoy. Espero haberlo hecho bien
en ese examen final. Espero no haber olvidado nuestro
aniversario. Espero que me den un ascenso.* Pocas cosas
de las que esperamos contienen el tipo de satisfacción
que perdura. Incluso si obtenemos lo que esperábamos,
¿qué llega después? Tenemos que esperar algo más. Y,
aunque no es malo esperar esas cosas, la verdad es que
cualquiera de ellas es decepcionante si no se alcanza, y
todas ellas producen solamente una satisfacción temporal.

Lo que sí podemos esperar que tiene valor duradero
es nuestra eternidad con el Señor ¡y eso es realmente
emocionante! Piensa en la vida sin temor, dolor, culpa,
tristeza, enfermedad, pérdida, rechazo o muerte. Piensa
en una abundancia de amor, alegría, paz, bondad y
belleza. Cuando decidimos poner nuestra esperanza en
Dios, no seremos defraudadas. Nuestras expectativas
serán *superadas*. ¿Cuántas veces sucede *eso*?

*Dios, veo que la esperanza en las cosas terrenales
es solo temporal. En cambio, pongo mi esperanza en
la recompensa eterna de vivir contigo para siempre.
¡Eso es mucho más emocionante!*

La Palabra es viva

Pues la palabra de Dios es viva y poderosa.
Es más cortante que cualquier espada de dos filos;
penetra entre el alma y el espíritu, entre la articulación
y la médula del hueso. Deja al descubierto nuestros
pensamientos y deseos más íntimos.

HEBREOS 4:12, NTV

¿Alguna vez has abierto tu Biblia por una página al azar
y te ha sorprendido que el pasaje es perfectamente
adecuado para el periodo exacto de la vida en el que
estás? Entonces, en la iglesia tu pastor utiliza el mismo
versículo como base para un sermón. Mientras vas
conduciendo unos días después, la letra de un canto
de adoración vuelve a encajar con lo que sucede en
tu vida. Es como si Dios tuviera el foco puesto sobre
ti y estuviera alineando el mundo que te rodea para
alentarte, dirigirte o enseñarte dondequiera que estés.
¡Su Palabra es verdaderamente *viva y poderosa*!

La Palabra de Dios es un regalo maravillosamente
profundo. Él nos la dio para nuestra edificación,
enseñanza e inspiración. Para cualquier cosa que
estemos atravesando, la Palabra de Dios tiene la
respuesta. Sea que estemos huyendo de Dios o nos
acerquemos a Él, sea que nos estemos gozando o
llorando, a pesar de cuán confusas o seguras nos
sintamos, la Palabra de Dios tiene la solución.

Dios, gracias porque tu Palabra es viva y poderosa.
Gracias por usarla para hablar en mi vida, para darme
esperanza y aliento cuando más lo necesito.

Una persona de integridad

Enséñame tus decretos, oh SEÑOR; los cumpliré hasta el fin.
Dame entendimiento y obedeceré tus enseñanzas;
las pondré en práctica con todo mi corazón.
Hazme andar por el camino de tus mandatos,
porque allí es donde encuentro mi felicidad.

SALMOS 119:33-35, NTV

Los relatos de aventuras y de héroes de Hollywood tienen poco en común con la realidad, a excepción, tal vez, del héroe. Los héroes realmente existen. Nos sirven café o sacan a caminar a sus perros por nuestra calle. Tal vez tú eres una heroína. En realidad, no se necesita mucho para serlo, simplemente estar en el lugar adecuado en el momento correcto. Y, desde luego, hacer lo correcto. Eso es lo que destaca a un héroe: un héroe hace lo correcto.

Los héroes dejan a un lado sus propios deseos e intereses. Tienen integridad, lo cual significa que hacen aquello que la mayoría de las personas no toma el tiempo, riesgo o esfuerzo para hacerlo. El salmo de David lo leemos como un juramento, un decreto para los héroes en cualquier lugar, declarado como una promesa de mantener la integridad de la bondad y la justicia de Dios. ¿Cómo puedes ser tú una heroína? Aprendiendo los mandamientos de Dios y guardándolos.

Señor, muéstrame lo que significa caminar con integridad. Me comprometo a ir por tu camino, sabiendo que me pondrás en el lugar apropiado en el momento correcto. Y la obediencia a ti siempre conduce finalmente a la felicidad.

El Juez

Proclamaré el nombre del Señor;
¡qué glorioso es nuestro Dios!
Él es la Roca; sus obras son perfectas.
Todo lo que hace es justo e imparcial.
Él es Dios fiel; nunca actúa mal.
¡Qué justo y recto es él!

DEUTERONOMIO 32:3-4, NTV

Ser un juez es un llamado importante; si alguna vez tuviste que ser juez en una competencia de arte infantil, podrás entenderlo. Las cartulinas creadas con amor, cubiertas de grandes pinceladas, brillo, y figuras sonrientes, son sostenidas debajo de caras que muestran sonrisa y expectación. *¿Cuál es la mejor?* ¿Podría alguien escoger a un ganador, y al mismo tiempo crear a un perdedor?

Por fortuna, Dios es justo y recto, dos cualidades que queremos en un juez. Solamente Él está calificado para juzgar a la humanidad. Solamente Él producirá justicia con su mano poderosa, y será eterna. Debido a que Él es fiel y no tiene maldad, podemos descansar sin preocupación. Ten fe también en esto: *su obra es perfecta*. Sus obras de compasión, amor, sanidad y gracia son perfectas. Y sus caminos de justicia son perfectos. Él hará que todo sea correcto algún día.

Dios, admito que me resulta difícil esperar tu justicia.
A veces, quiero tomar las cosas en mis propias manos
y juzgar desde mi comprensión humana.
Ayúdame a confiar en que tu juicio es perfecto.

No me iré

*Todas las damas de honor se levantaron y prepararon
sus lámparas. Entonces las cinco necias les pidieron a
las otras: «Por favor, dennos un poco de aceite, porque
nuestras lámparas se están apagando». Sin embargo, las
sabias contestaron: «No tenemos suficiente para todas.
Vayan a una tienda y compren un poco para ustedes».
Pero durante el lapso en que se fueron a comprar aceite,
llegó el novio. Entonces las que estaban listas entraron
con él a la fiesta de bodas y se cerró la puerta con llave.*

MATEO 25:7-10, NTV

En los días que conducen al regreso de Jesús, muchos
creyentes se alejarán. Los que no estén preparados
para el dolor, el sufrimiento y el sacrificio de esos
días abandonarán la verdad. Su fe, al ser probada
severamente, flaqueará. Sus lámparas se apagarán.
Es una advertencia para todas nosotras.

Comienza a llenar tu lámpara con el aceite de la fe ahora,
para que cuando llegue el regreso de Cristo, no te alejes.
Solamente por la fe podremos lograr pasar la noche; la fe
es el aceite que mantiene encendida la lámpara. Nuestra
perseverancia depende de nuestra preparación. ¿Has
preparado aceite suficiente para esa larga noche? ¿O
tendrás que irte, al no estar preparada, antes del regreso
del novio? Por la fe, y solo por la fe, no te irás.

*Dios, decido llenar mi lámpara con el aceite de la fe, para
que incluso si la noche es larga, no se me acabe aceite.
No quiero alejarme de ti cuando los tiempos sean difíciles.*

Mi primer amor

*Has sufrido por mi nombre
con paciencia sin darte por vencido.
Pero tengo una queja en tu contra. ¡No me amas a mí
ni se aman entre ustedes como al principio! ¡Mira hasta
dónde has caído! Vuélvete a mí y haz las obras que
hacías al principio. Si no te arrepientes, vendré y quitaré
tu candelabro de su lugar entre las iglesias.*

APOCALIPSIS 2:3-5, NTV

Lo único que necesitamos eres tú, Señor. ¿Qué puede ofrecernos el mundo que no perecerá? ¿Qué puede dar el mundo que pueda soportar el fuego refinador de Dios? Cuando somos probadas, todo lo demás se desvanecerá. Solamente nuestro amor por Él permanecerá. Nuestra salvación no puede sernos arrebatada. El amor de Dios por nosotras no puede ser apagado.

¿Recuerdas los primeros tiempos de tu caminar con Jesús? ¿El modo en que tus ojos eran abiertos para entender, cómo tu corazón era quebrantado en amor, tus manos se levantaban en alabanza, y tus rodillas se doblaban el arrepentimiento? Dios quiere eso. Él extraña la desesperación que tenías por Él, el tiempo enfocado que empleabas en su Palabra, y la alegría que encontrabas en la oración. Su amor por ti no ha disminuido. ¿Puedes encontrar tu primer amor de nuevo?

*Dios, quiero que seas mi primer amor.
Quiero recordar el amor que tenía por ti al principio
y caminar en ese amor. Tú eres realmente
lo único que necesito.*

El tiempo de Dios

Recibimos esa esperanza cuando fuimos salvos.
(Si uno ya tiene algo, no necesita esperarlo;
pero si deseamos algo que todavía no tenemos,
debemos esperar con paciencia y confianza).

ROMANOS 8:24-25, NTV

Es difícil esperar cualquier cosa. Podemos tener casi todo lo que queramos inmediatamente. A veces, incluso esperar más de dos días para recibir nuestro pedido en el correo parece mucho tiempo. Podemos obtener una gran perspectiva cuando pensamos en cómo se vivía la vida hace cientos o miles de años atrás. El correo tomaba meses en llegar a su destino, los productos se fabricaban según se ordenaban, y llevaban la comida a la puerta de tu casa solamente si la acompañaban invitados de fuera de la ciudad. Nos hemos vuelto bastante impacientes, ¿no es cierto?

Es difícil esperar el tiempo de Dios. Incluso cuando esperamos cosas *buenas*, creemos que no deberíamos tener que esperar por mucho tiempo. Hacer un viaje misionero, comenzar un empleo en el ministerio, liderar un grupo pequeño, casarnos con la persona correcta… ¿acaso no quiere Dios esas cosas para nosotras más temprano que tarde? Confiar en el tiempo oportuno de Dios significa que crees que Dios no dejará que pierdas una oportunidad a menos que sea una que Él no quiere que experimentes.

Padre, admito que me resulta difícil esperar cualquier cosa.
Ayúdame a ser paciente y confiar en que tú me darás
todo lo que necesito cuando lo necesite.

¿Libre para hacer qué?

Les hablo así, hermanos, porque ustedes han sido
llamados a ser libres; pero no se valgan de esa libertad
para dar rienda suelta a sus pasiones.
Más bien sírvanse unos a otros con amor.

GÁLATAS 5:13, NVI

¿Qué harías con un día de libertad total? Todas tus obligaciones, limitaciones y compromisos desaparecen. ¿Te diriges a un spa, vas de compras hasta que no puedas más, o celebras como si fuera la despedida de año? Si somos sinceras, la mayoría de nosotras pensamos en algo parecido a esas cosas.

Nuestro desafío como hijas del Todopoderoso es ver la libertad de un modo diferente. Pablo advierte a los gálatas que no consideren la libertad que tienen debido al sacrificio de Cristo como una licencia para dar rienda suelta a sus pasiones, sino para servir. Libres de las restricciones de la ley del Antiguo Testamento, no tenemos que preocuparnos por tener la pizarra en blanco, o por asegurarnos de que nuestro prójimo la tenga. Somos libres para satisfacer las necesidades que vemos a nuestro alrededor: para amarnos abiertamente y libremente unos a otros.

Señor, muéstrame cómo puedo servir mejor a otros.
Ayúdame a no usar mi libertad para dar rienda suelta
a mis propios deseos egoístas, sino para dar
de mí misma a quienes me rodean.

Vida nueva

El Señor es bueno para con todos
y muestra compasión hacia todo lo que ha creado.

SALMOS 145:9, PDT

¿Has estado alguna vez tumbada en la cama por la noche, pensando en errores del pasado y apaleándote por decisiones que tomaste hace años atrás? En ese caso, no estás sola. Podemos ser increíblemente duras con nosotras mismas, pidiendo casi la perfección.

¡Hay buenas noticias para todas nosotras! Cuando aceptamos a Cristo como nuestro Salvador, fuimos hechas nuevas. No hay necesidad de continuar apaleándonos por las decisiones del pasado. Él ha quitado nuestros pecados y nos ha limpiado. No tenemos que mirar la vida desde nuestro anterior punto de vista porque nuestra vida vieja se ha ido, ¡y ha llegado la nueva!

Señor, te entrego mi pasado. Ayúdame a
perdonarme a mí misma por los errores del pasado
y a entender que tú me has hecho nueva.
Quiero caminar hoy en esta libertad.

Perfecta

Todas las cosas que pertenecen a la vida y a la piedad nos han sido dadas por su divino poder, mediante el conocimiento de aquel que nos llamó por su gloria y excelencia.

2 PEDRO 1:3, RVC

Cada una de nosotras es muy consciente de sus propias debilidades. Conocemos demasiado bien nuestros defectos, y hacemos que nuestra meta sea eliminarlos; pero, a pesar de cuánto esfuerzo realicemos, nunca podremos alcanzar la perfección, y nunca lo haremos.

A pesar de que la mayoría de nosotras entendemos que nunca seremos perfectas, aun así, ponemos una presión irrazonable sobre nuestras espaldas. Ya sea en una tarea, en nuestro carácter o en nuestro caminar con Cristo, nos frustramos fácilmente cuando buscamos la perfección y no podemos alcanzarla. Sin embargo, si permitimos que el perfeccionismo impulse nuestro desempeño, entonces ahogaremos nuestro propio potencial e inhibiremos nuestra eficacia.

Dios, tú me das libertad para no ser perfecta. Tu poder se perfecciona cuando se muestra en mi debilidad. Gracias porque, cuando meto la pata, tú tomas el control.

Gracia sobre gracia

*Ciertamente de su plenitud tomamos todos,
y gracia sobre gracia.*

JUAN 1:16, RVC

¿Conoces esos días cuando todo es perfecto? Tu cabello
se ve estupendo, haces muy bien una tarea del trabajo
(ya sea una presentación ante un cliente, un reporte, o
lograr que los gemelos se duerman al mismo tiempo),
dices lo correcto y alegras el día a alguien, y después
llegas a casa y descubres que la cena te está esperando.
Es un bien sobre otro, bendición sobre bendición.

Ser una hija del Todopoderoso nos garantiza acceso a
ese sentimiento de bendición cada día, incluso cuando
nuestras circunstancias son comunes y corrientes o
difíciles. Su amor es tan pleno, y su gracia tan abundante
que, cuando su Espíritu vive en nosotras, incluso un
neumático desinflado puede parecer una bendición.
¡Nuestro estado como hijas amadas del Rey lo garantiza!

*Dios, veo tu gracia derramada hoy,
y te doy gracias por ella.*

El espíritu está dispuesto

Yo sé que en mí, es decir, en mi naturaleza pecaminosa,
nada bueno habita. Aunque deseo hacer lo bueno,
no soy capaz de hacerlo.

ROMANOS 7:18, NVI

Señor, sé qué es lo que debo hacer, pero no tengo las
fuerzas para hacerlo. Este pensamiento probablemente
ha estado en nuestra mente más veces de las que
queremos admitir. No nos gusta reconocer que algunas
veces sencillamente no tenemos lo necesario para tomar
la decisión correcta.

Pablo entendía el conflicto interior que enfrentamos
a la hora de hacer lo correcto. Como nueva creación
en Cristo, tenemos en nosotras el deseo de hacer el
bien; sin embargo, como parte de un mundo caído,
somos inherentemente egoístas. ¿En qué dirección nos
posicionamos? Podemos quedarnos en nuestro deseo
de hacer lo correcto, o en nuestro deseo de agradarnos
a nosotras mismas. Mientras más fijemos nuestra mente
en la dirección correcta, más fácil será.

Por encima de todo, Dios, ayúdame a recordar que
el poder capacitador de Cristo es en el que debo confiar
para continuar tomando las decisiones correctas;
por medio de tu gracia es como puedo vencer.

Vulnerabilidad

Pero él nos da mayor ayuda con su gracia.
Por eso dice la Escritura: «Dios se opone a los orgullosos,
pero da gracia a los humildes».

SANTIAGO 4:6, NVI

Algunos de los cambios más importantes y finalmente maravillosos que se producen en nuestra vida llegan de momentos de vulnerabilidad: poner todas las cartas sobre la mesa, por así decirlo, y permitir que otra persona sepa lo mucho que realmente significa para nosotras. Pero la vulnerabilidad requiere un ingrediente clave: humildad. Y la humildad no es una píldora fácil de tragar.

¿No es a veces más fácil fingir que nunca hubo conflicto que enfrentar el hecho de que cometimos un error y ofendimos a otra persona? No siempre es fácil humillarnos y pelear por la resolución en una discusión, especialmente cuando eso significa admitir nuestros fracasos. ¿Quién eres tú ante el conflicto? ¿Evitas pedir disculpas en un intento por salvar las apariencias? ¿Se interpone tu orgullo en el camino de la vulnerabilidad, o estás dispuesta y preparada para humillarte en busca de la restauración en tus relaciones?

Dios, tú dices que darás favor y sabiduría al humilde.
En este día, me humillo para poder restaurar una relación.
Muéstrame exactamente cómo hacerlo.

Todo es posible

> *«Mi gracia es todo lo que necesitas;*
> *mi poder actúa mejor en la debilidad».*
>
> 2 CORINTIOS 12:9, NTV

En medio de situaciones difíciles, hay días en los que estamos tan cansadas que sentimos que casi no podemos dar un paso después del otro. El pensamiento de crear cierta semblanza de comida, o incluso levantarnos de la cama, parece casi imposible. Y menos aún responder con gracia cuando las personas dicen o hacen cosas ridículas. Olvidemos el proyecto que se suponía que debíamos terminar hace dos semanas atrás. Olvidemos ir a ese evento al que pensábamos que queríamos asistir. Simplemente *no podemos* mantener el ritmo.

La buena noticia es que Dios no espera que lo hagamos. De hecho, ni siquiera quiere que lo hagamos. Cuando nos permitimos ser débiles en nuestros momentos llenos de tristeza, le damos a Dios la oportunidad de mostrar su fortaleza, y Él aprovechará esa oportunidad cada vez que se la demos. No tenemos que ser «dispuestas y capaces»; simplemente podemos estar dispuestas porque *Dios* todo lo puede.

Señor, te entrego todas las tareas que parecen
imposibles hoy. Ayúdame en mi debilidad y dame
la fortaleza que necesito para hacer lo que realmente
tengo que hacer. Ayúdame también a decir no
a las cosas que pueden esperar.

Él es real

Su divino poder, al darnos el conocimiento de aquel que nos llamó por su propia gloria y excelencia, nos ha concedido todas las cosas que necesitamos para vivir como Dios manda. Así Dios nos ha entregado sus preciosas y magníficas promesas.

2 PEDRO 1:3-4, NVI

La prueba de autenticidad se realiza a menudo aplicando cierto tipo de fuerza o sustancia ajena a aquello que está siendo probado. Determinar si algo está hecho de oro verdadero puede lograrse de diversas maneras. Tal vez la más sencilla es frotar el oro sobre una placa de cerámica no esmaltada. El color de la marca que se queda en la placa determinará la autenticidad del oro. El oro verdadero dejará una marca dorada. El oro falso dejará una marca negra. Puedes ver la analogía, ¿no es cierto?

En algún momento de nuestra vida pasaremos por la prueba de autenticidad. Incluso podríamos atravesar varias, diariamente. ¿Qué marca dejaremos cuando enfrentemos esas pruebas? ¿Cuando seamos frotadas contra la dificultad? Si somos cristianas auténticas, la marca que dejaremos será dorada: la verdadera marca de Cristo.

Dios, tú eres real y eres bueno. Nos has dado un ejemplo de cómo seguir siendo auténticas en un mundo lleno de fraude y engaño. Gracias por tus grandes y preciosas promesas. Sigo adelante en tus fuerzas.

Acércate con confianza

Así que acerquémonos con toda confianza al trono
de la gracia de nuestro Dios. Allí recibiremos
su misericordia y encontraremos la gracia que
nos ayudará cuando más la necesitemos.

HEBREOS 4:16, NTV

Imagina entrar en el Palacio de Buckingham, sin ser observada y sin restricción, sin llamar a la puerta ni anunciarnos con antelación, y acercar una silla al lado de su Majestad, la reina de Inglaterra. «Ha sido un día muy largo. Nada ha salido bien, y ahora mi auto hace un ruido muy extraño. ¿Podría usted ayudarme?».

¡Esa imagen es casi absurda! Hay un protocolo a seguir con la realeza: muchas reglas que cumplir, sin mencionar los guardias armados que protegen por todas partes. Sin embargo, hay un trono de la realeza al que podemos acercarnos sin temor y sin seguir ninguna etiqueta protocolaria. No tiene guardias, no hay que pagar, no hay candados ni restricciones. Quien lo ocupa es el Dios de toda la creación, y Él desea escuchar acerca de los altibajos de tu día.

Dios, me acerco a tu trono de la gracia y levanto mi voz a ti. Sé que te gusta mi compañía y quieres oír lo que tengo que decir. Te pido que suplas todo lo que necesito, y me guíes en el camino que sabes que es mejor para mí.

El compasivo

El Señor es clemente y compasivo,
lento para la ira y grande en amor.

SALMOS 103:8, NVI

Piensa en los israelitas cuando vagaban por el desierto: Dios los había rescatado de la esclavitud y había ido delante de ellos en una columna de fuego, proveyendo para cada una de sus necesidades y protegiéndolos. ¿Qué le ofrecieron ellos? Quejas.

Escucha los salmos de David, el hombre conforme al corazón de Dios, cuando presenta sus cargas a los pies de Dios, alabando su majestad y su poder. Sin embargo, ¿qué hizo David cuando quiso lo que no podía tener? Robó, asesinó y mintió.

Pablo, quien entregó su vida para predicar el evangelio, que amaba a todas las personas, compartió el asombroso regalo de la gracia de Dios con judíos y gentiles por igual. Sin embargo, ¿quién era él antes de su conversión? Un perseguidor y asesino de cristianos, lleno de odio.

Dios ama sus hijos a pesar de su pecado, su pasado, y sus errores. Su amor se derrama sobre nosotras con consideración y paciencia. No somos tratadas como merecemos; en cambio, somos tratadas conforme a su gran amor por nosotras.

Dios, gracias por tu compasión y tu misericordia.
¡Tú me has perdonado y me amas en abundancia!
Ayúdame a meditar en eso hoy.

No hay temor

En esa clase de amor no hay temor, porque el amor perfecto expulsa todo temor. Si tenemos miedo es por temor al castigo, y esto muestra que no hemos experimentado plenamente el perfecto amor de Dios.

1 JUAN 4:18, NTV

El temor levanta su fea cabeza de muchas maneras: la araña que te espera en la bañera, el puente alto que atraviesas para ir a tu parque favorito, el fuerte ruido fuera de la ventana de tu cuarto en mitad de la noche. El temor puede ser atenazador, paralizante o aterrador para algunas. Para otras, es una motivación para conquistar la debilidad.

Los seguidores de Jesús tenían una preocupación: ¿qué sucedería el día del juicio? ¿Era la muerte de Jesús suficiente para cubrir sus pecados por completo y garantizar su eternidad en los cielos? Juan destaca que el temor de ellos es al castigo. Sin embargo, no hay espacio para el temor en el perfecto amor, y si permanecemos en el amor de Jesús, entonces tenemos en nosotras el perfecto amor. El temor debe rendirse.

Jesús, sé que no tengo que tener temor a nada porque tú venciste todo en la cruz. Puedo descansar fácilmente en tu perfecto amor, ahora y por toda la eternidad.

Camina confiadamente

Sé tú mi roca de refugio adonde pueda yo siempre acudir; da la orden de salvarme, porque tú eres mi roca, mi fortaleza... Tú, Soberano SEÑOR, has sido mi esperanza; en ti he confiado desde mi juventud.

SALMOS 71:3, 5, NVI

El tráfico de personas en el parque era intenso: mamás empujando carritos, corredores pasando por los senderos, niños con guantes y bates de béisbol dirigiéndose a campos abiertos, parejas deambulando de la mano bajo las copas de los árboles. Si observamos atentamente, podemos decir mucho acerca de una persona. Su postura, especialmente, es reveladora. El hombre sentado en el banco del parque con los hombros agachados parece desalentado. Una corredora levanta su cabeza hacia el sol, esperanzada, mientras los ojos de una mamá se mueven de un lado a otro con nerviosismo.

Es obvio cuando nuestras esperanzas se han hundido en arenas movedizas; no encontramos paz, consuelo ni fortaleza que nos proteja de la angustia. Nuestras frentes se arrugan, nuestro paso es vacilante, y nuestras manos desconsoladas se cierran y se retuercen. Hemos perdido la confianza. ¿Qué ves cuando te miras en el espejo? ¿Arrugas de preocupación o arrugas de alegría? ¿Están tus ojos nublados por las ansiedades o brillan con posibilidades? ¿Te sientes vacilante o segura de ti misma? Dios es la roca en la que puedes plantar firmemente tus esperanzas.

Padre, hoy levanto mis ojos a ti y camino con confianza. Tú eres la única esperanza y seguridad que necesito.

Constante en el cambio

> Se desató entonces una fuerte tormenta, y las olas
> azotaban la barca, tanto que ya comenzaba a inundarse.
> Jesús, mientras tanto, estaba en la popa, durmiendo sobre
> un cabezal, así que los discípulos lo despertaron.
> —¡Maestro! —gritaron—, ¿no te importa que nos ahoguemos?
> Él se levantó, reprendió al viento y ordenó al mar:
> —¡Silencio! ¡Cálmate! El viento se calmó y todo quedó
> completamente tranquilo.
> —¿Por qué tienen tanto miedo? —dijo a sus
> discípulos—. ¿Todavía no tienen fe?
> MARCOS 4:37-40, NVI

Se necesita tiempo para ajustarnos a las situaciones
cambiantes. Los marineros necesitan tiempo para llegar
a encontrar su «balance», los montañeros descansan a
fin de ajustar sus pulmones a los cambios de altitud, y los
buceadores salen a la superficie lentamente para regular la
presión. Incluso ajustarnos a los cambios de hora en verano
e invierno puede tomar cierto tiempo.

Durante el tiempo que estuvieron con Jesús, los discípulos
tuvieron que ajustarse rápidamente a situaciones radicales.
Una niña fue resucitada de la muerte, el escaso almuerzo
de un muchacho se multiplicó, un demonio fue lanzado a
una piara de cerdos que se arrojaran ellos mismos por un
barranco. ¿Podrían ellos haber despertado en la mañana y
haberse preparado suficientemente para tales cosas? Parece
como si los discípulos nunca llegaron a ajustarse realmente
a lo impredecible de la vida con Jesús. ¿Lo has hecho tú?

*Padre Dios, sin importar los cambios que esté
enfrentando, puedo caminar con confianza cuando
tú estás conmigo. Tú estás preparado para todo;
te mantienes firme en la tormenta y no
dejarás que me ahogue.*

Encuentra contentamiento

No es que haya pasado necesidad alguna vez, porque he aprendido a estar contento con lo que tengo. Sé vivir con casi nada o con todo lo necesario. He aprendido el secreto de vivir en cualquier situación, sea con el estómago lleno o vacío, con mucho o con poco.

FILIPENSES 4:11-12, NTV

La clave para desarrollar contentamiento en medio de las pruebas está en confiar en que tus necesidades han sido suplidas. La confianza elimina el espectro existente entre «la vida es buena» y «la vida es mala». Con confianza, toda la vida que se vive en la fortaleza de Jesús es contentamiento. Toda la vida es satisfacción. Todo es un cumplimiento de su promesa de que seguirlo a Él nos da lo que necesitamos.

El contentamiento aumenta en medio de la creciente incomodidad. Encontramos alegría a pesar de los problemas que hay en cada esquina. Una vida de fe prospera en medio de las ruinas. Encontramos consuelo cuando confiamos en nuestro Padre para todo. No necesitamos los adornos y el brillo de lo temporal. Ya sea que lo tengamos todo o no tengamos nada, lo cambiamos todo por lo eterno.

Dios, dame fortaleza para soportar las andanzas del mundo a cambio de la esperanza y la promesa de mi existencia eterna. Creo que tú suplirás cada una de mis necesidades. Creo en ti para encontrar contentamiento hoy.

En el camino correcto

Señor, hazme conocer tus caminos; muéstrame tus sendas.
Bueno y justo es el Señor; por eso les muestra
a los pecadores el camino. Él dirige en la justicia
a los humildes, y les enseña su camino.

SALMOS 25:4, 8-9, NTV

El GPS no es nada comparado con Dios. Utilizamos satélites porque queremos saber hacia dónde vamos, cuánto tiempo nos tomará llegar hasta allí, y cuántos kilómetros recorreremos en nuestro viaje. Nuestras vidas, sin embargo, no tienen coordenadas reconocidas por guías digitales modernas. Solamente nuestro Dios amoroso y fiel nos guía en la dirección en la que realmente necesitamos ir. Él *muestra a los pecadores* que aprenden humildemente cómo ser *buenos y justos*.

La guía del mundo puede indicarnos que hagamos un giro a la izquierda, y nos lleva directamente a un charco fangoso y turbio. Los satélites no son tan precisos como las enseñanzas perfectas de Dios. Al guardar su pacto y sus testimonios, nos mantenemos en el camino correcto. Con Dios, tanto el viaje como el destino valen la pena el esfuerzo. Cuando guardamos su pacto y sus testimonios, recibimos las promesas que Él nos da en su Palabra.

Dios, guárdame en el camino correcto. Gracias por
tu fidelidad conmigo. Cuando me desvíe, guíame
amablemente de nuevo al camino y restaura
en mí una relación correcta contigo.

Sé valiente

*Que él les dé el poder para llevar a cabo todas las cosas
buenas que la fe los mueve a hacer.*

2 TESALONICENSES 1:11, NTV

La valentía se relaciona a menudo con actos de osadía que
desafían la experiencia humana típica: atravesar llamas
corriendo para salvar a un niño, saltar a un río tempestuoso
para llevar a alguien a la orilla, o perseguir a un ladrón para
recuperar un bolso robado. Pero la valentía no siempre
se ve tan heroica. Valentía es mantener el terreno cuando
tienes ganas de salir corriendo; es decir sí a algo que
sientes que Dios te está diciendo que hagas incluso cuando
no estás segura de poder hacerlo.

Valentía puede ser decirle a alguien que no quieres escuchar
sus pensamientos negativos acerca de otras personas.
Puede ser compartir tu testimonio con una habitación llena
de personas… o con una sola. Algunas veces, se necesita
valentía simplemente para salir de casa. Cuando ponemos
nuestra confianza y nuestra esperanza en Dios, Él nos da
la valentía que necesitamos para realizar las tareas que Él
quiere que hagamos. Si eso incluye hacer algo *heroico*,
¡estupendo! Pero no subestimemos la importancia de
caminar con valentía también en las cosas pequeñas.

*Señor, hay muchas cosas en la vida que requieren que
camine con valentía. Algunas son pequeñas, y otras son
heroicas. Dame la valentía que necesito para atravesar
cada situación, y así poder dar gloria a tu nombre.*

Aprende a contar con Dios

Sean fuertes y valientes. No teman ni se asusten...
pues el Señor su Dios siempre los acompañará;
nunca los dejará ni los abandonará.

DEUTERONOMIO 31:6, NVI

Muerte e impuestos. Se dice que esas son las dos cosas con las que podemos contar en la vida. Claro está que no mencionan al vecino que no devuelve la taladradora (una vez más), la luz parpadeante del tanque de combustible vacío cuando llegas tarde al trabajo (una vez más), y el visitante espontáneo y a la vez alegre que toca el timbre de tu puerta cuando todavía llevas puesto el pijama a las tres de la tarde (una vez más). ¡Lo impredecible es otra cosa con la que podemos contar siempre!

En medio de toda situación impredecible, en medio de toda decepción, demora e interrupción, podemos aferrarnos aún con más confianza a la fidelidad de Dios. Él es la roca firme en la que podemos permanecer. Él es firme y leal, y nos pide que confiemos en sus promesas. Dios nos ordena que no tengamos miedo ni terror; si eso no fuera posible, Él no nos lo habría pedido. Él garantiza que siempre estará con nosotros, dondequiera que estemos. Si eso no fuera verdad, no lo habría prometido.

Gracias, Señor, porque cuando la vida es impredecible,
puedo seguir contando contigo. Tú estás siempre
cerca de mí. Ayúdame a aferrarme a ti cuando
todo lo demás se esté sacudiendo.

Mantente en el curso

*¿No saben que en una carrera todos los corredores
compiten, pero solo uno obtiene el premio?
Corran, pues, de tal modo que lo obtengan.
Todos los deportistas se entrenan con mucha disciplina.
Ellos lo hacen para obtener un premio que
se echa a perder; nosotros, en cambio,
por uno que dura para siempre.*

1 CORINTIOS 9:24-25, NVI

Los corredores son seres humanos que han agudizado la habilidad evasiva del dominio propio. Tienen la fuerza de voluntad para sobreponerse al dolor físico y el agotamiento. Tienen la energía para soportar músculos que duelen, falta de aire y pies de plomo. Tienen la capacidad de seguir adelante con el plan, y lo hacen.

Correr esta carrera es el mayor desafío de tu vida. Requiere dominio propio, motivación y energía. Requiere sumisión al entrenamiento: decir sí cada día a vestirte, ponerte los zapatos, y mantenerte en el curso. ¡Decide correr la carrera de modo que ganes!

*Dios, ayúdame a ver la vida con tus ojos.
Que eso me motive a mantenerme en el curso.
Aleja las cosas que eviten que me ponga mis zapatillas
para correr y salga a la pista.*

Calma mi corazón

Cuando pases por aguas profundas, yo estaré contigo.
Cuando pases por ríos de dificultad, no te ahogarás.
Cuando pases por el fuego de la opresión, no te
quemarás; las llamas no te consumirán.

ISAÍAS 43:2, NTV

Cuando se abren las puertas del hospital y no estamos seguras de qué noticias recibiremos, Dios es compasivo. Cuando el jefe nos llama a una reunión y el despido es una posibilidad real, Dios es bueno. Cuando regresamos a casa avanzada la noche para descubrir que nuestros tesoros personales han sido robados o destruidos, Dios es consolador. Él se interesa profundamente por nosotras.

Algunas personas ven a Dios como alguien distante, vengativo o condenador; otras lo ven como una persona amable, cariñosa y atenta. Algunas veces, las circunstancias se vuelven demasiado abrumadoras. Se levantan montañas de ansiedad y nos sentimos aisladas y solas. Que la duda no eche raíces; Él es un Dios que se interesa profundamente y ama plenamente, y se mantiene fiel, siempre a nuestro lado en los momentos de problemas. Aunque nuestras tristezas nos abrumen, Él es el consuelo que necesitamos.

Dios, decido tomar tu mano, que se me ofrece con amor,
y recibo tu toque consolador. Recuerdo tu fidelidad.
Deja que calme mi corazón. Tú estás conmigo,
y no me ahogaré ni seré consumida por el fuego.
En este día me aferro a tus promesas.

Mi confianza

El Señor ha dicho: Mis pensamientos no son los pensamientos de ustedes, ni son sus caminos mis caminos. Así como los cielos son más altos que la tierra, también mis caminos y mis pensamientos son más altos que los caminos y pensamientos de ustedes.

ISAÍAS 55:8-9, RVC

En tiempos de guerra, los estrategas en el ejército se benefician de tener perspectivas privilegiadas. Mirar el campo de batalla desde arriba es la mejor manera de formular estrategias para sus tropas. Antes del uso de equipos por satélite y radares sensibles al calor, la visión estaba limitada a nivel del terreno, obligando a los estrategas a utilizar cualquier mapa y espías que pudieran para predecir los movimientos del enemigo y posicionar a sus hombres.

Del mismo modo, nuestras vidas se benefician de tener una perspectiva más elevada. Cuando nos elevamos por encima de nuestras circunstancias y vemos la vida no desde nuestra perspectiva ansiosa, urgente y abrumadora sino desde la perspectiva de Dios, las batallas de la vida se vuelven menos intimidantes a medida que tenemos a la vista las promesas de la eternidad.

Dios, sé que tú tienes un plan para mi vida, pero algunas veces es difícil verlo. Ayúdame a levantar confiadamente mi cabeza por encima del fragor de la batalla, y creer que tú me guiarás a salvo hacia la victoria.

Mayo

De modo que si alguno está en Cristo,
ya es una nueva creación; atrás ha quedado
lo viejo: ¡ahora ya todo es nuevo!

2 Corintios 5:17, RVC

Consolación

Pero tú, oh SEÑOR, eres un escudo que me rodea;
eres mi gloria, el que sostiene mi cabeza en alto.

SALMOS 3:3, NTV

Imagina a una muchacha que corre una carrera. Hace
una salida estupenda cuando oye el sonido del disparo.
Enseguida se abre camino hasta el frente del grupo,
y fija un ritmo con el que es difícil competir. Cuando
hace el último giro teniendo a la vista la meta, tropieza;
intenta desesperadamente recuperar el equilibrio, pero es
demasiado tarde. Se cae al suelo. Intentando ser valiente,
vuelve a ponerse de pie y correr rápidamente los últimos
metros para terminar la carrera. Queda en cuarto lugar.

Con la cabeza agachada, dolor en sus rodillas y la
visión borrosa, se acerca caminando a su entrenador.
Él le levanta suavemente la barbilla hacia el sol, y seca
las lágrimas que han caído por sus mejillas. Mientras
su labio inferior comienza a temblar, él le asegura que
todo va a salir bien. Que la vida está llena de momentos
dolorosos que llegan inesperadamente, pero también
está llena de segundas oportunidades. Le dice: «No te
rindas. Yo no me he rendido contigo».

Dios, cuando me he rendido, he huido, me he equivocado,
he tropezado y he caído, tú no te rindes conmigo.
Cuando acudo a ti con mi cabeza agachada, levantas mi
barbilla, me miras a los ojos profundamente, y susurras
tiernas palabras de compasión que llegan a los lugares
más profundos de mi corazón. Soy bendecida.

Valentía sobrenatural

*Mi ardiente anhelo y esperanza es que en nada seré
avergonzado, sino que con toda libertad,
ya sea que yo viva o muera, ahora como siempre,
Cristo será exaltado en mi cuerpo.*

FILIPENSES 1:20, NVI

Esa es una declaración bastante fuerte, que está
ejemplificada en la vida de Vibia Perpetua, una mujer
de la nobleza, casada y mártir cristiana, que murió a la
edad de 22 años en la Roma del siglo III. Perpetua fue
arrestada por su profesión de fe en Cristo y amenazada
con una ejecución horrorosa si no renunciaba a su fe.
Ella tenía muchas razones para hacer precisamente eso:
¡una de ellas era un hijo pequeño!

El martirio en aquella época no se trataba solamente de
morir por la profesión de fe; se trataba de humillación y
tortura llevadas a cabo en cierto tipo de arena deportiva,
con fans que celebraban el fallecimiento de las víctimas.
Sin embargo, Perpetua mostró una fortaleza increíble en
sus últimos momentos de vida. Si lees su relato, tendrás
que estar de acuerdo en que su valentía no podría
haberse atribuido posiblemente a una característica
humana. Su valentía provenía de Dios.

*Señor, tener valor, ser valiente y permanecer firme;
solo puedo hacer esas cosas durante un tiempo limitado.
Pido que tu fortaleza sobrenatural me ayude
a atravesar mis circunstancias difíciles.
Sé que tú me escuchas y me ayudarás.*

Mi libertador

Puse en el Señor toda mi esperanza;
él se inclinó hacia mí y escuchó mi clamor.

SALMOS 40:1, NVI

Dios nos ama con un amor sacrificial que escapa a
nuestra comprensión humana, sobrepasa nuestro
egoísmo humano, y humilla nuestro orgullo humano.
Por medio del sacrificio de su único Hijo, Jesucristo,
la humanidad es liberada del destino de la separación
eterna de Dios.

Cuando estamos separadas, abatidas y desesperadas,
Él escucha nuestro clamor. Cuando somos olvidadas y
desesperamos, Él nos consuela en nuestra soledad.
Y cuando, debido a nuestro propio pecado, somos
malas y depravadas, Él nos limpia de nuestra ofensa
y nos hace aptas para la gloria.

Gracias, Señor, por escucharme y acudir a mi rescate.
Tú me has libertado. Tú me mantienes firme y segura.
Que el canto que hay en mi corazón sea un mensaje
para muchos hoy.

Todo hermoso

> *Dios hizo todo hermoso en su momento,*
> *y puso en la mente humana el sentido del tiempo,*
> *aun cuando el hombre no alcanza a comprender*
> *la obra que Dios realiza de principio a fin.*

ECLESIASTÉS 3:11, NVI

Es probable que todas hayamos oído a un caballero anciano declarar que su esposa es más hermosa ahora que el día en que se casaron. Y probablemente pensamos: *Necesita lentes*. Lo que no reconocemos en nuestra sociedad que se enfoca en lo externo es que el tiempo realmente hace todo hermoso. De modo más preciso, el tiempo nos da una mejor perspectiva sobre la verdadera definición de belleza. Pasar tiempo con las personas que amamos nos proporciona una vislumbre de la profundidad de la belleza que yace en el interior. Por lo tanto, aunque la belleza externa puede que se desvanezca, hay una abundancia de belleza en el interior.

La Palabra de Dios dice que Él hace todo hermoso en su momento. *Todo*. Cualquier situación que estés enfrentando en este momento tiene el potencial de crear belleza en ti. Perseverancia, humildad, gracia, obediencia; estas cosas son hermosas. Pero hay más. La belleza que Dios crea en nosotras no puede describirse plenamente con términos humanos. Hay que hallar una belleza eterna.

Dios, cuando enfrento desafíos, quiero acudir a ti y sentarme en tu presencia. Cuando me quedo allí, reflejo tu carácter. Ayúdame a permitir que las dificultades de la vida se conviertan en un catalizador para la verdadera belleza.

Confía en la roca

Por medio de Cristo, han llegado a confiar en Dios.
Y han puesto su fe y su esperanza en Dios,
porque él levantó a Cristo de los muertos
y le dio una gloria inmensa.

1 PEDRO 1:21, NTV

Balanceándose en el borde del acantilado, una escaladora fija las cuerdas que la ayudan a trepar. Mucho más abajo, las olas rompen contra las rocas, y el agua que salpica llega hasta las puntas de sus pies. Ella mira al guía, sujetando firmemente la cuerda, y luego se impulsa más arriba del ancla clavada en el acantilado. Con sus piernas logra empujarse más allá de la cornisa pero cae al vacío, en picada hacia el mar.

Desde luego que ella confía en su guía. Su fuerte agarre, sus años de experiencia, su habilidad y familiaridad con el paisaje la convencen lo suficiente de que aterrizará con seguridad al pie del acantilado. Pero es la roca, donde está clavada el ancla, en la que ella tiene su fe más profunda. La roca no fallará, no se desmoronará, y nunca se moverá bajo su peso.

Dios, confío en ti. Cuando salto, algunas veces tropezando, por los acantilados de la vida, tú eres mi ancla y mi única esperanza. Puedo saltar con confianza desde cualquier altura, sabiendo que tus brazos fuertes de amor me rodearán. Mi destino está asegurado.

Fidelidad sin igual

Tu amor, Señor, llega hasta los cielos;
tu fidelidad alcanza las nubes.

SALMOS 36:5, NVI

Pocas historias de amor demuestran un nivel mayor de fidelidad que la que se representa mediante la vida del profeta Oseas. Se le encomendó lo que parecía ser una tarea muy injusta: tomar como esposa a una prostituta y comprometerse a amarla. Él observó cómo su esposa y la madre de sus hijos decidió dejar a la familia y regresar a su vida de prostitución; pero no terminó ahí. Oseas salió en busca de su esposa y, al encontrarla en su pecado, *pagó* para volver a llevarla a casa con él: culpable, quebrantada y sucia. Parecería un cuento romántico de amor invencible si se hubiera producido naturalmente; sin embargo, esta historia es incluso más inconcebible cuando consideramos que Oseas se metió en ella sabiendo lo que sucedería.

Resulta extrañamente familiar, ¿no es cierto? Jesús, comisionado por el Padre, nos buscó hasta que decidimos llegar a ser *de Él*; pero parece que no podemos mantenernos alejadas del caos de este mundo. Jesús no se da por vencido. Acude a buscarnos otra vez. El precio que pagó para restaurar nuestra relación fue su propia vida. Renunció a todo para llevarnos a casa. Eso es fidelidad en su máxima medida.

Dios, ayúdame a no medir tu fidelidad por mi falta de ella.
La tuya no puede agotarse. Decido creer que tú
continúas amándome a pesar de mis fracasos.

Berrinches

¿Qué es lo que causa las disputas y las peleas entre ustedes? ¿Acaso no surgen de los malos deseos que combaten en su interior? Desean lo que no tienen, entonces traman y hasta matan para conseguirlo. Envidian lo que otros tienen, pero no pueden obtenerlo, por eso luchan y les hacen la guerra para quitárselo.

SANTIAGO 4:1-2, NTV

Los berrinches son tan comunes para los adultos como lo son para los niños; obviamente, se ven diferentes en la acción. Los niños no han aprendido a dominar los gritos y las patadas de frustración, mientras que los adultos tienen conductas más restringidas. Pero la intención es la misma, y las reacciones surgen de la misma provocación.

Santiago va directamente al corazón del asunto. Queremos lo que queremos, pero no lo tenemos, de modo que formamos un berrinche. ¡Es asombroso cuán sencillo es! Observa a un niño, y esta verdad se mostrará en poco tiempo. Observa a un adulto, y tal vez sea más difícil de discernir, pero desgraciadamente está ahí en todos nosotros. ¡Gracias a Dios por su provisión interminable de gracia!

Te alabo, Dios, por tu gracia asombrosa que se muestra en medio de mis berrinches. Me acerco a ti para recibir tu limpieza y tu gracia purificadora. Límpiame en este día.

Mi libertad

La creación misma ha de ser liberada de la corrupción que la esclaviza, para así alcanzar la gloriosa libertad de los hijos de Dios.

ROMANOS 8:21, NVI

Algunos días comienzan con alabanzas en nuestros labios y un canto a Dios en nuestro corazón. La humildad nos cubre como si fuera una capa de terciopelo, suave y delicada. La verdad de Dios se repite: «¡Dios es bueno! ¡Dios es bueno! ¡Soy libre!», y la oscuridad del mundo entero no puede interrumpir el coro. Sin embargo, otros días comienzan con enojo al oír el despertador y olvidando la oportunidad de tener un encuentro con Él en la tranquilidad. El orgullo, entonces, es un astuto compañero, amargo y feo, y nos preguntamos si alguna vez volveremos a deleitarnos en Dios. Nos sentimos atadas.

Los altibajos deberían ser ya familiares a estas alturas, quizá, pero ¿alguna vez podremos acostumbrarnos a que lo santo viva al lado de nuestra carne? Un día glorioso, la carne dará lugar a la libertad, y ya no habrá nada lado a lado. Solamente permanecerá lo santo. Esto deja alabanzas en nuestros labios y un canto en nuestro corazón, el coro interminable de su bondad, la cubierta de terciopelo mientras nos sentamos delante de su trono celestial.

Dios, sé que quieres que descanse en tu presencia. Tú eres fiel y bueno. Cuando paso tiempo contigo, no hay necesidad de esconderme. Puedo ser exactamente quien soy y decir lo que tenga que decir. Gracias.

El amigo perfecto

*Mira que estoy a la puerta y llamo. Si alguno oye mi voz
y abre la puerta, entraré, y cenaré con él, y él conmigo.*

APOCALIPSIS 3:20, NVI

Dios te creó para tener una relación con Él igual que creó
a Adán y Eva. Él se deleita en tu voz, tu risa y tus ideas.
Anhela tener comunión contigo. Cuando la vida se pone
difícil, ¿acudes a Él con tus frustraciones? Cuando estás
abrumada por la tristeza o el sufrimiento, ¿le llevas a Él
tu dolor? En el fragor del enojo y la frustración, ¿clamas
a Él pidiendo libertad? Él es un amigo que nos ofrece
todo eso, y mucho más, con misericordia y amor. Él es
digno de nuestra amistad.

La amistad que Él nos ofrece es un regalo de un valor
inmensurable. No hay nadie como Él; ciertamente, no
hay nadie tan digno de nuestro compañerismo como el
Dios todopoderoso, nuestro Creador y Redentor. Entrena
tu corazón para acudir a Dios en primer lugar con tu
dolor, alegría, frustración y emoción. ¡Su amistad nunca
te decepcionará!

*Dios, tú eres el amigo perfecto. Si pienso en todo
lo que necesito en una amistad, sé que puedo
encontrarlo en ti. Gracias porque tu amistad
sobrepasa todas mis expectativas.*

Él me da gracia

Pero la gracia que él nos da es mayor. Por eso dice:
«Dios se opone a los soberbios, y da gracia
a los humildes».

SANTIAGO 4:6, RVC

Tal vez has escuchado historias de personas que sufren una tragedia, o quizá tú misma estás pasando por una tragedia. En cualquiera de los casos, si te habían dicho que encontrarías tragedia, probablemente habrías pensado: *No hay modo posible de que pudiera atravesar eso*. Y tendrías toda la razón. No podrías. ¿Por qué? Porque todavía no se te ha dado la gracia para atravesar esa situación.

¿Realmente creemos que las personas que atraviesan una tragedia y salen de ella más fuertes son diferentes a nosotras? ¿Que de alguna forma son súper humanas? No lo son. Simplemente llegaron al lugar en el que reconocieron su necesidad desesperada de la gracia de Dios en su circunstancia, y la pidieron.

Gracias, Señor, porque no me llamas a atravesar periodos de dificultad por mí misma. Tú me das toda la gracia que necesito para cada situación. Ayúdame a ser suficientemente humilde para admitir que necesito tu ayuda, que no puedo atravesar yo sola la dificultad.

Mi guía

*El Señor guía con fidelidad y amor inagotable
a todos los que obedecen su pacto
y cumplen sus exigencias.*

SALMOS 25:10, NTV

Hay una caricatura en la que se le pide al hijo que
saque la basura. El dibujo rastrea entonces el camino
enmarañado y errático entre el muchacho y su destino
final. Va saltando sobre los sofás, atraviesa las ventanas,
rodea los árboles y pasa entre sus hermanos, hasta
llegar al cubo de basura que está en la acera.

Nuestras vidas pueden parecer así algunas veces:
impredecibles, ilógicas e inconsistentes. Cambios en el
trabajo, en el matrimonio, en la familia o en la iglesia
pueden hacer parecer que el camino es irracional,
desigual y confuso. Sin embargo, Dios nos hace la
promesa de un sendero recto cuando guardamos su
pacto. Cuando consideramos nuestras vidas mediante
nuestra perspectiva humana limitada, la senda parece
sinuosa, pero la guía de Jesucristo es, de hecho, firme.

*Dios, tú has escogido el camino y has puesto mis pies
sobre él. Sé que es un camino de amor y fidelidad.
Confío en ti incluso cuando estás refinando mi camino.
Aunque a veces podría ser incómodo, sigo confiando
en ti porque tú eres perfecto y bueno.*

Sanador

—¡Hija, tu fe te ha sanado! —le dijo Jesús—.
Vete en paz y queda sana de tu aflicción.

MARCOS 5:34, NVI

La mujer que estaba entre la multitud había sufrido por más de una década. Había gastado todo su dinero en médicos, pero en lugar de encontrar sanidad, se sentía peor que nunca. Tenía una sola esperanza, y se acercó a ella cuando Jesús pasó por su lado entre la multitud. Ella creía que solamente un toque, ni siquiera de su mano santa sino solamente de su ropa, produciría la sanidad que deseaba. En su respuesta breve pero bendita, escuchamos el corazón de Jesús por esa hija que sufría: *Hija, ¡me encanta tu fe! Viniste al lugar correcto para recibir sanidad; lo sé todo de ti y del dolor que has sufrido. Como has creído en mi amor por ti, ¡eres sana! Vete en paz.*

A menudo, nos fijamos en tratar nuestras propias heridas para así poder seguir adelante durante el día. Puede que sean físicas, emocionales, mentales o espirituales, y tal vez hemos probado todos los medios posibles para tratarlas. ¿Por qué no acudir en cambio a Aquel que puede restaurarnos por completo?

Padre, tú conoces mis cargas. Creo que eres
bueno y puedes sanarme. Pongo mi fe en ti
y te pido que me sanes por completo.

Él es mi esperanza

*Cuentas con una esperanza futura,
la cual no será destruida.*

PROVERBIOS 23:18, NVI

Abraham le creyó a Dios. Todo acerca de su circunstancia actual hacía que la idea de que tendría un hijo era ridícula. Su cuerpo estaba como muerto; su propia esposa se echó a reír al pensar que ella, una mujer de 90 años con un cuerpo envejecido y estéril, tendría un hijo propio. Sin embargo, Dios lo había dicho; este Dios que podía dar vida incluso a los muertos y que podía llamar a existencia cosas que todavía no existían.

La esperanza comienza con las promesas de Dios. Cuando la duda, el desaliento o la desesperación amenace tu alma, ten ánimo. Tenemos un Dios que ya ha declarado palabras de vida, y ciertamente eso demostrará que nos reviven y nos sostienen. Esperanza significa creerle a Dios, creyendo que todo lo que Él ha dicho es cierto.

Dios, tú eres mi ancla confiable. Espero con confianza que tú harás lo que has dicho que harás, incluso las cosas que parecen imposibles. Decido creer que cumplirás tus promesas.

Mi inspiración

Los preceptos del Señor son rectos:
traen alegría al corazón.
El mandamiento del Señor es claro:
da luz a los ojos.

SALMOS 19:8, NVI

Los niños muchas veces se preguntan sobre el rostro de Dios, imaginando cómo es y cómo podría sonar su voz. *¡Quiero ver a Dios! ¿Dónde está?* En efecto, ¿dónde está? Dios está en la belleza, presumiendo para ti. Cuando ves algo hermoso, estás viendo la obra de tu Papá. Cuando cargas a un bebé recién nacido, levanta la mirada y te maravillas, pensando: «Veo a Dios», verdaderamente Dios está ahí.

Es un círculo asombroso, una inspiración. Él nos da muchos regalos: colores vibrantes, sabores intensos, calidez reconfortante, melodías emocionantes y belleza inimaginable, para que nuestros corazones no puedan evitar responder. Y nuestras inspiraciones se muestran en una hermosa ofrenda de adoración a nuestro Creador. Incluso sus mandamientos, sus leyes y su guía son inspiradores. Descritos como rectos y claros, sus actos de enseñanzas amorosa y dedicada nos mantienen a salvo. También nos acercan más a nuestro Padre y nos dan alegría y luz.

Dios, me someto en oración a tu liderazgo
y a los buenos regalos que has planeado para mí.
Tú eres mi inspiración. ¡Te veo en la belleza
que me rodea!

Él me conoce por mi nombre

*Oh Señor, has examinado mi corazón
y sabes todo acerca de mí.
Sabes cuándo me siento y cuándo me levanto;
conoces mis pensamientos, aun cuando
me encuentro lejos.
Me ves cuando viajo y cuando descanso en casa.
Sabes todo lo que hago. Sabes lo que voy a decir
incluso antes de que lo diga, Señor.*

SALMOS 139:1-4, NTV

Hay personas que son terribles para recordar nombres, y después están los padres. Se dirigen a ti por todos los nombres que haya en la casa, posiblemente incluyendo también el del perro, a la vez que te miran a los ojos... ¡y fueron ellos quienes te pusieron tu nombre!

Puede que haya miles de personas que tienen *tu* mismo nombre, o quizá podría haber solo un puñado. En cualquier caso, para Dios no hay ninguna diferencia. Él no va probando cuando te acercas a Él, pensando en un nombre y esperando que sea el correcto. Él sabe exactamente quién eres y por qué acudes a Él. Sabe por qué te has mantenido alejada tanto tiempo. Conoce tu necesidad más profunda, tu herida más dolorosa, y tus pensamientos más oscuros. Y, aun así, te ama.

Padre Dios, tú me conoces realmente. Y, al conocerme, me sigues amando. Gracias por amarme tanto.

Mi alegría

Así que alégrense de verdad. Les espera una alegría inmensa, aunque tienen que soportar muchas pruebas por un tiempo breve… Ustedes aman a Jesucristo a pesar de que nunca lo han visto. Aunque ahora no lo ven, confían en él y se gozan con una alegría gloriosa e indescriptible.

1 PEDRO 1:6-8, NTV

La vida está llena de dolor y tristeza. Jesús, descrito como varón de dolores y familiarizado con el sufrimiento, no era ajeno al dolor y al llanto, y en cierto momento incluso declaró en agonía que estaba triste hasta la muerte. Jeremías clamó que su corazón estaba enfermo en su interior y que su tristeza no podía ser curada. Pablo llevaba cargas que estaban muy por encima de sus fuerzas, y se desesperó. El dolor de David lo vemos en las páginas de los salmos, y Job llegó al extremo de decir que desearía haber nacido muerto.

¿Puede encontrarse alegría dentro de la penetrante angustia de la pérdida? La forma más pura de alegría a menudo se experimenta en los brazos de la tristeza. El gozo fluye en medio de la oscuridad cuando confiamos en los caminos perfectos de Dios. Alegría es aferrarnos a nuestro Salvador sabiendo que Jesús sigue siendo quien dice que es, incluso cuando nuestro dolor parece abrumador. Alegría es acudir a la cruz de Cristo para encontrar sostén, para que nos dé esperanza, y para recibir su gracia y su misericordia para los días que hay por delante.

Dios, ayúdame a experimentar alegría mientras atravieso mi dificultad. Sé que tú estás conmigo y que me sostienes.

Dios es justo

*No respondía cuando lo insultaban
ni amenazaba con vengarse cuando sufría.
Dejaba su causa en manos de Dios,
quien siempre juzga con justicia.*

1 PEDRO 2:23, NTV

Nuestros padres tenían la razón: la vida no es justa. Probablemente aprendimos eso por primera vez cuando no recibimos el pedazo más grande de la galleta, o cuando uno de nuestros hermanos consiguió ir a algún lugar especial mientras nosotras estábamos en la escuela. A medida que crecimos, tal vez hemos aprendido acerca de la falta de justicia de un modo un poco más difícil: tal vez mediante acusaciones erróneas, cuando nos negaron ascensos, o por expectativas no cumplidas.

Es fácil quedar defraudadas por lo injusto de la vida. Cuando somos acusadas injustamente o malentendidas, es difícil no tomarlo a pecho. Queremos defender nuestra reputación hasta que la amargura termine o desaparezca. Cuando enfrentamos ese tipo de situaciones, podemos descansar en el conocimiento de que Dios es justo, y juzgará a todos con justicia.

*Gracias, Dios, porque no tengo que preocuparme
de que mis acusadores defiendan su caso del modo
más convincente. No dejo mi juicio en manos de un
jurado, e incluso el mejor de los abogados no puede
presentar un caso contra mí que perdure hasta la
eternidad. Tú conoces mi situación, Dios, y lo más
importante, tú conoces mi corazón.*

Su bondad

El Señor dirige los pasos de los justos;
se deleita en cada detalle de su vida.
Aunque tropiecen, nunca caerán,
porque el Señor los sostiene de la mano.

SALMOS 37:23-24, NTV

Agarrar de la mano es un acto hermoso cuando se hace con amor. Podríamos agarrar la mano de un niño para cruzar la calle, ayudar a un desconocido anciano al bajar del autobús, o abrazar incluso la parte más pequeña de nuestro ser querido mientras paseamos por el parque. Agarramos las manos por un momento, y damos seguridad, bondad o afecto mediante este sencillo acto.

¿Puedes imaginar que la mano de Dios en este mismo acto se extiende hacia quienes ponen su fe en Él? Ciertamente, sus hijos e hijas necesitan el consuelo espiritual, la guía y la comunión de la mano de Dios más que la de nadie. Y podemos estar seguras de que Dios se deleita en ofrecernos su mano también a nosotras.

Padre, me consuelo en tu bondad.
Tú me guías rectamente.
No puedo caer cuando sigo tu dirección, porque
tu mano amorosa nunca me soltará.

Él es amor

Nosotros amamos porque Dios nos amó primero.
Si alguno dice que ama a Dios, pero odia a su hermano,
es un mentiroso. Porque si no ama a su hermano,
a quien puede ver, mucho menos va a amar a Dios,
a quien no puede ver.

1 JUAN 4:19-20, NVI

Los mayores mandamientos de Dios son amarlo a Él y amarnos los unos a los otros. Amarlo a Él puede ser fácil; después de todo, Él es paciente y amoroso. Sin embargo, la segunda parte de su mandamiento puede ser difícil porque significa amar a vecinos intrusivos cuando hay una barbacoa en el patio, a primos ofensivos en la cena de Navidad, a cajeras groseras en el supermercado, y a invitados insufribles que se han quedado demasiadas noches en el cuarto de invitados.

Amarnos los unos a los otros solo es posible cuando amamos como Dios. Cuando amamos con nuestra propia humanidad, el pecado se interpone en el camino. Obedecer el mandato de amar comienza con el amor de Dios. Cuando entendemos cuán grande es su amor por nosotras, cuán inmerecido, interminable e incondicional es su amor, nos sentimos humilladas porque no lo merecíamos.

Señor, ayúdame a representarte ante el mundo.
Sé que no es fácil, pero quiero seguir tu ejemplo
y amar como tú lo hiciste. Dame la gracia
y la fortaleza que necesito para llevarlo a cabo.

Él es todo lo que necesito

Qué alegría para los que no siguen el consejo de malos,
ni andan con pecadores, ni se juntan con burlones,
sino que se deleitan en la ley del Señor meditando
en ella día y noche. Son como árboles plantados
a la orilla de un río, que siempre dan fruto
en su tiempo. Sus hojas nunca se marchitan,
y prosperan en todo lo que hacen.

SALMOS 1:1-3, NTV

Gracias a una dieta moderna de tecnología y redes sociales, las mujeres hoy en día pueden tener un festín de porciones abundantes de chismes, envidia, orgullo que se jacta y egoísmo. No es una dieta que alimenta, pero es muy dulce.

¡Gloria a Dios por su alimento! Su Palabra es tan relevante para nosotras hoy día como lo fue para David hace miles de años atrás. Medita en estas palabras, y escucha su voz que te llama. Cuando pasamos tiempo con Él y leemos su Palabra, Él es la senda hacia la alegría y el deleite. Bajo su alimento, damos un fruto delicioso sin la amenaza de que se seque. ¡Prosperamos!

Dios, admito que algunas veces me alimento
poco de tu Palabra. Estoy mal nutrida por comer en
exceso del bufet moderno de las redes sociales y el
entretenimiento. Ayúdame a librarme de esos hábitos
malsanos y abrazarte a ti más plenamente cada día.

Mi paz

*Pero el Consejero, el Espíritu Santo que el Padre
enviará en mi nombre, les enseñará y recordará todo
lo que les dije. Les dejo la paz. Es mi propia paz la que
les doy, pero no se la doy como la da el mundo. No se
preocupen ni tengan miedo.*

JUAN 14:26-27, NVI

La paz es muy deseada, pero a menudo elusiva.
Justamente cuando parece que comenzamos a tener la
vida bajo control, golpea un nuevo desastre. Cuando
encontramos la calma suficiente para aquietar nuestra
mente, surge una calamidad mayor. O peor aún, las
oleadas de dificultad llegan una tras otra sin que haya
un final a la vista. ¿Habrá alguna vez un final de nuestros
conflictos? ¿Por qué nos elude la paz?

Encontramos todo lo que necesitamos cuando acudimos
a la Palabra de Dios. La paz que se ruega en las
pegatinas para autos siempre eludirá al mundo; la paz
de Jesucristo es la única paz duradera que podemos
obtener mientras caminamos por esta tierra. Debido
a que conoce la debilidad de nuestra carne, Jesús nos
prometió una senda hacia su paz incluso en este mundo
de luchas: nuestro Abogado, el Espíritu Santo.

*Jesús, necesito tu paz. Cuando mi corazón está
angustiado y tiene miedo, solamente tú puedes darme
la paz que necesito verdaderamente; la paz que nos
prometiste hace tanto tiempo atrás, sabiendo
que la necesitaríamos.*

¿Retiro?

*Despojémonos del lastre que nos estorba, en especial
del pecado que nos asedia, y corramos con
perseverancia la carrera que tenemos por
delante. Fijemos la mirada en Jesús…
para que no se cansen ni pierdan el ánimo.*

HEBREOS 12:1-3, NVI

No hay tal cosa como «el retiro» para quienes sirven a
Dios. No habrá una pensión espiritual esperándonos para
que finalmente podamos relajarnos y dejar que otros
terminen la buena obra de Dios. Puede que tengamos
ideas de viajar, planes de enfocarnos en un pasatiempo,
o sueños de una vida tranquila y fácil mientras todos los
demás siguen trabajando, ¡pero Dios no deja de usarnos!

No debemos dejar de utilizar nuestras oraciones,
nuestros testimonios, nuestro ánimo, nuestra sabiduría
y nuestra fe. Dar gloria al reino de Dios es un esfuerzo
a tiempo completo que requiere aguante a tiempo
completo. Mientras esperamos para disfrutar de esa
gloria, Dios tiene planes que no se posponen por
nuestros cuerpos que envejecen. Se nos alienta a
continuar sin interrupción. Se nos prometen estas
hermosas palabras de aprobación: «Bien hecho, buen
siervo y fiel», después de terminar nuestro viaje terrenal.

*Dios, creo en mi corazón que este viaje valdrá
la pena al final. Sé que necesito ralentizar y renovarme,
y sé que cometeré errores, pero mantendré mis ojos
fijos en ti. Incluso si avanzo solo unos centímetros
cada día, seguiré adelante. No quiero cansarme
y perder el ánimo.*

Él escucha mis oraciones

*Oh Dios, a ti dirijo mi oración porque sé
que me responderás;
inclínate y escucha cuando oro.*

SALMOS 17:6, NTV

Están esos días cuando nos fallan las palabras. Apenas podemos formar una frase coherente, y mucho menos expresar con exactitud lo que necesitamos. La tristeza nos ha visitado y parece haberse hecho cargo de nuestra capacidad para pensar, para hablar o para orar. Lágrimas caen en silencio por nuestras mejillas, nuestros corazones se duelen, y seguimos sin tener las palabras.

Cobra ánimo. Dios no solo escucha tus oraciones cuando salen torpemente de tus labios, pues Él conoce lo que necesitas antes de que lo pidas. Él es consciente de lo que necesitas para atravesar este día antes de que puedas expresarlo con palabras. ¿Y cuando finalmente puedes poner palabras a tus pensamientos que parecen completamente inadecuados? No importa. Dios escuchó lo que hay en tu corazón.

*Gracias, Dios, porque tú interpretas mis palabras
mediante mi corazón. Mi mensaje para ti
no se pierde en la traducción.
Creo que tú me escuchas cuando clamo a ti,
y me responderás.*

Provisión

> *Debido a nuestra fe, Cristo nos hizo entrar*
> *en este lugar de privilegio inmerecido en el cual*
> *ahora permanecemos, y esperamos con confianza*
> *y alegría participar de la gloria de Dios.*
>
> ROMANOS 5:2, NTV

Te acercas a la ventanilla de recogida, pides el café que te ayudará a comenzar el día, y entonces escuchas las palabras de la cajera que te dice: «Su orden la pagó el auto que va delante de usted». Esa generosidad inesperada hace nacer una gratitud aleccionadora, y el día ahora se ve superado por la presencia de Dios. Un desconocido puede que haya sido el instrumento de amable provisión, pero la inspiración es innegable.

Dios es el autor de la generosidad, que nos provee todo lo que necesitamos. Veamos todo lo que les dio a Adán y Eva, ¡y lo poco que les pidió a cambio! Ellos caminaban en su presencia día a día, disfrutando de una relación auténtica con su Padre. Incluso cuando comieron lo que sabían que no debían comer, Dios les proveyó expiación.

> *Dios, sé que he pecado y merezco la muerte.*
> *Gracias por Cristo, mi provisión. Tú me bendices*
> *cada día, ya sea que lo reconozca o no.*
> *¡Tú demuestras tu amor en porciones generosas!*
> *Estoy muy agradecida por tu generosidad.*

Limpia de nuevo

Enséñame tus caminos, oh Señor,
para que viva de acuerdo con tu verdad.
Concédeme pureza de corazón, para que te honre.

SALMOS 86:11, NTV

Si has intentado alguna vez limpiar a un perro blanco que ha decidido correr en medio del barro, sabrás que parece casi una tarea imposible librarte de cada mancha de suciedad, especialmente si a ese perrito no le gusta demasiado el baño. Si pudiera sentarse quieto y permitir que su dueña lo limpiara con atención y cuidado, todos los rastros de suciedad probablemente podrían ser eliminados; pero, a menudo, ni el perro ni su dueña tienen ese tipo de paciencia.

Limpiar el pecado en nuestra vida puede parecer algo similar. Encontrar todas las impurezas y librarnos de ellas nosotras mismas puede ser un proceso lento y doloroso. Podría parecer totalmente imposible a veces. Puede que no queramos que nos examinen, o quizá quedarnos sentadas y quietas es el problema. La buena noticia es que no tenemos que intentar purificarnos a nosotras mismas. Permitimos que Dios lo haga por nosotras. Por fortuna, Él es paciente y tiene la solución perfecta. Él usa el sacrificio de su Hijo para limpiar toda nuestra suciedad. Cada mota que quede.

Señor, confío en que tú limpiarás toda mi suciedad. Hazme pura otra vez. Ayúdame a quedarme sentada y tranquila el tiempo suficiente para permitir que tú hagas tu obra redentora en mi corazón.

Intención en tu corazón

Las intenciones secretas son como aguas profundas,
pero el que es inteligente sabe descubrirlas.

PROVERBIOS 20:5, NTV

Dios ha puesto intención en cada una de nosotras.
Realmente debemos desempeñar un rol hermoso e
importante en su reino eterno. Cada una de nosotras
ha sido bendecida con las habilidades y la pasión para
cumplir los propósitos de Dios aquí en la tierra y en su
reino eterno.

La vida y la circunstancia pueden disfrazar nuestro
propósito. Podemos quedar atrapadas en la rutina diaria y
olvidar enfocarnos en la visión eterna que Él ha soplado en
nosotras. Debemos hacer que nuestra meta sea desenterrar
nuestros propósitos únicos y singulares para los cuales
fuimos creadas específicamente. Cuando entendamos ese
propósito es cuando verdaderamente comenzaremos a
vivir plenamente vivas tal como era la intención.

Dios, que siempre busque cumplir tu plan para mi vida.
No permitas que pierda de vista tu visión para mí.
Quiero lograr tus propósitos y quiero estar disponible
para que tú me uses de cualquier modo que desees.

Renovada en su presencia

Ahora pues, arrepiéntanse de sus pecados y vuelvan a Dios para que sus pecados sean borrados. Entonces, de la presencia del Señor vendrán tiempos de refrigerio.

HECHOS 3:19, NTV

El pecado es agotador. Nos mata desde dentro hacia afuera. No podemos vivir una vida abundante en Cristo mientras seguimos una vida de pecado. La belleza acerca de la salvación y la gracia de nuestro Dios es que lo único que tenemos que hacer es volvernos a Él en arrepentimiento, y nuestro pecado será borrado.

Cuando nos alejamos de nuestro pecado y regresamos a Dios, encontramos renovación y restauración. Se nos dará la gracia para caminar en perdón, y ser revestidas de poder para continuar en una vida de rectitud y fortaleza para resistir futuras tentaciones. Su sangre nos limpiará, su gracia nos renovará, su poder nos restaurará, y su presencia nos refrescará.

Padre celestial, examina mi corazón y dame convicción de cualquier pecado que esté causando agotamiento en mi espíritu. Límpiame y borra el pecado de mi vida. Renueva mi alma para que pueda vivir la vida llena de gracia que tú deseas para mí. Gracias por tu limpieza y por tu amor.

Murmuración revertida

Panal de miel son las palabras amables:
endulzan la vida y dan salud al cuerpo

PROVERBIOS 16:24, NVI

Sabemos que nuestras palabras son poderosas. Entendemos que, con lo que decimos, podemos edificar a alguien o derribarlo. Sin embargo, aparte de las palabras que pronunciamos directamente los unos a los otros, debemos entender que incluso las palabras que decimos a espaldas de alguien pueden tener un efecto tremendo sobre esa persona.

Desde chismes y murmuración sobre celebridades, hasta hablar a nuestras amigas acerca de la experiencia que tuvimos con alguien, todo el tiempo hablamos sobre otras personas. Esas conversaciones tienden a ser negativas. ¿Y si decidiéramos destacarnos radicalmente con nuestras palabras y conversaciones? ¿Y si comenzáramos un movimiento para revertir los chismes difundiendo en cambio palabras sobre la grandeza en las personas? ¿Y si empleáramos nuestro tiempo soñando acerca de cómo podríamos ayudar a otros en lugar de mejorarnos a nosotras mismas? Nuestros corazones y nuestras vidas reflejarían a Jesús con mucha más claridad si simplemente cambiáramos el modo en que hablamos acerca de los demás.

Señor Jesús, ayúdame a domar mi lengua. Que yo pueda decir palabras amables. Que la amabilidad fluya fácilmente de mis labios y pueda hablar grandeza sobre otros diariamente. Quiero llevar dulzura a las almas de aquellas personas que tú has puesto en mi vida.

Sembrar justicia

¡Siembren para ustedes justicia!
¡Cosechen el fruto del amor,
y pónganse a labrar el barbecho!
¡Ya es tiempo de buscar al Señor!,
hasta que él venga y les envíe lluvias de justicia.

OSEAS 10:12, NVI

Llegará un día en el que veremos a nuestro Salvador cara a cara. Habitaremos en la luz de su presencia por la eternidad. Pero, por ahora, mientras estamos aquí en esta tierra, estamos en un periodo de buscarlo a Él y de preparar nuestros corazones para su gloria venidera.

Cuando sembremos justicia en nuestras vidas, recogeremos la cosecha del amor infalible de Cristo. Abrimos la puerta a cada una de las bendiciones que Dios tiene para nosotras cuando simplemente abrimos nuestros corazones a Él. Y no podemos sembrar justicia si hay terreno en nuestro corazón que no está blando y preparado. Cuando acudimos diariamente delante de Él, doblamos nuestras rodillas, examinamos nuestro corazón y permitimos que Él riegue nuestra alma con su Palabra, somos enternecidas por su amor.

Dios, necesito tu presencia desesperadamente en mi vida. Gracias porque puedo estar en tu presencia aquí y ahora. Ablanda cualquier terreno duro en mi corazón para que pueda estar preparada para recibir todo lo que tienes para mí.

Tú que has creído

¡Dichosa tú que has creído, porque lo que el Señor te ha dicho se cumplirá!

LUCAS 1:45, NVI

La promesa es muchas veces lo que nos hace seguir adelante. Necesitamos algo que esperar, una bandera que sostener y una meta hacia la cual correr. Cuando comenzamos a perder la fe en que llegaremos a esa línea de meta, o cuando comenzamos a dudar de que el sueño se cumplirá, es entonces cuando flaqueamos y comenzamos a perder el paso.

Hay mucho poder en lo que creemos. Piensa en esas personas en la Escritura a quienes Jesús dijo: «Tu fe te ha sanado». Dios ya ha recompensado a un corazón que cree. Él es glorificado en la fe de sus hijos y en su confianza en sus promesas. No pierdas de vista lo que Él te ha prometido. Cree que lo cumplirá a pesar de cuán improbable te parezca. Él no te olvidará, y te bendecirá por tu fe inquebrantable en Él.

Dios, ayúdame a creer siempre que tú cumplirás los sueños que me has dado. Deseo de tu bendición, y quiero ser conocida como alguien que nunca perdió la fe en tu promesa.

Algo nuevo

¿Llevaría yo a esta nación al punto de nacer
para después no dejar que naciera?
—pregunta el Señor—.
¡No! Nunca impediría que naciera
esta nación, dice su Dios.

ISAÍAS 66:9, NVI

Dios nunca causa dolor sin un propósito. Él no permite que atravesemos periodos de pérdida y destrucción en nuestras vidas sin preparar un lugar de pacífica restauración al otro lado.

Si estás soportando un periodo de lucha, aférrate a la promesa de que algo nuevo está naciendo de tu prueba. Y, sin importar cuán doloroso sea el proceso, o lo mucho que sientas que no hay modo alguno de que esa dificultad pudiera valer la pena, has de saber que tu Padre celestial ve todo lo que estás atravesando, y producirá un nuevo nacimiento.

Gracias, Jesús, porque tú ves mi dolor.
Gracias porque prometes no permitir el dolor sin
que nazca algo nuevo en mi vida.
Tú eres un Dios que restaura, recrea y establece
a su pueblo. Ayúdame a confiar en ti incluso
en mis periodos de dolor.

Junio

EL SEÑOR ES MI PASTOR, NADA ME FALTA;

EN VERDES PASTOS ME HACE DESCANSAR.

JUNTO A TRANQUILAS AGUAS ME CONDUCE;

ME INFUNDE NUEVAS FUERZAS.

SALMOS 23:1-3, NVI

Él restaura mi alma

—Dejen de llorar —les dijo Jesús—.
No está muerta, sino dormida.
Entonces ellos empezaron a burlarse de él
porque sabían que estaba muerta.
Pero él la tomó de la mano y le dijo:
—¡Niña, levántate!
Recobró la vida y al instante se levantó.
Jesús mandó darle de comer.

LUCAS 8:52-55, NVI

¿Sabes de quién eres? Tu papá y tu mamá afirman legítimamente que tú eres su hija, pero ¿reconoces a Jesús como Aquel que te restaura como suya? Él conoce tus idas y venidas, y cada uno de tus pensamientos; eres de Él.

¡Cuán difícil es poner nuestras necesidades en las manos del Padre! Imagina ver morir a tu hija y sentir la desesperación de su ausencia, solo para oír decir a Jesús que está dormida. Tanto el padre de la niña como Jesús la amaban; los dos afirmaban que era su hija; sin embargo, solo Jesús dio una orden a su espíritu y a su vida. Su hija oye su voz y obedece la orden; ¡se levanta y es restaurada!

Dios, tú eres fiel a las necesidades más profundas
de mi corazón; ¡tú me conoces muy bien! Hoy escucho
tu voz y te pido que mi espíritu sea renovado.

Rompe toda cadena

*Esto lo hizo Dios para que todos lo busquen y,
aunque sea a tientas, lo encuentren. En verdad,
él no está lejos de ninguno de nosotros.*

HECHOS 17:27, NVI

Hay una oportunidad de comenzar de nuevo: cada día si lo necesitamos. Desde dentro hacia afuera, podemos ser transformadas y nuestro corazón ser renovado. Esencialmente, podemos rehacernos a nosotras mismas con la ayuda, la sanidad, y la naturaleza transformadora de Cristo. Jesús murió en la cruz para prometernos una vida libre de la esclavitud del pecado, libre de la desesperanza, libre de cualquier cadena que intente atraparnos. En Cristo, somos hechas libres.

Necesitamos escuchar la verdad de la promesa de Cristo para nosotras y detener el ciclo de desesperanza, derrota, y esclavitud al pecado. Lo único que tenemos que hacer es arrodillarnos y orar.

*Padre Dios, te pido que tu voz inunde la parte
más profunda y más triste de mí.
Sé que tú quieres cuidar de mí.
Gracias por seguir persiguiendo
mi corazón.*

El Rey

Ustedes son hijos de Dios; y por lo tanto, él puso
el Espíritu de su Hijo en nosotros, y ese Espíritu grita:
«¡Querido padre!». Entonces ya no eres esclavo sino hijo,
y por ser hijo, Dios te ha hecho su heredero.

GÁLATAS 4:6-7, PDT

Imagina un hermoso castillo blanco ubicado sobre la cumbre de una montaña con vistas a un lago cristalino rodeado de árboles. Torretas y torres se elevan alto hacia el cielo, proporcionando unas vistas asombrosas. Muros altos, una torre de vigilancia, y parapetos abiertos aseguran la máxima protección contra los enemigos. Dentro, techos abovedados y lámparas de candelabro de cristal se elevan por encima de escaleras imponentes. Esculturas y pinturas ornamentadas adornan las paredes, y el gran vestíbulo hace eco con las risas.

Aparece el Rey. Por un momento tiemblas, sin saber bien cómo responder. Entonces, mientras avanza hacia ti con los brazos abiertos, lo recuerdas. *Es mi Papá. Y esta es mi casa.* Corres tan rápido como puedes hacia esos brazos, y te entregas a su cálido abrazo.

Parece un cuento de hadas, pero esa imagen ni siquiera le hace justicia al hogar del Padre que nos está esperando. Oro, plata, piedras preciosas, detalle, opulencia, esplendor, amor inmensurable, alegría, paz, y una relación ininterrumpida; ¡es nuestra herencia! El Rey de todos los reyes nos llama hijas. Eso significa que somos de la realeza, y todo lo que Él tiene quiere compartirlo con nosotras.

Padre, gracias por la herencia que tengo como hija tuya.
Esta vida trae muchos problemas y sufrimiento, pero
la promesa de pasar la eternidad contigo, mi Rey
majestuoso, ¡vale la pena!

Amparo seguro

*Desde los extremos de la tierra, clamo a ti por ayuda
cuando mi corazón está abrumado.
Guíame a la imponente roca de seguridad,
porque tú eres mi amparo seguro, una fortaleza
donde mis enemigos no pueden alcanzarme.*

SALMOS 61:2-3, NTV

Cuando las heridas emocionales que estaban encerradas desde hace mucho tiempo atrás salen a la superficie de la vida, se transforman de ser cicatrices pasadas a ser heridas abiertas, totalmente nuevas y abrasadoras. Los esparadrapos terrenales no pueden curar por completo el dolor. Necesitamos el toque de Dios, el bálsamo de su bondad, sobre nosotras. Duele, pero es un amparo seguro, un refugio cuando nos da miedo atravesar el dolor.

Permanecer en su seguridad y dejar abierta la herida es la parte más difícil. Tenemos que verla, sentirla, y permitir que Dios camine a nuestro lado durante el proceso de sanidad; y eso podría tomar tiempo. Sin embargo, Él es un Padre amoroso, digno y compasivo, cuyo tratamiento desarraiga toda infección y enfermedad para que las heridas sigan sanadas. Estamos seguras cuando estamos bajo su cuidado, y Él promete protegernos.

Señor, creo que soy preciosa para ti. Tú eres ferozmente protector, eternamente fiel, y tu amor es ineludible. Traigo ante ti todo mi dolor, lamento y quebranto para que puedas sanarme y restaurarme. Me refugio hoy en tus brazos.

Él me satisface

*Paloma mía, que te escondes
en las grietas de las rocas,
en las hendiduras de las montañas,
muéstrame tu rostro, déjame oír tu voz;
pues tu voz es placentera
y hermoso tu semblante.*

CANTAR DE LOS CANTARES 2:14, NVI

El estrés amenaza con llevarse lo mejor de nosotras, y algunas veces simplemente queremos escondernos. Recordando la tableta de chocolate escondida en la despensa, puede que nos apresuremos a hacer precisamente eso: enterrarnos nosotras mismas con el consuelo dulce pero temporal que ayuda a que el mundo ralentice, aunque solo sea por un momento.

El mismo instinto puede surgir con Dios. Nos vemos abrumadas por su ministerio o atrasadas en su perdón, o sin contacto con su Palabra, y perdemos de vista quién es Él. En lugar de correr hacia Él, nos escondemos de Él y buscamos otras maneras de satisfacer nuestras necesidades. No podemos escondernos de Él, y Él nos atrae con lazos de amor.

Dios, no puedo escapar de tu amor por mí y no quiero intentar hacerlo. Decido abandonar la falsa seguridad de los huecos, las rendijas y las despensas que tienen chocolate escondido para sentir el placer de tu amistad.

La mantita de seguridad

En paz me acuesto y me duermo,
porque solo tú, SEÑOR, me haces vivir confiado.

SALMOS 4:8, NVI

¿Alguna vez has pasado horas, o minutos que parecían horas, buscando frenéticamente la mantita o el peluche en un intento de calmar a un niño inconsolable que hace un berrinche en el piso? Ah, ese objeto que le da seguridad, que lo calma como por arte de magia. Eso que lo apacigua al instante. A medida que los niños crecen, intentamos que dejen esos objetos que les dan seguridad: las mantitas que están muy desgastadas, los ositos de peluche sin ojos, o los chupones tan mordidos que ya no se reconocen. La mayoría de los niños no están de acuerdo en que podrían pasar sin la seguridad de esas cosas; y tienen su razón.

Piensa en todas las veces en que has atravesado pruebas y te has encontrado perdida. ¿Dónde acudiste en busca de seguridad? El mejor lugar donde puedes acudir es a Dios. Él es nuestra seguridad, y nos da la fortaleza que necesitamos para proseguir. Deberíamos sentirnos perdidas cuando no lo tenemos a Él cerca. Cuando Él está a nuestro lado, compartiendo nuestra almohada en la oscuridad de la noche, manejando a nuestro lado en el auto, o sentado a nuestro lado en nuestro escritorio, sentimos que todo va a estar bien.

Señor Dios, te miro solamente a ti para obtener
mi seguridad. No hay mejor lugar donde encontrarla.

Siempre en control

No se inquieten por nada; más bien, en toda ocasión,
con oración y ruego, presenten sus peticiones a Dios
y denle gracias. Y la paz de Dios, que sobrepasa todo
entendimiento, cuidará sus corazones
y sus pensamientos en Cristo Jesús.

FILIPENSES 4:6-7, NVI

La caja de sugerencias del consejero escolar rebosaba de ideas de los jóvenes alumnos de la escuela, y variaban desde ideas inventivas y razonables (sustituir las luces fluorescentes por toneladas de luces de Navidad), hasta imaginativas pero poco prácticas (cubrir los pasillos de toboganes resbaladizos de agua gigantescos). Pero cada una se leyó en voz alta durante las reuniones de personal semanales. Las ideas de los niños nunca disminuían en volumen o celo; ellos creían que el consejero de su escuela no solo respetaba sus ideas sino que también las valoraba.

Como resultado, los alumnos también se acercaban al consejero con sus problemas personales; él escuchaba sus fallos en la cancha de fútbol, sus peleas con sus mejores amigos, su mal desempeño en la competencia de geometría, y las rivalidades entre hermanos. Su puerta estaba siempre abierta, y los asientos no estaban vacíos mucho tiempo. ¿Qué ofrecía a aquellos jóvenes corazones y mentes? ¿Cuál era el secreto para darles serenidad en medio de esos años tumultuosos? Él reproducía el ejemplo establecido por Dios, nuestro gran Consejero, que escucha nuestras preocupaciones y nos protege con su paz.

Padre, tú eres mi método probado y fiel: tú inclinas tu oído
para oír mis ansiedades, mis anhelos, mis frustraciones,
y mi adoración. Gracias por valorar mis peticiones.
Quiero ser más como tú.

Sangre, sudor y lágrimas

Cantaré al SEÑOR, porque ha triunfado gloriosamente;
arrojó al mar al caballo y al jinete.
El SEÑOR es mi fuerza y mi canción;
él me ha dado la victoria.
Él es mi Dios, y lo alabaré;
es el Dios de mi padre, ¡y lo exaltaré!

ÉXODO 15:1-2, NTV

¿Has visto alguna vez los Juegos Olímpicos y te has maravillado por la increíble fuerza, disciplina y talento dado por Dios a los atletas? Al ver entrevistas, es común que oigamos la pregunta: «¿Dónde obtuviste la fuerza, la motivación?». La vida diaria, aunque no es un deporte olímpico, requiere su propia motivación si queremos atravesar la sangre, el sudor y las lágrimas para alcanzar la medalla de oro que nos espera. Moisés, después del escape victorioso del ejército del Faraón, alaba la fuente de su fuerza en los versículos anteriores.

¿Estás enfrentando una prueba de tamaño olímpico? ¿Te preguntas de dónde vendrá tu fuerza para soportar? ¿Parece una locura que Dios pueda levantarte, y te levantará para que venzas? Recuerda que Él es tu fuerza y tu canción; confía en su poder pues es el tuyo, y alábalo porque Él es digno.

Señor, solo tú tienes la fuerza que necesito para poder atravesar esta batalla. Tú me sostienes una y otra vez. Confío en ti, te doy gracias y te exalto.

El cimiento correcto

Arráiguense profundamente en él y edifiquen toda la vida sobre él. Entonces la fe de ustedes se fortalecerá en la verdad que se les enseñó, y rebosarán de gratitud.

ÉXODO 15:1-2, NTV

Sus hermanos se reían de su trabajo duro, día tras día, mientras vagueaban. Habían tardado muy poco tiempo en construir sus casas, y les gustaba cómo estaban. Hasta que llegó el lobo, con sus resoplidos y sus soplidos, y entonces... El cuento es tan familiar como su lección: toma el tiempo para hacer bien las cosas para que, cuando lleguen los problemas, estés seguro. Construye con materiales dignos, y tendrás algo que perdura en medio de la fiereza de las tormentas.

Dios es la roca sobre la cual podemos construir con confianza. No solo podemos tener seguridad en su cimiento firme; Él promete también bendecirnos cuando permanecemos en Él. Llegarán lluvias, inundaciones y fuertes vientos, pero Él nos ayudará en cada tormenta con la verdad que fortalecerá nuestra fe. Lo veremos a Él triunfar sobre el pecado y la oscuridad, ¡y rebosaremos de gratitud!

Dios, ayúdame a gozarme en medio de las tormentas. Cuando los vientos soplen a mi alrededor, que mi fe se fortalezca. Nada puede venir contra mí que derribará mi casa cuando estoy firme sobre tu fuerte cimiento.

Fortalecida

¿A quién tengo en el cielo sino a ti?
Si estoy contigo, ya nada quiero en la tierra.
Podrán desfallecer mi cuerpo y mi espíritu,
pero Dios fortalece mi corazón;
él es mi herencia eterna.

SALMOS 73:25-26, NVI

Al considerar un proyecto de remodelación de una casa, es importante determinar dónde están las vigas de apoyo. Si sencillamente derribamos una pared aquí y allá para crear más espacio, podría tener un efecto perjudicial para el resto de la estructura. Ya sea que un edificio se derrumbe debido a una construcción defectuosa, un mal cimiento o cargas extraordinarias, puedes apostar a que las vigas de apoyo fueron afectadas.

Las vigas de apoyo pueden ser como esas personas en nuestra vida a las que admiramos. Personas que amamos. Personas que respetamos. Personas en las que confiamos. A veces ellos caen, y puede que no nos demos cuenta de que nos apoyábamos en ellas hasta que eso sucede. Cuando ellos caen, puede ser difícil la recuperación. Podrían dejar una estela de destrucción tras su derrumbe. La única viga de apoyo en la que podemos confiar y con garantía de que nunca temblará, se doblará o se derrumbará bajo presión es Dios.

Padre, cuando el mundo a mi alrededor parece haberse derrumbado, y me encuentro luchando y buscando algo firme a lo que aferrarme, decido agarrar tu mano. Tú eres firme y seguro, y tu amor es certero.

Mi todo

Cuando pienso en todo esto, caigo de rodillas y elevo una oración al Padre, el Creador de todo lo que existe en el cielo y en la tierra. Pido en oración que, de sus gloriosos e inagotables recursos, los fortalezca con poder en el ser interior por medio de su Espíritu. Entonces Cristo habitará en el corazón de ustedes a medida que confíen en él. Echarán raíces profundas en el amor de Dios, y ellas los mantendrán fuertes. Espero que puedan comprender, como corresponde a todo el pueblo de Dios, cuán ancho, cuán largo, cuán alto y cuán profundo es su amor. Es mi deseo que experimenten el amor de Cristo, aun cuando es demasiado grande para comprenderlo todo. Entonces serán completos con toda la plenitud de la vida y el poder que proviene de Dios.

EFESIOS 3:14-19, NTV

Hay días tristes y melancólicos. En medio de la melancolía, ayuda oír la voz de una amiga, alguien que nos dé el apoyo que necesitamos. La oración de Pablo, dirigida a quienes tenían una necesidad desesperada de oír las promesas de vida en Jesucristo, es una oración para ti.

Haz esta oración por ti misma, por tu amiga, tu vecina o tu compañera de trabajo. Ora hasta que sientas que las raíces son más profundas y se fortalecen en amor. Vuelve a orar una y otra vez hasta que la capacidad de entender te abrume: ¡Él es todo lo que necesitas! Haz esta oración hasta que la plenitud del amor de Dios por ti venza tu melancolía.

Dios, me aferraré a esta oración hasta que tu vida y tu poder atraviesen las nubes y brillen con fuerza sobre mi rostro. Tú eres todo lo que necesito. ¡Puedo confiar en ti para todo!

Toda consolación

*Bendito sea el Dios y Padre de nuestro Señor Jesucristo,
Padre de misericordias y Dios de toda consolación,
quien nos consuela en todas nuestras tribulaciones.*

2 CORINTIOS 1:3-4, RVC

Todas hemos experimentado pérdida en nuestras vidas, algunas en un mayor grado que otras. En esos tiempos cuando nos dolemos por la pérdida de un ser querido, un empleo, o incluso cuando experimentamos la pérdida de una ruptura de una relación, es bueno reconocer que el dolor es incómodo. No podemos escondernos de sentirnos enojadas, decepcionadas, muy tristes o solas; sin embargo, podemos llevar esas emociones a nuestro Padre celestial y pedirle que alivie el dolor.

La Escritura dice que Jesús es el Padre de misericordias y puede consolarnos en todas nuestras tribulaciones. Él puede darnos paz, gozo y el consuelo de conocer su presencia cada día. Puede darnos ayuda mediante otras personas. Su Palabra puede dar vida a nuestro corazón. Esas son muchas maneras como Dios nos consuelo. Entonces, algún día podremos compartir ese consuelo con otros que necesiten experimentar la presencia de Dios durante los tiempos difíciles.

*Señor, pongo delante de ti todas mis emociones
y te pido que me ayudes en mi sentimiento de pérdida.
Permíteme sentir tu presencia, para que pueda saber
que no estoy sola. Ayúdame a consolar a quienes me
rodean y lo necesitan, del mismo modo que tú me
has mostrado consuelo.*

Un recordatorio

Así dice el Señor Todopoderoso:
«Juzguen con verdadera justicia;
muestren amor y compasión los unos por los otros.
No opriman a las viudas ni a los huérfanos, ni a los
extranjeros ni a los pobres. No maquinen el mal en su
corazón los unos contra los otros».

ZACARÍAS 7:9-10, NVI

En tiempos cuando las personas no podían apoyarse en escribir una lista o poner un recordatorio en su teléfono, algunas veces ataban un hilo alrededor de su dedo índice para recordarles que tenían que acordarse de algo. El hilo era un símbolo para recordar.

La Escritura está llena de recordatorios que nos dicen que deberíamos mostrar misericordia y compasión a quienes realmente tienen necesidad. Dios tenía que seguir recordando a su pueblo que se ocupara de las viudas, los huérfanos, los extranjeros y los pobres. Quizá tú tienes mucho que hacer hoy, y tendrás maneras de recordarte a ti misma que lo hagas. ¿Encontrarás un símbolo para acordarte de los menos favorecidos? Si sientes que necesitas un poco de ayuda en este día, por qué no le pides a Dios que le recuerde a alguien tu necesidad.

Amado Señor, gracias por recordarme hoy que hay
personas en este mundo que son menos favorecidas
que yo. Muéstrame maneras en que puedo mostrar
compasión a esas personas. Necesito tu misericordia
y compasión para así poder estar preparada para amar
a otros como tú me amas.

Convencida de amor

Pues estoy convencido de que ni la muerte ni la vida, ni los ángeles ni los demonios, ni lo presente ni lo por venir, ni los poderes, ni lo alto ni lo profundo, ni cosa alguna en toda la creación podrá apartarnos del amor que Dios nos ha manifestado en Cristo Jesús nuestro Señor.

ROMANOS 8:38-39, NVI

El amor, en términos humanos, puede llegar a ser muy condicional. Mostramos amor cuando nos sentimos bien con alguien, o cuando se han ganado nuestro respeto y confianza. Nos resulta más difícil mostrar amor cuando nos han traicionado, decepcionado, ¡o incluso nos han desobedecido! Enojo, dolor y orgullo pueden separarnos fácilmente de otras personas.

El amor auténtico, que proviene de Dios, nos ha sido demostrado por medio de Jesucristo. Sabemos que Él entregó su vida por toda la humanidad y que su sacrificio no estaba condicionado por quiénes lo merecían. Aquellas que hemos decidido aceptar su gracia, podemos estar *convencidas* de que nada nos separará de su amor. Nada. Tu Padre celestial te ama, por completo e incondicionalmente.

Gracias, Jesús, por demostrar tu amor por medio de tu sacrificio por mí. Sé que soy perdonada, y sé que soy amada. Ayúdame a caminar de tal modo que esté convencida de que nada me separará de tu amor.

Abundancia de amor

Esto es lo que pido en oración: que el amor de ustedes abunde cada vez más en conocimiento y en buen juicio, para que disciernan lo que es mejor, y sean puros e irreprochables para el día de Cristo.

FILIPENSES 1:9-10, NVI

Podemos oír una y otra vez que Dios nos ama, pero a veces sencillamente se necesita tiempo o una revelación personal para entender realmente la profundidad de su amor. La Biblia dice que Dios *es* amor y, por lo tanto, mientras más entendemos a nuestro Dios, más que entendemos su amor. A medida que obtienes perspectiva sobre el favor de Dios hacia ti y hacia otros, Dios te da discernimiento y guía para saber lo que es mejor para tu vida.

¿Estás batallando con ciertas decisiones en la vida? ¿Te resulta difícil aceptar lo mejor de Dios para ti? Permítete a ti misma empaparte de la profundidad del amor redentor de Cristo. Entonces, entiende que Él quiere que imitemos ese amor. Es así como sabemos lo que es mejor: cuando tomamos decisiones por amor a Jesús y amor a los demás.

Señor Dios, hay mucho que no sé o que no entiendo de ti, pero sé que tú eres amor. Aumenta mi conocimiento de la profundidad de tu amor. Ayúdame a discernir lo que es mejor para mi vida imitando el amor que tú me has mostrado.

Más que suficiente

*Y Dios es poderoso como para que abunde en ustedes
toda gracia, para que siempre y en toda circunstancia
tengan todo lo necesario,
y abunde en ustedes toda buena obra.*

2 CORINTIOS 9:8, RVC

La mayoría de nosotras no sentimos que tengamos mucho que dar, especialmente en el aspecto de finanzas, recursos o tiempo. ¿Recuerdas la historia de la viuda que solo tenía harina y aceite suficientes para una última comida para ella y su hijo? Cuando el profeta Elías le pidió que le hiciera un pan con esos ingredientes, ella se preocupó. Probablemente, esa sería también nuestra respuesta.

Lo que olvidamos a menudo cuando Dios nos pide que demos de nosotras mismas es que Él ya ha suplido los medios. Lo único que Dios requiere es nuestra disposición a participar en su buena obra. Podríamos pensar que abundancia es una riqueza muy grande, pero realmente es decir que tenemos más de lo necesario. Si Dios te pide que des de tu tiempo, entonces puedes suponer que Él te ha dado más. Si pide de tu dinero, Él te ha dado más que suficiente. La viuda fue bendecida en abundancia por su disposición a dar de lo que tenía, y Dios se ocupó de que nunca más tuviera carencia.

*Señor, gracias por darme más que suficiente de todo.
Quiero estar dispuesta a compartir lo que tú me
has dado, y confiar en que tú te asegurarás de que
siga siendo bendecida en abundancia.
Te doy a ti lo que tengo.*

Escogida

El Señor Dios me enseñó lo que tengo que decir.
Así que sé qué decir para darle ánimo al débil.
Cada mañana él me despierta, afina mi oído
para escuchar como los que estudian.

ISAÍAS 50:4, PDT

Es fácil preguntarnos si desempeñamos un papel significativo en el reino de Dios. Cuestionamos nuestra propia utilidad porque nos sentimos débiles, inconsistentes, e incapaces de representar al perfecto Salvador del mundo. Pero Dios nos da la capacidad de enseñar a otros. Él llena nuestra boca de las palabras necesarias para producir vida. Por nosotras mismas, puede que seamos débiles e inadecuadas, pero el Señor ha hecho mucho más que compensar nuestras incapacidades.

Dios te ha escogido para que seas su mensajera: las manos, los pies, y la portavoz de su gloria. Él sabe que no eres perfecta, pero te está perfeccionando en cada momento mediante su gracia y su amor redentor. Aprende de Él con anhelo y sírvelo con pasión. Tu impacto llega mucho más lejos de lo que piensas.

Gracias, Jesús, por escogerme para impactar
al mundo para ti. Gracias por los dones que tengo
por medio de ti. Ayúdame a ser fiel en enseñar
a otros lo que he aprendido de tu amor.

Confianza plena

Me alegro de que puedo confiar plenamente en ustedes.
2 CORINTIOS 7:16, NVI

Hay algunas cosas en nuestras vidas que podemos meter en pequeñas cajas y organizarlas en compartimentos seguros por categorías. Sabemos cómo encaja cada una de esas cosas en nuestros planes, pero hay otras cosas que, a pesar de lo mucho que intentemos agarrarlas, nunca podemos regularlas plenamente. La vida, y todas sus circunstancias caóticas y no planeadas, pueden hacernos caer y desintegrar incluso los planes más cuidadosamente trazados. En un solo instante podemos perder el control que pasamos toda nuestra vida construyendo.

Nunca podemos poner nuestra confianza en nuestra propia capacidad para mantener el control. Solamente cuando ponemos nuestra plena confianza en Dios, abandonando nuestras propias ideas preconcebidas, podemos tener verdadera alegría en esta vida. Intentar controlar lo incontrolable es tan agotador como imposible. Nunca caminaremos plenamente en libertad hasta que renunciemos a la necesidad de liberarnos a nosotras mismas.

Dios, quiero la alegría y la libertad que provienen de poner toda mi confianza plena en tu capacidad de dirigir y guiar el resultado de mi vida. Necesito que me dirijas. No puedo tomar mis decisiones en esta vida sin ti.

Corazón firme

También ustedes, tengan paciencia y manténganse
firmes, que ya está cerca la venida del Señor.

SANTIAGO 5:8, RVC

Podemos decidir algo en nuestra mente y tener toda la intención de llevarlo a cabo, solo para perder la resolución cuando nuestro corazón es arrastrado a otro lugar. El corazón humano cambia con facilidad; es llevado de un lado a otro por la emoción y el deseo. Las distracciones del mundo intentarán rápidamente cambiar nuestro enfoque, y por eso, como hijas de Dios que se están preparando para el regreso de Cristo, debemos plantar firmemente nuestro corazón en su verdad, estando firmes en su Palabra en amor.

Si mantienes tu mente fija en la promesa de Dios y tu corazón establecido en la esperanza de la eternidad, entonces cualquier otro propósito perderá su atractivo. La realidad de la grandeza que tienes por delante superará por completo la atracción de lo que te está distrayendo. Establece tus pies firmemente en la Palabra de Dios, memorizando la Escritura y meditando en la verdad, de modo que tu propósito divino esté siempre en el primer lugar en tu corazón.

Señor Dios, escribe tu Palabra en mi corazón. Mantén
tu verdad en mi mente continuamente. Establéceme
firmemente en tu presencia para que no sea distraída
por cualquier cosa que intente apartar mi corazón de ti.

Nada de mí misma

*Dios es tan rico en gracia y bondad que compró
nuestra libertad con la sangre de su Hijo
y perdonó nuestros pecados.*

EFESIOS 1:7, NTV

Cuando bajamos la guardia y nuestras pretensiones,
y abrimos verdaderamente nuestro corazón y nuestra
mente delante de Dios, no podemos evitar sentirnos
expuestas ante sus ojos. Él conoce todo lo que hemos
dicho, todo lo que hemos pensado y todo lo que hemos
hecho, pero en esa vulnerabilidad debemos entender
que, sin importar lo que hayamos hecho ese día, esa
semana o ese año, simplemente ante sus ojos somos
consideradas amadas.

Nos resulta difícil comprender humanamente la verdad
de que no hay nada que podamos hacer para lograr que
Dios nos ame más o nos ame menos. Esta verdad que,
en teoría, debería liberarnos notablemente, al final nos
asusta. Sabemos que no tenemos el control. La belleza es
que la gracia siempre será obra de Él, y nada de nosotras.

*Padre celestial, gracias por tu gracia. Gracias porque,
a pesar de lo que haya hecho, tú solamente ves la
redención de tu Hijo cuando me miras. Gracias por
la gracia que no puedo entender, y el amor que
me rodea tan profundamente.*

Palabras poderosas

Hijo de hombre, que todas mis palabras penetren primero en lo profundo de tu corazón. Escúchalas atentamente para tu propio bien.

EZEQUIEL 3:10, NTV

Hay mucho poder en aquietar nuestra mente y escuchar la voz de Dios que nos habla directamente. Debemos aprender a reconocer su voz por encima de cualquier otro sonido. Dios tiene el poder y la capacidad de hablar a cualquier situación que estemos atravesando, bajo cualquier circunstancia.

Desde el principio del tiempo, Dios ha comenzado obras poderosas con una palabra poderosa. Cuando le escuchamos hablar, nos preparamos para que haga esas obras en nosotras y por medio de nosotras.

Señor, quiero ser alguien que hace obras poderosas para tu reino. Sé que no puedo hacerlas sin las palabras que provienen de tu boca. Que pueda escucharte y absorber tu Palabra, y sea cambiada por ella.

Permanece

SEÑOR, tú eres mi Dios;
te exaltaré y alabaré tu nombre
porque has hecho maravillas.
Desde tiempos antiguos
tus planes son fieles y seguros.

ISAÍAS 25:1, NVI

Servimos a un Dios que al final, y después de que todo haya caído y todo haya cambiado, permanecerá. En toda nuestra confusión, sufrimiento y desesperanza, tenemos la promesa duradera de servir a Aquel que siempre será más grande.

Es fácil desalentarnos en esta vida, pero cuando ajustamos nuestra perspectiva para verlo todo con el telón de fondo de un Salvador victorioso, podemos enfrentar absolutamente cualquier cosa con gran confianza y paz.

Gracias, Señor, porque en ti puedo tener la confianza de un resultado victorioso, a pesar de cuán grandes sean los obstáculos que esté enfrentando. Ayúdame a caminar como alguien segura de mi victoria, confiando plenamente en mi Salvador que la ganó para mí.

Sin castigo

No nos castiga por todos nuestros pecados;
no nos trata con la severidad que merecemos.

SALMOS 103:10, NTV

Merecemos muerte, castigo y distancia de Dios debido a nuestro pecado, pero mediante la gracia de la salvación tenemos vida, recompensa y relación con Dios. Aunque el diablo nos condena debido a nuestro pecado y hace que pensemos que hemos perdido el favor de Dios, el Espíritu Santo nos da convicción de nuestro pecado y nos conduce al arrepentimiento y a un favor mayor.

No hay ninguna condenación para nosotras en Cristo Jesús, porque Él murió para quitar nuestros pecados, nuestra culpa y nuestra vergüenza.

Gracias, Jesús, porque debido a tu muerte en la cruz puedo permanecer intachable ante los ojos del Dios todopoderoso. Te pido que pueda ser sensible a la convicción del Espíritu Santo, pero que pueda vencer la dura condenación del diablo porque estoy en Cristo, y soy una nueva creación, libre de culpa y de vergüenza.

¿Crees esto?

Y todo el que vive y cree en mí no morirá jamás.
¿Crees esto?

JUAN 11:26, NTV

A lo largo de toda la Escritura se nos promete claramente vida eterna por medio de Cristo. Pero hay algo muy penetrante en la pregunta en este versículo: «¿Crees esto?». ¿De verdad crees verdaderamente que vivirás para siempre en el cielo con Cristo?

Estamos acostumbradas a que se hagan y se rompan promesas diariamente. La falacia humana nos ha vuelto escépticas y ansiosas. Pero la hermosa verdad es que servimos a un Dios que nunca retirará su pacto con nosotros. Nuestra esperanza de vida eterna está sellada cuando ponemos nuestra confianza en Cristo.

Gracias, Padre celestial, por la vida eterna que recibo por medio de tu Hijo. Creo en ti y en lo que tú me has prometido. Calma mis temores y fortalece mi fe. Capacítame para vivir mi vida en ti, confiando en tu fortaleza y descansando en tu gran amor.

Logros

Señor, tú nos concederás la paz;
en realidad, todo lo que hemos logrado viene de ti.

ISAÍAS 26:12, NTV

Cuando reflexionamos sobre nuestra vida, recordamos lo que hemos logrado con cierto sentimiento de orgullo. Todas hemos escalado nuestras montañas, pero aquí estamos, aún de pie para contar la historia.

Al meditar con paz en nuestro corazón en las cosas del pasado, debemos recordar que no podríamos haber hecho nada de eso sin Dios. Él es quien lleva nuestras cargas, consuela nuestro corazón, fortalece nuestra resolución, y ordena nuestros pasos.

Gracias, Señor, porque has estado a mi lado en cada paso del camino. No tendría nada si no fuera por ti. Gracias por la paz que me das y por las obras que has hecho en mí. Miro adelante hacia lo que todavía tienes que lograr en mi vida.

Lo invisible

*Así que no miramos las dificultades que ahora vemos;
en cambio, fijamos nuestra vista en cosas que
no pueden verse. Pues las cosas que ahora podemos ver
pronto se habrán ido, pero las cosas que no podemos
ver permanecerán para siempre.*

2 CORINTIOS 4:18, NTV

No es fácil fijar nuestros ojos en algo que no podemos ver. Al abandonar nuestra perspectiva terrenal a cambio de otra celestial, somos cambiadas radicalmente. Si nos enfocamos únicamente en lo que está aquí en la tierra, nos veremos abrumadas rápidamente por el temor y la incertidumbre.

Si fijamos nuestros ojos en la promesa del cielo, entonces no podemos evitar ser llenas de paz, alegría y esperanza. Debemos recordar que, mientras estemos aquí en la tierra durante un poco de tiempo, el gozo del cielo será nuestra realidad eterna y bendita.

*Señor, ayúdame a fijar mis ojos en ti y en la eternidad
en lugar de hacerlo en los problemas momentáneos
que me rodean. Dame tu perspectiva.*

Una vida de risas

Él volverá a llenar tu boca de risas
y tus labios con gritos de alegría.

JOB 8:21, NTV

¿Cuándo fue la última vez que gritaste de alegría? Parece que, a medida que pasan los años, nos encontramos teniendo más responsabilidades, más tareas, más sufrimiento y, con frecuencia, más conflicto. Nuestro cuerpo se cansa, nuestra mente se agota, y nuestras emociones se acaban. Es importante en momentos de pesadez que encontremos razones para sonreír y reír.

Dios creó la risa, y es la fuente del verdadero gozo. Si sientes que no hay alegría suficiente en tu vida, toma tiempo para reflexionar en el amor de Dios por ti. Entiende que Él es un Dios misericordioso, y que se deleita en ti. Medita en la belleza de su creación, y dale gracias por las buenas relaciones que ha traído a tu vida. Encuéntralo a Él en una canción, o en la danza, o en la sonrisa de un niño. Cuando busques a Dios, encontrarás lo que necesitas. Deja que Él llene una vez más tu boca de risas.

Amado Dios, quiero volver a sentir gozo en mi vida.
Quiero ser una persona que refleje la alegría profunda
que se experimenta al conocerte a ti. Recuérdame en
este día cosas que sean buenas razones para sonreír.
Llena mi boca de risas, y mis labios de gritos de alegría.

Padre de la luz

*Toda buena dádiva y todo don perfecto descienden
de lo alto, del Padre de las luces, en quien no
hay cambio ni sombra de variación.*

SANTIAGO 1:17, RVC

En el principio, la tierra estaba vacía y la oscuridad cubría la faz del abismo. Dios transformó esa oscuridad con un mandato: «Sea la luz». Dios vio la luz y declaró que era buena. La luz es una parte magnífica de la creación de Dios. Refleja parte de la naturaleza de Dios en cuanto a que disipa la oscuridad; nada se esconde bajo la luz.

Nuestro Padre celestial es perfecto y, por lo tanto, puede darte cosas buenas y perfectas. Tal vez ya has sido bendecida por su bondad, o puede que te preguntes si has recibido algo perfecto de Él. Si dudas de su bondad (lo cual está bien a veces), recuerda que Él te ha dado el amor y la gracia perfectos en la forma de Jesucristo. Nada puede cambiar su amor; nada puede ensombrecer su misericordia. Permite que esta verdad inunde tu corazón.

*Padre celestial, gracias porque tú creaste la luz,
y eres una luz en mi mundo. Gracias por mostrarme
que eres un Dios bueno y misericordioso. Ayúdame a
aceptar que tu bondad hacia mí nunca cambiará.*

Levanta a tus líderes

Obedezcan a sus líderes espirituales y hagan lo que ellos dicen. Su tarea es cuidar el alma de ustedes y tienen que rendir cuentas a Dios. Denles motivos para que la hagan con alegría y no con dolor. Esto último ciertamente no los beneficiará a ustedes.

HEBREOS 13:17, NTV

En una sociedad en la que podemos elegir y escoger según la preferencia personal, los líderes de nuestra iglesia no tienen mucha oportunidad cuando se someten a la crítica. ¿Cuántas veces nos alejamos después de un sermón, una enseñanza o una conversación con un líder y escogemos lo que no nos gustó al respecto?

Es verdad que los líderes de las iglesias pueden mentir, engañar y murmurar tanto como cualquiera. Muchos grandes líderes han caído presa de un gran pecado y ya no se puede confiar en ellos. Sin embargo, hay también muchos hombres y mujeres de Dios maravillosos que están viviendo su llamado a «alimentar al rebaño» y «hacer discípulos de todas las naciones». Esos son los líderes que necesitan nuestras oraciones y nuestro aliento. Dios ha puesto a esas personas sobre ti para que cuiden de tu alma. ¿Estás orando por tus líderes, o solo te quejas de ellos? Sé respetuosa hacia quienes Dios ha puesto sobre ti; aprende a ser útil, y no un obstáculo.

Amado Señor, lamento cuando me he quejado demasiado acerca de mis líderes en la iglesia, o de quienes están en autoridad sobre mí. En este momento oro por ellos, Señor, para que tú los fortalezcas. Ayúdalos a mantener la integridad y dales gracia a medida que lideran.

Remedio para el cansado

*Él fortalece al cansado
y acrecienta las fuerzas del débil.*

ISAÍAS 40:29, NVI

Cuando estás sufriendo por cualquier forma de enfermedad corporal, tu cuerpo emplea la mayor parte de su esfuerzo en luchar contra la enfermedad. Como resultado, te sientes cansada y débil, algunas veces hasta el punto de no ser capaz de levantarte de la cama. Esta analogía es una buena manera de entender cómo nuestro corazón y nuestras emociones pueden sentirse cansadas y débiles cuando estamos lidiando con las presiones y dificultades de la vida.

¿Cuál es el remedio para tu cansancio y tu debilidad? Jesús. Él es quien puede restaurar una relación rota, proveer para tus necesidades, y darte paciencia cuando estás enojada y cuando estás ansiosa. Dios es tu amigo cuando estás sola, y tu Padre cuando necesitas protección. Confía en Él para todas estas cosas, y tu alma encontrará fortaleza y vitalidad para vivir al máximo.

*Jesús, los días en que me siento cansada y débil,
recuérdame que tú eres todo lo que necesito.
Gracias porque cuidas del cansado y el débil,
y gracias porque tu amor y tu poder pueden
levantarme en los momentos en que más lo necesito.
Dame tu fortaleza en este día.*

Julio

CIERTAMENTE TU BONDAD Y TU AMOR

INAGOTABLE ME SEGUIRÁN

TODOS LOS DÍAS DE MI VIDA,

Y EN LA CASA DEL SEÑOR VIVIRÉ

POR SIEMPRE.

SALMOS 23:6, NTV

Unidos en oración

Todos se reunían y estaban constantemente unidos en oración junto con María la madre de Jesús, varias mujeres más y los hermanos de Jesús.

HECHOS 1:14, NTV

Imagina cómo habría sido ser aquellas mujeres que se reunían con los apóstoles al inicio de la iglesia primitiva. Habría sido emocionante experimentar la presencia y el poder del Espíritu Santo. La emoción también habría estado mezclada con temores, dudas, y posiblemente el ridículo de los de afuera. Sin embargo, todos los seguidores de Jesús estaban unidos y oraban juntos a menudo. Aquí, no había distinción alguna entre grupos de personas o género. Todos podían desempeñar su parte en establecer el reino de Dios en la tierra.

Es importante recordar que Dios desea unidad en la iglesia del mismo modo que lo hicieron los primeros apóstoles. Si eres parte de una iglesia o comunidad de creyentes, entonces tu presencia y afirmación se necesitan para alentar a la iglesia. No permitas que el enemigo te diga que eres insignificante, o que no necesitas asistir a esa reunión de oración. Participa activamente con otros seguidores de Cristo para que también tú puedas ser alentada.

Gracias, Señor, por los creyentes que has puesto a mi alrededor. Ayúdame a hacer todo lo posible para crear unidad con ellos y alentar su fe. Danos un deseo de orar juntos para que todos podamos ser estimulados a hacer tu obra en este mundo.

Planes con propósito

*Consigue todo el consejo y la instrucción que puedas,
para que seas sabio por el resto de tu vida.
Puedes hacer todos los planes que quieras,
pero el propósito del Señor prevalecerá.*

PROVERBIOS 19:20-21, NTV

«Señor, últimamente nada ha salido según el plan». Es una oración que quizá has hecho recientemente, o con la que sin duda alguna puedes identificarte. A algunas de nosotras nos gusta planearlo todo hasta el último detalle. Si no eres una de esas personas, aun así, tienes planes en tu corazón acerca de tus metas y deseos en la vida.

El problema no está en los planes; el problema está cuando no incluyes a Dios en los planes. Dios es el autor de la vida y, por lo tanto, es quien escribe tu historia. Él tiene un propósito para tu vida, y tu tarea es caminar al lado de Él y cumplir así ese propósito. Puede ser difícil saber lo que Él quiere que hagas, incluso día a día, pero una buena manera de descubrirlo es escuchar consejos sabios y aceptar la corrección de Dios cuando te equivocas. ¡Sé sabia, y sus planes para tu vida tendrán éxito!

*Amado Señor, últimamente he estado frustrada
cuando las cosas no han salido como a mí me gustaría.
Te pido que me ayudes a incluirte más en mis planes,
para que así pueda vivir sabiamente.*

Amor que perdura

¡Alaben al Señor porque él es bueno,
y su gran amor perdura para siempre!

1 CRÓNICAS 16:34, NVI

Las relaciones románticas vienen y van; las personas pueden estar enamoradas un día, ¡y no estarlo al día siguiente! Cuando enfocamos el amor de modo egoísta, las relaciones son abandonadas cuando ya no suponen un beneficio. Eso puede suceder incluso en las amistades. Si has atravesado este tipo de sufrimiento, puede que seas un poco cínica en cuanto al amor.

Si el amor egoísta termina fácilmente, entonces el amor que perdura debe ser desprendido. Sabemos por la Escritura que Jesús fue el ejemplo supremo de la falta de egoísmo. Jesús sacrificó su vida en la cruz debido a su gran amor por nosotros. Ese es un amor que da preferencia a los demás y siempre busca lo mejor para ellos. ¿Necesitas que te recuerden que el amor de Dios por ti perdura? Él es bueno y, por lo tanto, su amor por ti es puro e infalible.

Señor, te doy gracias porque me amas con un amor
que perdura. Que pueda recordar hoy tu bondad
y tu fidelidad hacia mí. A veces me he sentido
decepcionada por el amor, pero te doy gracias
porque mi esperanza puede ser restaurada
debido a tu gran amor.

Dame libertad

*Pero ahora quedaron libres del poder del pecado
y se han hecho esclavos de Dios. Ahora hacen
las cosas que llevan a la santidad y que dan
como resultado la vida eterna.*

ROMANOS 6:22, NTV

La libertad es un lugar sin obligaciones. Libertad es
vivir exentos de deudas, restricciones y límites. Nuestra
obligación por el pecado que hemos cometido es
satisfacer la justicia. Nuestra alma no puede ser libre
sin una cancelación de nuestra deuda del pecado, y la
moneda que se demanda por un alma es la muerte.

Cuando nuestra deuda fue pagada por la muerte de
Jesús, se declaró la forma más verdadera de libertad
sobre nuestra alma. Nuestras cadenas fueron rotas,
y nuestra libertad quedó garantizada. Cuando Jesús
regresó al cielo, dejó su Espíritu con nosotros, porque
donde está su Espíritu, hay libertad.

*Padre, gracias por la libertad que me espera al abandonar
el pecado. Jesús, tú has pagado el precio por mi pecado
de una vez para siempre, y estoy eternamente agradecida
por tu sacrificio.*

Uno de nosotros

*Por el contrario, se rebajó voluntariamente,
tomando la naturaleza de siervo
y haciéndose semejante a los seres humanos.*

FILIPENSES 2:7, NVI

Cuando enfrentamos dificultades en la vida, a menudo podemos sentir que no hay nadie que realmente se identifique con lo que estamos atravesando. Algunas veces, las personas no pueden ver más allá de su propia situación para saber cómo ayudar. Tal vez has estado en una situación en la que realmente no sabías cómo ayudar a una amiga que estaba atravesando un tiempo muy difícil.

Necesitamos que nos recuerden que Jesús sabía lo que era ser humano. Él no vino como un dios entre los hombres; vino en forma humana. Eso significa que experimentó cosas físicas como hambre y cansancio, y también emociones como tristeza y alegría. Si alguien sabe acerca del sufrimiento, es Jesús. Si sientes que necesitas empatía por tu situación, míralo a Él; Él lo entiende.

Jesús, gracias por experimentar la humanidad en la tierra, de modo que eres capaz de entender totalmente mis dificultades. Tú ya conoces mis circunstancias, así que simplemente te pido que pueda sentir tu presencia en mi vida, sabiendo que tú te interesas por mí profundamente.

¡Que tiemble la cárcel!

Alrededor de la medianoche, Pablo y Silas estaban orando y cantando himnos a Dios, y los demás prisioneros escuchaban.

HECHOS 16:25, NTV

Ser encarcelado por tu fe es una de las formas más difíciles de persecución que pueden enfrentar los creyentes. Vale la pena destacar que, a pesar de los muros que los rodeaban, Pablo y Silas siguieron alabando a Dios con oraciones y canciones. Debieron haberlo hecho tan alto, que los otros prisioneros los escuchaban. Pablo y Silas pudieron ser testigos en la más grave de las circunstancias.

Nosotras somos una luz para el mundo, y Dios nos utiliza de muchas maneras diferentes. Tal vez tus circunstancias han sido difíciles últimamente, o quizá las cosas han ido muy bien. En cualquier caso, las personas están escuchando. ¿Quiénes son los prisioneros que te rodean y que necesitan ser libres por el amor de Cristo? ¿Quién necesita oír tus oraciones y tus canciones? ¿Puedes confiar en que Dios es bueno dondequiera que estés en la vida en este momento? Él te dará la fortaleza para alabarlo en todo momento.

Padre Dios, gracias porque estás conmigo en toda circunstancia. Ayúdame a recordar que lo que digo y lo que hago puede alentar a otras personas que me rodean. Dame valentía para alabarte como un testigo frente a los demás.

Liberadas y restauradas

Él fue traspasado por nuestras rebeliones,
y molido por nuestras iniquidades;
sobre él recayó el castigo, precio de nuestra paz,
y gracias a sus heridas fuimos sanados.

ISAÍAS 53:5, NVI

Cuando un juez golpea el mazo para confirmar un veredicto de culpabilidad, la persona es condenada a cualquier sentencia que se dicte. Las formas de castigo han sido distintas a lo largo del tiempo y el espacio, pero todas ellas comparten el mismo propósito: hacer que alguien sufra como consecuencia de su ofensa. Todas éramos esa persona culpable bajo el veredicto del mazo. Estábamos bajo maldición por el pecado de la humanidad.

Qué transformación más poderosa cuando Jesús vino para quitar la maldición. Jesús sufrió para liberarnos de la culpa. Su castigo nos produjo paz, y Él llevó sobre sí la vergüenza para que pudiéramos ser sanadas. Aunque da qué pensar entender lo que Jesús ha hecho por nosotras, también podemos gozarnos en nuestra libertad. ¡Jesús no sigue en la cruz! ¡Ya no estamos bajo la maldición! Si sientes el peso de tu quebranto en este día, deja que tu corazón cobre aliento sabiendo que Jesús vino para darte vida. ¡Vive en la plenitud de su amor!

Señor Jesús, gracias porque me has liberado
de la maldición del pecado para que pueda vivir
en perdón y sanidad. Traigo ante ti todo mi dolor
y mi vergüenza en este día, y te pido que me
devuelvas la salud y la integridad.

El límite de mis días

Hazme saber, Señor, el límite de mis días,
y el tiempo que me queda por vivir;
hazme saber lo efímero que soy.

SALMOS 39:4, NVI

La vida nos lanza todo tipo de cosas. Estrés, presión, decisiones y horarios muy ajetreados. Cuando estamos viviendo, apresuradamente en medio de nuestras propias vidas, olvidamos la vieja realidad de que la vida pasa con mucha rapidez. Si nos detenemos, como hizo el salmista, siendo plenamente conscientes de que la vida es fugaz, comenzamos a reconocer que lo que antes nos presionaba es realmente trivial, y lo que antes era urgente es en realidad insignificante.

Al considerar el límite de nuestros días y ser conscientes de nuestra propia existencia fugaz sobre la tierra, podemos emplear nuestras energías no en las presiones de la tierra, sino más bien en los propósitos del cielo, que perdurarán para siempre.

Enséñame, Señor, el límite de mis días.
Dame una visión eterna para que pueda vivir mi vida
para las cosas que verdaderamente importan,
y no emplear tanto tiempo persiguiendo
lo que no perdurará.

Sin tropiezo

Entrégale tus cargas al Señor,
y él cuidará de ti; no permitirá que
los justos tropiecen y caigan.

SALMOS 55:22, NTV

Todas tenemos diferentes maneras de lidiar con la preocupación. Algunas la interiorizan, otras llaman a una amiga, y hay otras que encuentran un modo de apartar su mente de la situación. Cuando llevamos nuestra preocupación a Dios y ponemos ante Él nuestros pensamientos ansiosos, Él nos alentará, nos levantará y nos sostendrá. No permitirá que tropecemos y caigamos, o seamos debilitadas por la preocupación, porque Él nos sostiene en toda situación.

El Dios que conoce el fin desde el principio no se pone nervioso por nuestra ansiedad, y no permite que la incertidumbre nos supere.

Gracias, Dios, porque me invitas a acudir a ti
cuando esté agobiada. Tú no quieres que cargue
con mi ansiedad sola. Mi futuro está asegurado
en tus manos, y lo único que tengo que hacer
es descansar en ti.

Nunca defraudada

*Y esta esperanza no nos defrauda, porque Dios
ha derramado su amor en nuestro corazón por
el Espíritu Santo que nos ha dado.*

ROMANOS 5:5, NVI

Ninguna de nosotras es ajena a ser defraudada. En la vida hemos aprendido a prepararnos para los posibles mejores y peores resultados. Sin embargo, cuando se trata de nuestra salvación, no hay ninguna necesidad de estar preparadas para la decepción, porque la esperanza que tenemos en Cristo está garantizada.

La presencia del Espíritu Santo en nuestros corazones nos recuerda constantemente esta promesa hermosa y cierta que tenemos en Cristo.

*Gracias, Dios, porque la esperanza que tengo en ti
no me conducirá a ser defraudada. Sin importar
cuántas veces me decepcione en este mundo,
sé que tu amor nunca me fallará.*

Guiada

Guiaré al ciego Israel por una senda nueva,
llevándolo por un camino desconocido.
Iluminaré las tinieblas a su paso
y allanaré el camino delante de ellos.
Ciertamente yo haré estas cosas;
no los abandonaré.

ISAÍAS 42:16, NTV

Cuando sientas que has perdido el rumbo, y tus pies no pueden sentir la senda que transitas, Dios promete que Él te guiará. Incluso si no puedes ver lo que hay por delante, y aunque el camino parezca rocoso e inseguro, Dios te guiará. El camino que parecía intransitable se volverá llano, y el camino que parecía imposible será enderezado.

Dios promete que Él hará eso por ti y mucho más porque te ama, y el suyo es un amor que nunca falla ni abandona.

Gracias por tu promesa de guiarme a pesar
de cuán imposible parezca el camino.

Dios de refugio

El que habita al abrigo del Altísimo
se acoge a la sombra del Todopoderoso.
Yo le digo al Señor: «Tú eres mi refugio,
mi fortaleza, el Dios en quien confío».

SALMOS 91:1-2, NVI

Todas aplaudimos el heroísmo del joven David cuando se enfrentó al gigante Goliat, o la valentía de Moisés cuando confrontó al faraón acerca de liberar a los israelitas. Pero ¿reconocemos que la misma seguridad que se les dio a ellos nos ha sido dada también a nosotras? Ellos eran personas comunes y corrientes como nosotras, que entendían el poder del Dios al que servían.

En cualquier cosa que estés enfrentando en este momento, Dios puede rescatarte y mantenerte a salvo en medio de esa situación.

Dios, quiero tener el tipo de confianza radical que tenían aquellos héroes de la Biblia. Dame la valentía que necesito para ser una creyente que camina en tu poder.

Purificada

*Dios mío, por tu gran misericordia, ¡ten piedad de mí!;
por tu infinita bondad, ¡borra mis rebeliones!
Lávame más y más de mi maldad;
¡límpiame de mi pecado!*

SALMOS 51:1-2, RVC

Todas deberíamos anhelar ser purificadas de nuestro pecado, porque en la limpieza de nuestra iniquidad es donde somos llevadas más cerca de Dios. Nuestro pecado puede que sea precioso para nosotras, pero cuando lo comparamos con el tesoro de la cercanía con el Padre, al instante pierde su valor.

Dios no endurece su corazón ante un creyente que se arrepiente. Cuando clamamos a Él con un remordimiento genuino, Él nos inunda de su misericordia y su amor, nos limpia de nuestro pecado, y nos hacer regresar a una relación correcta con Él.

Ten misericordia de mí, Dios. Aparta mi pecado de mí y límpiame para que pueda estar más cerca de ti.

Sin temor al futuro

Está vestida de fortaleza y dignidad,
y se ríe sin temor al futuro.

PROVERBIOS 31:25, NTV

Es natural tener miedo a lo desconocido. Puede ser aterrador no saber lo que llegara o cómo prepararse para ello; sin embargo, no tienes que tener miedo al futuro cuando sabes en quién confiar. Puedes vivir sin ansiedad acerca de lo que vendrá, porque sabes que tu vida está en las manos de Aquel que lo controla todo.

Cuando estás en Cristo, puedes sonreír ante el misterio del futuro con el corazón calmado y liberado de alguien que sabe que está asegurado.

Dios, dame la fortaleza para sonreír a los días
que llegarán. No permitas que desperdicie
mis momentos temiéndole a cosas que el temor
nunca puede cambiar. Concédeme la paz
que viene de confiar en ti.

Un asombro mayor

*Cuando contemplo tus cielos, obra de tus dedos,
la luna y las estrellas que allí fijaste, me pregunto:
«¿Qué es el hombre, para que en él pienses?
¿Qué es el ser humano para que lo tomes en cuenta?».*

SALMOS 8:3-4, NVI

La grandeza de nuestro Dios se muestra de modo majestuoso en toda su creación. Cuando miramos al cielo en la noche, a todas las estrellas parpadeantes y los planetas tan lejanos, nos damos cuenta casi al instante de cuán pequeñas somos en su universo. Sin embargo, un mayor asombro que la grandeza de la capacidad de Dios es el valor que Él da a la humanidad.

El Dios de todo esto, del universo y de todo lo que hay en él, es el mismo Dios que entregó su vida para conocernos. El Dios que hizo existir el mundo con sus palabras es el mismo Dios que habla tranquilamente a nuestro corazón. Su amor por nosotras es tan insondable como los cielos.

Padre, no entiendo por qué me amas como lo haces cuando eres tan grande como eres. Sin embargo, estoy muy agradecida de que lo hagas.

Podemos confiar

Pues la palabra del Señor es verdadera
y podemos confiar en todo lo que él hace.

SALMOS 33:4, NTV

Todas nosotras hemos experimentado nuestra parte de dolor. Hemos sido sacudidas por sueños rotos, relaciones rotas, y promesas vacías. A pesar de cuán heridas o agotadas podamos sentirnos, siempre podemos confiar en Dios con todo nuestro corazón. Él nunca nos mentirá, nos manipulará, ni nos defraudará. Él nunca retirará la palabra que nos da, ni nos abandonará o dejará de amarnos.

El Señor es siempre fiel a su Palabra. Aquel que ha sido a lo largo de los siglos es quien sigue siendo hoy. El Dios del que leemos en la Escritura, que nunca olvidó sus pactos y amó irrevocablemente, es el mismo Dios que sostiene nuestro corazón en este día.

Gracias, Señor, porque en un mundo donde la confianza
se rompe diariamente, siempre puedo confiar en ti
perfectamente. Por favor, sana mi corazón del dolor
que he experimentado para que pueda amarte
más profundamente.

Fascinación

*La gente que ama tu enseñanza
encontrará la paz verdadera;
nada los hará tropezar.*

SALMOS 119:165, PDT

El resultado natural del amor es la fascinación: ser atraídas algo tan irresistiblemente, que nada puede mantenernos alejadas. Cuando nos fascinamos con la Palabra de Dios, nos convertimos en una fuerza indestructible en el ámbito espiritual.

No podemos ser sujetas fácilmente a las mentiras del enemigo cuando nuestro corazón ha estado saturado en la verdad. Al amar las enseñanzas de Dios, su sabiduría se convierte en nuestra confianza, y su presencia en nuestra recompensa.

Dios, dame amor por tus enseñanzas. Cuando mi carne se levante contra tu verdad, ayúdame a vencerla por tu Espíritu. Que sea fascinada por ti; dame un amor por ti y por tu Palabra que no tenga rival en cualquier otro amor en mi vida.

Espero con gozo

Espero al Señor, lo espero con toda el alma;
en su palabra he puesto mi esperanza.

SALMOS 130:5, NVI

Muchas veces pensamos que la espera es difícil, incluso desagradable, pero algunas veces, esperar es maravilloso: esperar a recibir buenas noticias, esperar el nacimiento de un hijo, o la anticipación de dar un regalo especial.

Cuando lo que esperamos es algo bueno, la espera en sí misma es un regalo. Es así como debemos esperar al Señor. Con toda nuestra esperanza en Él, el resultado está asegurado. El resultado es la eternidad. Que cada parte de nosotras espere en Él con gozosa anticipación.

Señor, ¡me encanta esperarte a ti!
Como sé que tú das solamente bondad,
puedo esperarte para siempre.
Tu Palabra es mi esperanza, y promete luz
y vida para siempre contigo.
Espero con gratitud y gozo.

Bueno y perfecto

Todo lo que es bueno y perfecto es un regalo que desciende a nosotros de parte de Dios nuestro Padre, quien creó todas las luces de los cielos. Él nunca cambia ni varía como una sombra en movimiento.

SANTIAGO 1:17, NTV

Toma los próximos minutos para hacer una pausa y considerar todo lo bueno y toda la belleza que hay en tu vida. Tal vez estás en un periodo que hace que eso sea fácil, o tal vez es un tiempo que no sientes particularmente como «bueno y perfecto».

Las peonías en junio, el guiño de la luna creciente, amar y ser amada, esas cosas son regalos de Dios. Tu Padre es un padre bueno, el dador de cosas buenas. Esto no cambia, incluso cuando cambian tus circunstancias.

Señor, cada día envías regalos, recordándome que eres bueno y que soy tuya. Ayúdame a ver tus regalos incluso a través de las lágrimas. Tú eres constante; eres perfecto. Gracias por amarme.

Lágrimas convertidas en alegría

Los que siembran con lágrimas
cosecharán con gritos de alegría.

SALMOS 126:5, NTV

En tiempos de tristeza, ya sea por un sufrimiento presente o el recuerdo de otro distante, puede parecer que el dolor nunca terminará. No hay palabras de consuelo, a pesar de cuán ciertas o bien intencionadas sean, que puedan llevarse el dolor.

Esos son los momentos en que solo necesitamos acudir al regazo de nuestro Abba y permitir que su amor y sus promesas nos rodeen dándonos consuelo. Él no nos dirá cuándo, pero sí nos asegura que volveremos a gritar de alegría.

Padre, hay días en que todo es demasiado.
Este mundo produce mucha dificultad, desafío
y tristeza; tan solo quiero descansar en tus brazos.
¡Cuán maravilloso es saber que puedo hacerlo!
Tú me abrazas fuerte y susurras tus promesas a mi oído:
«Volverás a reír. Puede que ahora llores,
pero un día gritarás de alegría».

Aceptación incondicional

*Por tanto, acéptense mutuamente, así como Cristo
los aceptó a ustedes para gloria de Dios.*

ROMANOS 15:7, NVI

*Ojalá ella criticara menos. Ojalá él compartiera más
sus sentimientos.* No es fácil enumerar las maneras en
que otras personas podrían cambiar para mejor, ¿no es
cierto? Sabemos que somos llamados a vivir en armonía
los unos con los otros, pero nuestros «otros» pueden
hacer que sea realmente difícil.

Sin embargo, necesitamos aceptarnos los unos a los
otros… como Cristo nos aceptó. Jesús nos acepta
tal como somos: personas quebradas, imperfectas
y pecadoras. Si es así como el Salvador nos recibe,
¿quiénes somos nosotras para poner condiciones
para aceptar a otra persona?

*Señor, gracias por aceptarme tal como soy.
Tú ves todos mis errores y aun así me amas.
Ayúdame a ver a otros como tú los ves
y a glorificarte mediante
tu aceptación incondicional.*

Un corazón que se interesa

*Pues Dios trabaja en ustedes y les da el deseo
y el poder para que hagan lo que a él le agrada.*

FILIPENSES 2:13, NTV

¿Cuál fue tu último acto de bondad al azar? Si le compraste una hamburguesa a una persona sin techo, hiciste un donativo para cavar un pozo en África, o simplemente sonreíste a un desconocido en el pasillo del supermercado, esos impulsos son evidencia del Espíritu que está trabajando en tu vida.

Mientras más sintonicemos con Dios, más obrará Él en nosotras. A medida que enfocamos nuestros pensamientos en su perfecto amor y lo miramos a Él en busca de inspiración, Él nos da oportunidades, grandes y pequeñas, para expresar su amor a otros.

*Dios, en este día te doy gracias por darme un corazón
que se interesa. Ayúdame a ver y aprovechar
las oportunidades que tú pones delante de mí
para compartir tu amor y tu bondad,
hoy y cada día.*

Él nunca duerme

Él no permitirá que tropieces;
el que te cuida no se dormirá.

SALMOS 121:3, NTV

¿Cuánto tiempo puedes pasar sin dormir? La mayoría de nosotras hemos pasado una noche al menos, pero también nos derrumbamos, agotadas, en cuanto pudimos. Sin importar cuán importante sea la tarea, o cuán fundamental sea la vigilia, todas tenemos que tomar un descanso al final.

Todas excepto Dios. Aquel que cuida de ti, quien se asegura de que no tropieces cuando subes la montaña de este día, nunca deja de mirarte. Siempre y para siempre, noche y día, Él te tiene en sus brazos.

Padre, hoy me maravillo al entender que nunca
apartas tu mirada de mí. Tienes mi eternidad
en tu corazón, y no dejarás que caiga.
A pesar de cuáles sean mis errores,
tú siempre estás preparado para guiarme
de nuevo al camino correcto. Gracias, Señor,
por tu presencia constante.

Ninguna oscuridad

Este es el mensaje que hemos oído de él
y que les anunciamos: Dios es luz y
en él no hay ninguna oscuridad.

1 JUAN 1:5, NVI

En una oscuridad total, instintivamente buscamos la luz. Agarramos nuestro teléfono, buscamos a tientas una linterna, o encendemos una vela. Con una única fuente de luz, la oscuridad puede ser vencida. Podemos encontrar nuestro camino.

Este mismo principio se aplica a nuestro corazón. Dios es luz pura, y con Él podemos vencer cualquier oscuridad que enfrentemos. Ninguna tentación, ninguna adicción y ningún pecado es demasiado poderoso para que Dios no pueda conquistarlo.

Padre, sé que dondequiera y cuando enfrente oscuridad,
solamente necesito buscar tu rostro.
Tú eres todo bondad, todo pureza y todo luz.
Te entrego a ti mi batalla con la oscuridad,
y te pido que me ayudes a vencerla.
Quiero vivir en tu luz pura.

Él te escogió

Tú, Señor, eres mi todo;
tú me colmas de bendiciones;
mi vida está en tus manos.
Primoroso lugar me ha tocado en suerte;
¡hermosa es la herencia que me ha correspondido!

SALMOS 16:5-6, DHH

Si eres una seguidora de Cristo, Dios te escogió precisamente en tiempo y modo para invitarte a unirte a su familia. Recibiste la invitación más prestigiosa y deseada de la historia. Él te escogió a ti.

Tal vez simplemente deseabas más significado en tu vida, y Él te dirigió a una comunidad cristiana. Quizá necesitabas un cambio de vida radical, abandonar una adicción u otro patrón destructivo, y sentiste que Él te sacaba de la oscuridad. Independientemente de cómo haya sucedido, Él te llamó por tu nombre, y ahora eres suya.

Señor, nunca podré entenderlo: me escogiste a mí.
Me sacaste de la oscuridad y me llevaste a la luz,
el amor y la esperanza. Soy tuya,
hoy y para siempre. ¡Gracias!

Él te adoptó

Dios decidió de antemano adoptarnos como miembros de su familia al acercarnos a sí mismo por medio de Jesucristo. Eso es precisamente lo que él quería hacer, y le dio gran gusto hacerlo.

EFESIOS 1:5, NTV

Los hijos adoptados nunca tienen que preguntarse si fueron deseados. Crecen con la seguridad de que sus padres los escogieron. Qué bendición.

Como hija de Dios, tienes garantizado ese mismo conocimiento tan maravilloso. Eres su hija adoptada, escogida especialmente para agradarlo a Él. No para lograr alguna gran hazaña ni para cumplir un propósito grandioso, sino simplemente porque Él te quiso.

Padre, no puedo creer que me hayas escogido. Con todos mis defectos y todas las veces en que voy por mi propio camino, me sorprende que me llames tu hija amada. Saber que te agrado solamente por ser yo misma es una de las mayores alegrías de mi vida.

Él te cubrirá

Con sus plumas te cubrirá
y con sus alas te dará refugio.
Sus fieles promesas son
tu armadura y tu protección.

SALMOS 91:4, NTV

Como un águila, Dios nos cubre debajo de sus alas protegiéndonos de las tormentas y los ataques. La imagen es muy potente y, sin embargo, también es tierna. Cuán maravilloso es ser protegida en su pecho, ¡disfrutando su calidez!

¿Descansas en esta promesa de protección, o batallas sacando siempre la cabeza para ver qué peligros están al acecho? Tal vez has intentado dejar el nido y cuidar de ti misma. En ese caso, regresa al lado de Él. Acepta su protección.

Señor, tú eres mi refugio. Gracias por darme un lugar seguro y cálido donde esperar las tormentas de la vida. Perdóname por las veces en que me resisto a ti, creyendo que puedo hacer las cosas yo sola. Tus alas son mi armadura, y son mi protección.

Reposo y seguridad

*La justicia hará posible la paz; la justicia redundará
en reposo y seguridad para siempre.*

ISAÍAS 32:17, RVC

Reposo y seguridad. Solamente decir esas dos palabras
juntas puede producir consuelo; pero también pueden
producir desesperación si parecen estar fuera de nuestro
alcance. Entonces, ¿cómo podemos reclamarlas?

La justicia hará posible la paz, el reposo y la seguridad.
Para siempre. Justicia es una palabra importante,
de la que quizá te hayas mantenido alejada. En ese
caso, acércate. Justicia no es un ideal inalcanzable de
perfección o superioridad. Se trata de poner a Dios
primero, y vivir de una manera que le dé honra a Él. A
cambio de tu honra, Él ofrece el reposo y la seguridad
que anhelas.

*Señor, quiero vivir una vida justa. No solo por la paz
que tú ofreces a cambio, o la seguridad de tu amor
por mí, sino porque tú eres Dios, quien merece
toda mi honra y devoción.*

¿Por qué?

*Así como no sabes por dónde va el viento
ni cómo se forma el niño en el vientre de la madre,
tampoco entiendes la obra de Dios,
creador de todas las cosas.*

ECLESIASTÉS 11:5, NVI

«¿Por qué?». Esto nos recuerda a un niño pequeño que acaba de comprender el significado y el poder de estas palabras tan cortas y maravillosas. Una y otra vez, a todo lo que oye responde: «¿Por qué?».

A medida que crecemos, aprendemos a dejar de preguntar por qué tantas veces, pero en nuestra mente mantenemos un potente deseo de saber. Está en la naturaleza humana. Sin embargo, cuando se trata de la mente de Dios, no podemos satisfacer este deseo. Su mente, sus caminos, no pueden ser conocidos. Aceptar e incluso abrazar esta verdad es una señal de crecimiento espiritual.

¡Padre, anhelo conocerte! Incluso con respecto a lo que no puedo conocer, mi alma clama: «Pero ¿por qué?». Por favor, ayúdame a disfrutar de esa curiosidad, Señor. Ayúdame a descansar en tu soberanía.

Un café con Dios

Muy de mañana me levanto a pedir ayuda;
en tus palabras he puesto mi esperanza.

SALMOS 119:147, NVI

¿Cómo es la mañana para ti? ¿Te levantas antes de lo necesario, deseosa de que comience tu día, o es el botón de pausa en el despertador tu mejor amigo? Si estás en el primer grupo, ¿comienzas tu día con Dios?

Numerosas veces en la Escritura se nos alienta a ser personas mañaneras. Para algunas, este consejo ni siquiera es necesario; para otras, parece imposiblemente fuera de su alcance. «Es que yo no soy así», decimos. En ese caso, tal vez es necesaria una remodelación. Si supieras que tienes una cita para tomar un café con el Padre, ¿acaso necesitarías la alarma del despertador?

Señor, no quiero perderme ni un minuto contigo.
Comenzar mi día en tu Palabra, empapándome de
tu sabiduría, es un gozo y un privilegio.
Ya sea por primera vez o por milésima vez,
deseo pasar los primeros minutos
de cada día a solas contigo.

Amor auténtico

Fuera de ti, desde tiempos antiguos
nadie ha escuchado ni percibido,
ni ojo alguno ha visto,
a un Dios que, como tú,
actúe en favor de quienes en él confían.

ISAÍAS 64:4, NVI

Autenticidad. Importa, ¿no es cierto? Nos preguntamos si la gema, la bolsa, la promesa, es auténtica. Todas hemos oído la expresión: «Si es demasiado bueno para ser verdad, probablemente no lo es», de modo que examinamos detalladamente a las personas y las posesiones en nuestra vida, buscando autenticidad.

Qué gran consuelo podemos tener en nuestro Dios: ¡el único Dios verdadero! Todas sus promesas son verdad; todos sus dones son buenos. Su amor es auténtico, y está a nuestra disposición.

Señor, tú eres Dios. El único, el Dios todopoderoso.
¿Quién soy yo para que actúes a mi favor,
para que hables a mi vida? Y, sin embargo,
lo haces. Que mi amor por ti sea auténtico,
y que mis palabras de alabanza
sean verdaderas.

Agosto

BENDITO EL HOMBRE QUE CONFÍA EN EL SEÑOR

Y PONE SU CONFIANZA EN ÉL.

SERÁ COMO UN ÁRBOL PLANTADO

JUNTO AL AGUA, QUE EXTIENDE SUS RAÍCES

HACIA LA CORRIENTE.

JEREMÍAS 17:7-8, NVI

Organizador

Ahora, pues, busquen al Señor su Dios de todo corazón y con toda el alma.

1 CRÓNICAS 22:19, NVI

El mes de agosto crea un sentimiento de ansiosa anticipación. El verano comienza a concluir, y con septiembre, por lo general, llegan nuevos comienzos. Hay emoción en el aire cuando los autobuses escolares encienden sus motores, las temporadas deportivas se ponen en marcha, y los planes para las festividades van y vienen. Así que agosto puede ser un momento estupendo para volver a la rutina.

Agosto puede significar que tus mañanas comienzan una media hora antes para pasar tiempo en la presencia de Dios. O encuentras tiempo por la tarde para dar un paseo rápido para orar. O empiezas una cadena de oración con mujeres que conoces para orar unas por otras con el paso de los meses. Cuando dedicas tiempo al Señor, conversar con Él se convierte en parte de tu día a día, una necesidad de ver que tu día está completo. ¡Ah, y cómo le agrada al Señor que pasemos tiempo en su presencia!

Señor, ayúdame a ser más intencional en cuanto a reunirme contigo. Sé que siempre estás listo para pasar tiempo conmigo, y quiero que estar contigo sea una prioridad para mí. Gracias por tu paciencia conmigo y tus amables recordatorios de que me estás esperando.

Cuenta tu historia

Que lo digan los redimidos del Señor,
a quienes redimió del poder del adversario.

SALMOS 107:2, NBLA

¿Cuál es tu historia? Ya sea tan compleja que apenas sabes por dónde empezar, o piensas que es demasiado insignificante para contarla, ten por seguro que es importante.

Desde el principio, Dios te tenía en mente. Él te planeó hasta el más mínimo detalle. Él te ha amado para siempre. La forma en que descubriste esta hermosa verdad, o la forma en que actualmente se está desplegando, tiene mucha importancia. Comienza contándotela a ti misma, y prepárate para compartirla cuando llegue el momento.

Señor, cuando considero tu historia,
la mía parece muy pequeña. Que me escogieras
para ser parte de ella es demasiado maravilloso
de entender. Gracias por mi historia, Padre.
Que pueda aprender a verla como tú:
importante, hermosa y digna.

Abierta, elevada y amada

El Señor abre los ojos a los ciegos,
El Señor levanta a los caídos,
El Señor ama a los justos.

SALMOS 146:8, NBLA

A nuestro Dios le encanta restaurar la vida a su creación. Cuando Jesús vino a la tierra, sanó muchas necesidades físicas. Más que la sanidad física, Jesús vino para restaurar nuestro quebranto espiritual. Él abrió ojos a la verdad, ministró a los pobres de espíritu, y restauró la justicia a los creyentes.

Qué bendecida eres. Él ha abierto tus ojos, siempre te levantará en momentos de dificultad, y te ama porque has escogido el camino de la justicia. Permite que el Dios de ánimo y restauración sea tu fortaleza hoy.

Dios, tú has abierto mis ojos a la verdad;
tú has perdonado mis pecados, y me amas.
Algunos días me he caído más que otros,
y hoy necesito que una vez más
traigas restauración a mi cuerpo y mi alma.
Gracias por levantarme y animarme
en el camino de la justicia.

Sus riquezas

*Y este mismo Dios quien me cuida suplirá
todo lo que necesiten, de las gloriosas riquezas
que nos ha dado por medio de Cristo Jesús.*

FILIPENSES 4:19, NTV

Las riquezas del Señor se encuentran en su bondad, su
gracia y su soberanía como rey sobre todas las cosas.
Dios siempre es capaz de proveer para todas nuestras
necesidades. A veces, podemos sentir que no somos
dignas de recibir del Señor. Otras veces nos resulta difícil
confiar y nos preocupamos por nuestras necesidades.

La buena noticia de Jesucristo es que Él nos ha dado
acceso al trono de Dios. Tú eres una hija del Rey, y Él
te ofrece sus riquezas. Lo único que tienes que hacer es
amarlo, pedirle y confiar en su bondad. Él ha prometido
cuidar de ti.

*Dios todopoderoso, tú eres soberano y bueno.
Gracias por querer cuidar de mí. Hay cosas que siento
que necesito ahora mismo y te las pido a ti.
Te pido que aligeres mi carga mientras continúo
confiando en ti cada día.*

Satisfecha

Tu amor es mejor que la vida;
por eso mis labios te alabarán.
Te bendeciré mientras viva,
y alzando mis manos te invocaré.
Mi alma quedará satisfecha
como de un suculento banquete,
y con labios jubilosos te alabará mi boca.

SALMOS 63:3-5, NVI

Hay momentos en nuestra vida en los que realmente necesitamos respuestas o un cambio, y a veces solo queremos ser bendecidas. Nuestro Padre amoroso dice que tan solo pidamos.

Dios quiere darnos buenos regalos. Quizá no quieres pedir cosas porque sientes que son demasiadas, o demasiado concretas. Pero Dios es capaz de manejar nuestras peticiones; Él no nos dará cosas que nos hagan daño o que vayamos a usar para nuestro propio interés egoísta. Él sabe qué es lo mejor para nosotras. Su amor es mejor que la vida misma, y Él sabe exactamente cómo satisfacernos.

Señor, hay muchas cosas que necesito
y muchas cosas que quiero.
Te pido por ellas ahora porque sé
que eres un Padre amoroso que quiere
responderme hoy.

Restauración completa

Bendice, alma mía, al Señor,
Y no olvides ninguno de Sus beneficios.
Él es el que perdona todas tus iniquidades,
El que sana todas tus enfermedades.

SALMOS 103:2-3, NBLA

Nuestro Dios es un Dios de restauración. Él nos muestra su bondad, mediante su amor, en que cuida de todo nuestro ser. Dios no solo quiere restaurar el tener una buena relación contigo, sino que también quiere restaurar la salud de tu cuerpo.

Cuando somos débiles espiritualmente o físicamente, a veces quizá se nos olvidan las promesas de Dios. En esas ocasiones piensa en su carácter; recuerda que es un Padre amoroso que quiere lo mejor para ti. Alábale con todo tu corazón, tu alma y tu mente, y observa cómo Él lleva restauración a las áreas de tu vida que más la necesitan.

Padre celestial, te alabo con todo mi ser.
Recuerdo tu bondad hacia mí,
y te pido que me muestres tu misericordia.
Perdona mis pecados y renueva mi corazón.
Sana mi cuerpo y restaura mi salud.

Todas las oraciones cuentan

Oren en el Espíritu en todo momento,
con peticiones y ruegos.

EFESIOS 6:18, NVI

A menudo, somos demasiado analíticas con nuestras oraciones. Pensamos que debemos hacer que suenen sofisticadas o humildes. Podemos tratar la oración como si fuera dinero: no queremos gastarlo en las cosas equivocadas. Puede que no seamos capaces de confiar en nuestras intenciones cuando oramos, pero Dios ve nuestro corazón.

El Señor quiere que hables con Él en todo momento y con todo tipo de oración. A veces, nuestra oración es un clamor rápido pidiendo ayuda, ¡y otras veces es una sesión de adoración de una hora! Al margen de qué tipo de oración sea, Jesús siempre estará presente para escucharte.

Jesús, no siempre sé cómo orar, lo corta
o lo informal que pueda ser, o qué cosas
son aceptables poner en oración.
Gracias por recordarme que verdaderamente
no importa. Lo que importa es que abra
mi corazón a ti todo el tiempo
y reconozca que te necesito en
todas las áreas de mi vida.

Una oportunidad para el gozo

*Amados hermanos, cuando tengan que enfrentar
cualquier tipo de problemas, considérenlo
como un tiempo para alegrarse mucho
porque ustedes saben que, siempre que
se pone a prueba la fe, la constancia tiene una
oportunidad para desarrollarse.*

SANTIAGO 1:2-3, NTV

No es fácil enfrentar los problemas con gozo, a menos
que entendamos que esas cosas nos van a ayudar
para bien. Una de las mejores cosas que vienen de los
problemas es que somos probadas. Y, aunque la prueba
parece algo que en principio nos produce ansiedad,
cuando pasamos, tenemos más confianza de la que
teníamos antes.

La resistencia es una cualidad crucial para mantenernos
firmes en nuestra fe en los momentos difíciles. En lugar
de rendirte cuando lleguen los problemas, aférrate a tu
fe en Jesús y pídele al Espíritu Santo que te ayude en los
tiempos de dificultad.

*Señor, ha habido veces últimamente que he sentido
que mi fe realmente está siendo probada.
Ayúdame a considerar mis desgracias como una
oportunidad para apoyarme en ti y desarrollar mi
resistencia. Dame gozo en medio de mis problemas,
sabiendo que vienen cosas mejores.*

Saciada

Se alegrarán el desierto y el sequedal;
se regocijará el desierto y florecerá como el azafrán.

ISAÍAS 35:1, NVI

Hay veces en la vida en que sentimos que siempre nos estamos esforzando y que nunca llegamos a ningún lugar, que tenemos sed de algo más, pero seguimos sintiéndonos secas. Dios ha prometido que habrá un día en el que los redimidos ya no tendrán sed de satisfacción, ya que todo lo que deseamos será satisfecho.

Antes de ese día, sin embargo, Dios sigue dispuesto y es capaz de darte un oasis en el desierto y darte señales de vida en cualquier tipo de «desierto» en el que te encuentres. Al igual que la promesa que Jesús le hizo a la mujer en el pozo, el agua que Él da es eterna y se convierte en nosotras en una fuente de agua que salta para vida eterna.

Dios, gracias por el agua que me das para satisfacer mi alma. Quiero beber de tu pozo eterno para poder soportar los momentos de desierto y experimentar crecimiento en tiempos de sequedad.

Luz del amanecer

Para los justos la luz brilla en las tinieblas.
¡Dios es clemente, compasivo y justo!

SALMOS 112:4, NVI

Estar despierta en mitad de la noche puede ser difícil, ya que a menudo surgen miedos irracionales de peligros, pensamientos inquietantes, o un espíritu intranquilo. Por el contrario, los primeros rayos de luz en la mañana traen paz, esperanza y gozo.

La vida no siempre parece estar llena de esperanza y gozo, especialmente cuando has experimentado dolor, ansiedad o depresión; sin embargo, la verdad de Dios es que aún en tus momentos de oscuridad su luz brillará para ti. Gracia, compasión y justicia te pertenecen si permites que Jesús haga brillar su vida en tu corazón.

Jesús, a veces me desespero por la oscuridad
de este mundo. En esos momentos,
decido confiar en la luz que traes a mi vida
y al mundo. Permíteme experimentar
la esperanza y el gozo que vienen
con el amanecer.

Teología del trueno

Dios hace tronar su voz y se producen maravillas:
¡Dios hace grandes cosas que rebasan
nuestra comprensión!

JOB 37:5, NVI

El trueno es poderoso, misterioso e imponente. No es de extrañar que la voz de Dios se describa de esta forma. Con su voz, Él creó los cielos y la tierra. Su voz puede ordenar que todas las cosas se sometan a su voluntad.

A lo largo de la historia, Dios ha hecho grandes cosas, y es capaz de hacer grandes cosas hoy. ¿Cuáles son esas grandes cosas que has estado pidiendo en tu vida? ¿Crees que Él puede hacerlas? Al igual que el trueno, quizá no comprendemos del todo cómo obra Dios, pero sabemos que está presente y es poderoso. Confía en que Él hará grandes cosas.

Dios todopoderoso, tú creaste los cielos y la tierra.
Tú eres poderoso y digno de mi alabanza.
Gracias por hacer grandes cosas en mi vida
y en el mundo que me rodea.
Enséñame a adorarte como el Dios
asombroso que eres.

Horno ardiente

*Si nos arrojan al horno ardiente, el Dios
a quien servimos es capaz de salvarnos.
Él nos rescatará de su poder, su majestad.*

DANIEL 3:17, NTV

¡Qué confianza tuvieron Sadrac, Mesac y Abednego
en que el poder de Dios los rescataría del horno
ardiente! No solo rehusaron adorar al ídolo del rey, sino
que estuvieron dispuestos a pasar por el fuego para
demostrar el poder de su Dios.

No será muy probable que tengas que pasar literalmente
por llamas de fuego por Dios, pero Él honrará tu decisión
de defender tu fe en Él. Tal vez te sientas presionada
por la mayoría que quiere que vivas de cierta manera,
que aceptes otras religiones, y que comprometas tus
estándares. Anímate sabiendo que nuestro Dios es
el Dios que salvó del fuego milagrosamente a estos
hombres fieles, y que Él es el único digno de alabanza.

*Amado Dios, dame una fe tan fuerte
como la de estos tres hombres.
Ayúdame a mantenerme firme delante de los ídolos
de este mundo y a aferrarme a mi creencia en ti.
Quiero servirte durante el resto de mis días,
y te pido protección a lo largo del camino.*

Mi redentor vive

Yo sé que mi Redentor vive,
Y al final se levantará sobre el polvo.

JOB 19:25, NBLA

Si estás familiarizada con la historia de Job, sabrás que Dios le permitió sufrir en gran manera; perdió a su familia, su salud, y su riqueza. Podemos empatizar con Job al verlo luchar con su entendimiento de Dios y la futilidad de la vida.

En medio del sufrimiento, lo único a lo que quizá podamos aferrarnos sea a una declaración. Aunque Job no podía entender su sufrimiento ni los caminos de Dios, sabía en su corazón y declaró con sus labios: «Mi Redentor vive». Anímate al permanecer en esta declaración. Dios es el que finalmente tiene la última palabra para tu vida y para esta tierra, ¡y puedes afirmar con valentía que Él vive!

Señor y Dios, gracias por los hombres y las mujeres
que caminaron en esta tierra antes que nosotras,
y que demostraron una fe sorprendente en medio
de su sufrimiento. Declaro ahora, Señor,
en medio de las dificultades de mi vida,
¡que mi Redentor vive!

Contentamiento en todas las circunstancias

Sé lo que es vivir en la pobreza, y lo que es vivir en la abundancia. He aprendido a vivir en todas y cada una de las circunstancias, tanto a quedar saciado como a pasar hambre, a tener de sobra como a sufrir escasez.

FILIPENSES 4:12, NVI

¿Cuál es el secreto que Pablo entendió acerca del contentamiento, y por qué vas a necesitarlo en tiempos de abundancia? El defecto tanto de la pobreza como de la riqueza es que siempre queremos más.

El secreto del contentamiento de Pablo era que había experimentado la provisión de Dios de sus necesidades espirituales, emocionales y físicas, y sabía que no necesitaba nada más que confiar en el Señor Jesucristo. Tú no necesitas más para ser feliz. Jesús es más que suficiente para ti. Una vez que entiendes eso, puedes decir, al igual que Pablo, que has aprendido el secreto del contentamiento.

Amado Señor, por favor perdóname por tener una actitud de siempre querer más. Sé que tú me has dado todo lo que necesito y que estás cuidando de mí. Te pido contentamiento en mi corazón a medida que confío en ti en todas las cosas.

Escudríñame

Escudríñame, oh Dios, y conoce mi corazón;
Pruébame y conoce mis inquietudes.
Y ve si hay en mí camino malo,
Y guíame en el camino eterno.

SALMOS 139:23-24, NBLA

Escudriñar implica mirar en cada lugar disponible para ver lo que hay. Pedirle a Dios que escudriñe tu corazón significa que lo estás invitando a conocer todo lo que hay en él. La vulnerabilidad no es fácil, particularmente cuando estamos lidiando con el orgullo o cuando queremos esconder sentimientos dolorosos o incluso pecado.

Por supuesto que Dios ya conoce tu corazón, así que no tiene sentido esconderte de Él. Pero, cuando lo invitas a entrar, estás reconociendo que podrías necesitar que Él te muestre cosas de tu corazón y de tu mente que necesitan su amor y su guía. Has de saber que, al rendirte a Él, su amor cubrirá todo error y te guiará en el camino eterno.

Escudríñame, oh Dios, y conoce mi corazón.
Ayúdame a dejar de lado mis pensamientos
de ansiedad y mis malos caminos.
Quiero ser guiada en tu camino eterno.

Amor correspondido

A los que me aman, les correspondo;
a los que me buscan, me doy a conocer.

PROVERBIOS 8:17, NVI

Con Dios, nunca tenemos que preocuparnos por ser la que concede un amor no correspondido. Siempre sabemos, con absoluta certeza, que nuestro amor, al margen de cuán apasionado sea, se nos devuelve de manera más apasionada aún. Dios ama a los que le aman, y quiere que lo busques. Pero incluso más que eso, Él anhela que lo encuentres.

No creas que cuando clamas a Él estás hablando al aire. Él te escucha y te ama. Él se entrega a ti. Continúa amándolo. Sigue en tu búsqueda de Él. Él se entregará a ti incluso con más abandono del que puedas imaginar.

Jesús, gracias por amarme perfectamente.
Gracias por darte a mí plenamente.
Gracias porque me has abierto un
camino para que pueda entrar en tu gloria
y ser amada por ti para siempre.

Alabanza continua

¡Alabado sea el nombre del Señor
desde la salida del sol hasta su ocaso!

SALMOS 113:3, RVC

¿Cómo sería si fuéramos personas que alaban al Señor desde que se despiertan cada mañana hasta que se acuestan por la noche? No solo estaríamos agradando a Dios al adorarlo constantemente, sino que también produciríamos un gran cambio en nuestro aspecto personal.

La alabanza continua e intencional solo puede dar como resultado de forma natural un gozo intencional y continuo. Cuando decidimos mirar cada momento como un tiempo en el que debemos estar agradecidas y adorar, encontraremos en ello belleza, gozo y satisfacción.

Señor, te alabo por tu amor por mí.
Te pido que me ayudes a ser alguien
que te alabe todo el día,
cada día. Te pido que cultives en mí
aprecio por tu bondad y anhelo de
adorarte constantemente.

Dios piadoso

Por eso el Señor los espera, para tenerles piedad;
por eso se levanta para mostrarles compasión.
Porque el Señor es un Dios de justicia.
¡Dichosos todos los que en él esperan!

ISAÍAS 30:18, NVI

Podemos llegar a estar tan abrumadas con nuestra vergüenza, problemas o ideas equivocadas que nos perdamos la verdad más sencilla y hermosa: nuestro Dios tiene un gran deseo de mostrarnos piedad. Él no anhela mostrarnos su enojo o su castigo. No nos levanta para mostrarnos su poder y su terrible grandeza; Él nos levanta para mostrarnos compasión.

Cuando entramos en la presencia de Dios con este punto de vista, su amor nos humilla a pesar de su justicia, porque el castigo que merecemos ha sido superado por la gracia que anhela darnos.

Me humillo ante el poder de tu gracia para conmigo.
Ayúdame a esperar en ti y a confiar siempre
en tu gracia y tu compasión más que en mi propia
fortaleza y capacidad de ser buena.

Gozo completo

Por tanto, ahora ustedes tienen también aflicción;
pero Yo los veré otra vez, y su corazón se alegrará,
y nadie les quitará su gozo.

JUAN 16:22, NBLA

El gozo que viene de la presencia del Señor es un gozo que no nos pueden quitar. Cuando recordamos lo que Cristo ha hecho por nosotras, y pensamos en cómo su gracia ha cambiado el rumbo eterno de nuestra vida, no podemos hacer otra cosa que estar llenas de un gozo irreprimible.

Tal vez batallamos en los días difíciles, en los que nuestra vida es compleja, para ver el gozo de nuestra salvación. Pero llega un día en el que Jesús regresará a esta tierra para arreglarlo todo, y ese día experimentaremos un gozo completo.

Gracias, Jesús, por el gozo de mi salvación.
Gracias porque, en tu presencia,
nadie me puede quitar mi gozo.
Anticipo ese día en el que te veré
cara a cara, en plenitud de gozo.

Jesús te mantiene en la carrera

No teman; aunque ustedes han hecho todo este mal,
no se aparten de seguir al SEÑOR,
sino sirvan al SEÑOR con todo su corazón.

1 SAMUEL 12:20, NBLA

A menudo lo pasamos mal, pensando que tenemos que perdonarnos a nosotras mismas porque nos falta paz debido a los pecados que cometimos en el pasado. La cuestión es esta: el perdón de Jesús es lo que importa, y si Jesús te hace libre, no tienes opinión en el asunto nunca más. Jesús perdonó tus pecados. Él limpia el polvo de tus rodillas, te besa y te venda las heridas. Ahora puedes volver a correr.

Al correr, nunca te detengas por causa de la desesperanza o la duda. Nunca sueltes la mano del arado por sentirte indigna. Nunca te ganaste el derecho de servir a Dios. Jesús es el que te compró, y es Él quien te perdonó. Si el que juzgará todas las cosas ha declarado que eres limpia, entonces eres una novia inmaculada.

Dios, ayúdame a servirte con todo mi corazón.
Libérame de la condenación y la aflicción.
Ayúdame a conocer verdaderamente tu amor
y tu perdón. Gracias por redimirme
y atraerme a ti.

Totalmente consagrada

*Solamente él es tu Dios, el único digno de tu
alabanza, el que ha hecho los milagros poderosos
que viste con tus propios ojos.*

DEUTERONOMIO 10:21, NTV

En la inauguración del rascacielos más nuevo de la
ciudad, las multitudes se reunieron para celebrar el hito
arquitectónico y de ingeniería, comercio y creatividad.
El sol brilla sobre el puesto de observación mientras las
autoridades cortan la cinta amarilla de dedicación. Detrás
de él están algunos de los muchos obreros, diseñadores
e ingenieros cuya imaginación, perspicacia y experiencia
contribuyeron a convertir unos meros bocetos en una
realidad. Pero solo un experto, el arquitecto, puede en
verdad recibir el crédito por el comienzo del edificio. Él lo
conoce íntimamente. Todos los que están a su alrededor
son alcanzados por los focos, y el arquitecto se pierde en
el ruido y el clamor de la gloria.

Tu conoces a este arquitecto. Es tu diseñador: el responsable
de tu gran altura y tus muchas bendiciones. *Solo Él es tu
Dios.* ¿Le has distinguido para darle la gloria? *El único que
es digno de tu alabanza.* ¿Le has entonado una canción de
agradecimiento? Los poderosos milagros de tu vida son su
cuidadoso diseño, claros para que todos los vean.

*Dios, quiero dedicarme totalmente a ti, el arquitecto
de mi vida. Tú me conoces por dentro y por fuera. Gracias
por tu mano de bendición. Te doy la gloria y
el honor por todo lo que has hecho en mi vida.*

Ánimo en la Palabra de Dios

Dios mío, ansioso espero que me salves;
tus enseñanzas son mi alegría.
Dame vida y te alabaré;
¡que tu palabra me sostenga!
SALMOS 119:174-175, TLA

Nos asombramos de las maravillas de un copo de nieve, de las gotas de agua, e incluso de los insectos o animales raros. Aunque no nos guste la idea de encontramos con demasiados de ellas, si nos detenemos a ver, si nos permitimos realmente *ver* lo que hay ahí, es bastante asombroso.

Lo mismo se puede decir de la Palabra de Dios. Se puede mostrar en diversas formas y lugares en nuestros hogares, escuelas, lugares de trabajo o iglesias, pero si no nos detenemos realmente a beber las palabras que hay en ella, nos podemos perder la gran bendición que contienen. Cuando creemos que Dios quiere animarnos a través de su Palabra, sin duda encontramos ánimo en ella, porque Dios quiso que fuera usada para ese propósito.

No pases por alto la belleza y la profundidad de su Palabra. Es la única Palabra que tiene la riqueza de la eternidad.

Dios, ayúdame a no pasar por encima de la belleza y la profundidad de tu Palabra. Solo tu Palabra tiene la riqueza de la eternidad y el ánimo que necesito para cada nuevo día.

Soportar las dificultades

Y la constancia debe llevar a feliz término la obra,
para que sean perfectos e íntegros,
sin que les falte nada.

SANTIAGO 1:4, NVI

Crear un diamante es, para el carbón transformado, un largo y doloroso proceso. El carbón sufre una inmensa presión para refinarlo que produce una creación totalmente nueva. Quizá veamos solo una piedra turbia en este punto, pero hay otro paso de refinamiento que hay que dar. Después de que el cortador de piedra hace su trabajo, emerge un diamante preciso que brilla: magnífico, reluciente, brillante.

Cuando soportamos las dificultades, el largo y doloroso proceso puede parecer injusto, pero las historias de nuestra vida están escritas por un Creador compasivo que está creando una obra maestra. Él nos está refinando como al diamante, para convertirnos en algo que está totalmente fuera de nuestra imaginación. Y nos podemos gozar en la belleza que está creando. Quizá no lo veas ahora, pero pronto llegará.

Padre, enséñame la belleza emergente bajo la superficie de las dificultades que enfrento. Me someto a tu proceso y confío en tus manos hábiles y amorosas. Permite que salga de esta situación siendo más fuerte y reluciente, brillando para ti.

Eternidad

En cambio, nosotros somos ciudadanos del cielo,
donde vive el Señor Jesucristo;
y esperamos con mucho anhelo que él
regrese como nuestro Salvador.

FILIPENSES 3:20, NTV

La cuestión de la eternidad es pesada. La Biblia nos dice que el cielo es un lugar real, habitado por los que han aceptado a Jesucristo como su Salvador. Los que no han confiado en Él pasarán la eternidad alejados de Él, lo cual es la esencia del infierno: una eternidad ausente de todo lo bueno. Pero los que creen en la muerte y resurrección de Jesús para el perdón de los pecados vivirán y compartirán su gloria. Nuestros cuerpos serán transformados y todo quedará bajo su control.

¡Qué alivio conocer la verdad! La eternidad es una garantía, y la tuya puede ser la de una ciudadanía celestial. Se te ha prometido una herencia de gloria, donde todo dolor, sufrimiento y debilidad serán transformados. Todo engaño, odio y avaricia quedarán bajo el control de Jesucristo al hacer nuevas todas las cosas. Por la fe, tu eternidad está establecida.

Padre, gracias por la esperanza de una eternidad
contigo y el resto de tus hijas e hijos. Qué maravilloso
será compartir tu gloria y ver que todas las cosas
son hechas nuevas.

Donde Él me guíe

Con llanto vendrán, Y entre súplicas los guiaré.
Los haré andar junto a arroyos de aguas,
Por camino derecho en el cual no tropezarán;
Porque soy un padre para Israel.

JEREMÍAS 31:9, NBLA

El viaje del creyente es un peregrinaje de por vida que termina no en un lugar terrenal, sino en el reino del cielo. Las dificultades, los sacrificios y las luchas de nuestro viaje forman parte de nuestro desplazamiento, y no terminarán hasta la eternidad. Donde nos lleve el camino, ahí iremos. Aunque sea largo y polvoriento, continuaremos. A pesar de las tormentas que puedan llegar, proseguiremos. Con pasos decididos seguimos avanzando hasta que se nos dé la bienvenida a casa.

Los muchos pasos de nuestro peregrinaje no los damos solas, sino junto a alguien que nunca se pierde, se cansa o tiene miedo. Él sabe que nos sentimos confundidas y solas, así que nos guía personalmente. Él sabe que tenemos sed, así que nos refresca por el camino. Él sabe que estamos lastimadas y heridas, así que traza una ruta directa para nuestra seguridad. Él es un Padre bueno, y podemos confiar en su liderazgo. Tu peregrinaje es un viaje largo y hermoso, y habrán merecido la pena cada uno de los pasos que des.

Señor, dondequiera que me guíes en esta etapa, confío en ti lo suficiente para decir que te seguiré. Creo que tú conoces el mejor camino para mí, y no dejarás que busque mi camino yo sola.

Manto de alabanza

Entren por Sus puertas con acción de gracias,
Y a Sus atrios con alabanza.
Denle gracias, bendigan Su nombre.
Porque el SEÑOR es bueno;
Para siempre es Su misericordia,
Y Su fidelidad por todas las generaciones.

SALMOS 100:4-5, NBLA

¿Alguna vez has mirado la cara de gruñón de un niño y le has dicho que no sonría? Incluso el niño más terco a menudo puede dejar su muestra de enojo con tan solo unas pocas cosquillas o unas caras divertidas. Por desgracia, no podemos decir lo mismo de los adultos. Imagínate intentar cambiar la actitud de una señora mayor malhumorada con el mismo método. El cuadro puede resultar un tanto ridículo.

Cuando las situaciones de la vida nos derriban, y todo a nuestro alrededor es oscuridad y depresión, se necesita mucha fe para decidir alabar. Pero, a menudo, eso es lo único que realmente puede sacarnos de esos momentos oscuros. Cuando decidimos darle las gracias a Dios por su bondad y su gracia, no podemos evitar ver la vida bajo una luz más positiva. Al alabar a Dios, nuestro enfoque cambia de nosotras a Él.

Dios, tú no solo deseas mi alabanza cuando la vida va bien. Tú eres digno de mi adoración cada segundo de cada día, al margen de cuál sea la situación. Hoy decido ponerme un manto de alabanza.

Cada palabra

De la misma manera, también el Espíritu nos ayuda
en nuestra debilidad. No sabemos orar como
debiéramos, pero el Espíritu mismo intercede
por nosotros con gemidos indecibles.
Y Aquel que escudriña los corazones sabe cuál es
el sentir del Espíritu, porque Él intercede por los santos
conforme a la voluntad de Dios.

ROMANOS 8:26-27, NBLA

Cuando somos demasiado débiles en nuestra carne
para saber cómo o qué orar, podemos contar con que
el Espíritu Santo nos muestre el camino. ¡Qué alivio!
Cuando las palabras parecen no salir bien o nuestras
súplicas las sentimos vacías, podemos someternos
al Espíritu Santo para que interceda por nosotras con
oraciones que van más allá de las meras palabras.

Dios escucha a sus hijos, y Él oye a su Espíritu en un
lenguaje que solo el santo puede pronunciar. Cree
que Dios escucha tus oraciones. El Espíritu Santo en ti
nunca se quedará sin cosas que decir al Padre. Clama
como puedas, y ten por seguro que Él escucha cada una
de tus palabras.

Dios, gracias por escuchar cada una de mis palabras.
Espíritu Santo, gracias por hablar al Padre cuando
no encuentro las palabras. Escojo creer que mis
palabras son importantes para ti.

La protección de Dios

Porque Tú has sido baluarte para el desvalido,
Baluarte para el necesitado en su angustia,
Refugio contra la tormenta, sombra contra el calor.

ISAÍAS 25:4, NBLA

En Cristo, estamos protegidas. Tenemos un escudo fuerte, un fiel defensor, y un guardián constante. Muchas han equivocado esta promesa creyendo que es una garantía contra el dolor, el sufrimiento o las dificultades. Cuando la tristeza nos abruma, ¿podemos mantenernos fieles a nuestro protector? ¿Interpretaremos la adversidad como una traición, o abrazaremos una protección que a veces conlleva tener que resistir?

La seguridad de Dios nos protege según lo que necesitamos, no necesariamente de lo que nos duele. Las tormentas llegarán y el calor azotará, cada uno en su momento y quizá durante mucho tiempo. ¿Puedes creer que Él te está protegiendo en todas esas situaciones? Su mano está sobre ti, defendiéndote y cubriéndote; no dejes que ninguna tormenta sacuda tu fe en esto, amada.

Padre, creo que tu mano de protección está sobre
mi vida incluso cuando las cosas no van como
yo esperaría. Mi fe se fortalece cuando reconozco
que tú estás conmigo en la tormenta.

Un propósito específico

Porque somos hechura de Dios, creados en Cristo Jesús para buenas obras, las cuales Dios dispuso de antemano a fin de que las pongamos en práctica.

EFESIOS 2:10, NVI

Muy pocas personas saben exactamente lo que quieren ser *cuando crezcan*. Hacemos múltiples exámenes para descubrir nuestro tipo de personalidad, fortalezas y dones espirituales, todo para determinar lo que deberíamos hacer con nuestra vida. Aunque esas pruebas pueden ser buenos indicadores de oportunidades propicias para nosotras, la mejor manera de encontrar el encaje perfecto es ir directamente a la fuente.

Al margen de lo que te puedan haber dicho, fue Dios quien te planeó. Eso significa que Él te puso en esta tierra por una razón muy concreta. El deseo de Dios es que colabores con Él en ese plan. Cuando comiences a caminar en su propósito, descubrirás el gozo, la paz, la fortaleza y la gracia que necesitas para llevarlo a cabo.

Decido creer que tú, Dios, tienes un propósito para mi vida. No quiero limitarte con mis planes y deseos, porque tú tienes algo más grande y mejor para mí que hacer que lo que podría imaginar. Te pido que comiences a revelármelo ahora.

Todo lo que hago

No nos cansemos de hacer el bien, pues a su tiempo,
si no nos cansamos, segaremos.

GÁLATAS 6:9, NBLA

«¡Mírame! ¡Mírame! ¡Mira esto!». Cuántas veces los niños buscan un reconocimiento casi de todo aquel que los mire. Aunque la zambullida en bomba en la piscina es exactamente igual que la que hizo hace un instante, o la rueda sigue estando torcida después de treinta intentos, los espectadores continúan animando la conducta repetitiva. ¿Realmente somos distintas de esos niños? ¿Acaso no buscamos nosotras también reconocimiento en la vida? Queremos que alguien se dé cuenta de nuestros esfuerzos, nuestra caridad, nuestra diligencia, nuestra excelencia. Y, aunque no nos guste nada admitirlo, incluso a veces nos desanimamos un poco si nadie lo hace.

Podemos decidir buscar reconocimiento de otros, o podemos creer que Dios ve todo lo que hacemos, porque es así. Él está interesado en ese proyecto en el que tanto trabajamos. Él se deleitó cuando empleamos nuestro tiempo sirviendo a otros. Le encanta cuando hacemos nuestro mejor esfuerzo.

Dios, no quiero malgastar mi tiempo intentando
que otros me reconozcan. Quiero compartir lo que tengo
sin contenerme, sabiendo que tú tienes los ojos
puestos en mí y que no miras para otro lado.

Recuerda la fidelidad de Dios

Porque en Mí ha puesto su amor, Yo entonces lo libraré;
Lo exaltaré, porque ha conocido Mi nombre.
Me invocará, y le responderé;
Yo estaré con él en la angustia;
Lo rescataré y lo honraré.

SALMOS 91:14-15, NBLA

Cuando leemos la Palabra de Dios, pegamos nuestra necesidad a la provisión de Dios. Leemos las palabras en la página y nos damos cuenta de que Dios ha ayudado a personas con las mismas necesidades que las nuestras. Ya sea que necesitemos amor o sabiduría, provisión o justicia, Jesús tiene todo lo que necesitamos. Él es un dador generoso, y nos ha llamado a acercarnos para recibir lo que tiene para nosotras, incluyendo intimidad con Él.

Lee su Palabra y deja que Él te entrene. Deja que el Espíritu Santo te enseñe todas las cosas mientras meditas y reflexionas. Lee los Salmos para recibir consuelo y ánimo; estudia los Proverbios para tener una sabiduría más profunda. La Palabra de Dios está escrita para ti, y te pertenece.

Señor, por favor ayúdame a leer tu Palabra
y a entenderla como tú quieres. Confío en que
tú harás que mi fe crezca y suplirás mis necesidades
mientras yo aprendo y me beneficio de tu sabiduría.
¡Te amo!

Septiembre

SIEMPRE TENGO PRESENTE AL SEÑOR;

CON ÉL A MI DERECHA, NADA ME HARÁ CAER.

SALMOS 16:8, NVI

Fortaleza cada mañana

SEÑOR, ten compasión de nosotros;
pues en ti esperamos.
Sé nuestra fortaleza cada mañana,
nuestra salvación en tiempo de angustia.

ISAÍAS 33:2, NVI

En tiempos de crisis, cada mañana demanda nuestra fortaleza. En épocas de dificultad, el despertar trae consigo preocupación, temor y angustia. Todas buscamos fortaleza en distintos lugares; algunas encontramos seguridad en el bienestar económico, otras en la salud física, y aún otras en la comunidad y las amistades.

Si Cristo es la fuente de fortaleza suprema, entonces cada mañana debemos abrir su Palabra y encontrar verdades para sustituir la preocupación por paz, el temor por entendimiento, y la angustia por resolución. Su gracia nos hará ser más que capaces de levantarnos cada mañana con fortaleza para el día.

Necesito tu fortaleza, Señor, para enfrentar las
dificultades de mi vida. Cada mañana quiero correr
a tu presencia para poder ser llena de tu Espíritu
y estar preparada en tu amor.

Libres de las canastas

Yo libré su hombro de la carga,
Sus manos se libraron de las canastas.

SALMOS 81:6, NBLA

Las personas en países en desarrollo por lo general tienen muy pocas opciones a la hora de trasladar cualquier tipo de carga pesada. En África, una mujer de una tribu puede cargar hasta el 70 % del peso de su cuerpo sobre su cabeza. Sí, las cargas físicas son pesadas y requieren fortaleza y resistencia.

Ocurre lo mismo con las cargas espirituales y emocionales. La pesadez y la fatiga del alma pueden provocar depresión e incluso la pérdida de la esperanza. Sin embargo, ¡hay buenas noticias! Tenemos un porteador, alguien que está muy bien equipado y listo para apartar nuestras manos de las pesadas cargas. Nuestra responsabilidad es dejar que lo haga. Pon todas tus preocupaciones, temores y dudas en la resistente canasta de Dios, ¡y deja que Él la lleve! ¡No la lleves en vano!

Señor, hoy pongo todas mis preocupaciones
en tu amplia canasta. La dejo en tus manos.
Mientras resuelves todos estos asuntos,
déjame saber cómo proceder paso a paso.
¡Gracias por llevar mi carga!

¿Estás brillando?

Ustedes son la luz del mundo.
Una ciudad situada sobre un monte
no se puede ocultar.

MATEO 5:14, NBLA

Las luces de las grandes ciudades como Los Ángeles, Nashville y Atlanta se pueden atisbar desde el espacio. De hecho, su brillo aumenta un 50 % más durante la temporada navideña. Sencillamente, estas ciudades no se pueden esconder.

Como creyentes, debemos ser una luz que brilla para que todos la vean. Si ha habido alguna vez un tiempo en la historia en el que el faro de luz tenga que iluminar la oscuridad, ¡es ahora! No debemos escondernos detrás de la fachada de hacer lo políticamente correcto y del temor, sino que debemos hablar y vivir en la luminosidad de la verdad de Cristo. Tenemos la luz del mundo viviendo en nosotras y conocemos la verdad que nos hace libres.

Señor, brilla a través de mí en este día.
Dame valor para hablar y vivir según tu Palabra,
al margen de lo que el mundo pueda decir.
Quiero que tu resplandor brille a través de mí.

Malas noticias

No temerá recibir malas noticias;
su corazón estará firme, confiado en el Señor.

SALMOS 112:7, NVI

En esta era tecnológica es fácil vivir inundadas de sucesos provenientes de todo el mundo. Las noticias están siempre al alcance de nuestros dedos y, por lo general, eso no es bueno. A veces estamos a la espera de noticias personales y transcendentales: el diagnóstico médico, la decisión de la entrevista de trabajo, o el resultado del test. Nos da miedo que el resultado no sea el que esperábamos.

El Salmo 112 nos dice que no debemos temer recibir malas noticias. Si nuestro corazón es justo, estamos firmes y seguras. A pesar de cualquier información alarmante que podamos recibir, es posible tener paz, porque estamos seguras en las manos de Dios.

Estoy muy agradecida, Señor, pues aunque las malas noticias me asalten y a veces me esperen, no tengo por qué temer ni siquiera a las peores perspectivas. Estoy salva y segura en ti al margen de cuál sea la situación.

Da fruto donde estés plantada

Son los que han oído la palabra con corazón recto
y bueno, y la retienen, y dan fruto con su perseverancia.

LUCAS 8:15, NBLA

La mayoría de nosotras queremos dejar una marca significativa en algún lugar a lo largo de nuestra vida. Consuela mucho creer que la rutina de nuestra vida cotidiana es meramente una preparación para la tarea realmente grande que seguramente está a la vuelta de la esquina; ya sabes, ese algo notable, ese llamamiento sublime, la noble tarea que sin duda tenemos por delante.

Entonces un día, en un momento de quietud, el Señor susurra: «Esto es. Lo que estás haciendo es para lo que te he llamado. Haz tu tarea, ama a tu prójimo, sirve a la gente, búscame primero a mí, y se cumplirá todo aquello que anhelas en tu corazón. Sé fiel en el lugar donde te he puesto. No tienes que conseguir grandes cosas para mí. Tan solo sé tú misma».

Señor, anhelo mucho dejar una huella.
Quiero que mi vida trascienda.
Ayúdame a entender que lo importante no es lo
que hago para ti, sino de quién soy y quién soy.
Ayúdame a ser fiel en la tarea que
me has dado ahora mismo.

El engaño del mirlo

¡Estén alerta! Cuídense de su gran enemigo, el diablo,
porque anda al acecho como un león rugiente,
buscando a quién devorar. Manténganse firmes
contra él y sean fuertes en su fe.

1 PEDRO 5:8-9, NTV

En el estacionamiento de un pequeño y hermoso parque, un elegante mirlo demandaba la atención. Estaba ocupado picoteando un pequeño trozo de pan, disfrutando sin duda alguna de un regalo inesperado. Un mirlo mucho más grande daba vueltas a su alrededor amenazante, acercándose cada vez más, y después dando un salto hacia atrás. El pájaro más pequeño parecía estar completamente ajeno. No tenía el más mínimo temor, y seguía disfrutando de su almuerzo. Tras un momento, el pájaro acosador retrocedió. De repente, era del mismo tamaño que el otro pájaro. Había hinchado sus plumas en un intento de parecer mayor y dar miedo. El pájaro más pequeño sabía que era un truco, y no le prestó atención.

La Biblia describe a nuestro enemigo, Satanás, como un león rugiente, buscando a quién devorar. No hay por qué temer a un león que ruge porque ha delatado su presencia, permitiéndole a su presa tener tiempo para escapar. Cuando estamos sintonizadas con Dios, no tenemos por qué temer las tácticas de Satanás. No debemos temer el rugido de Satanás porque, comparado con Dios, es solo un mirlo engañoso. ¡No le prestemos atención!

Señor, dame discernimiento para que pueda reconocer las
tácticas y las mentiras del enemigo. Gracias por darme la
victoria al posicionarme contra sus tretas.

Cerrar la brecha

*La fe demuestra la realidad
de lo que esperamos; es la evidencia
de las cosas que no podemos ver.*

HEBREOS 11:1, NTV

¿Alguna vez sientes que existe una brecha enorme entre lo que *sabes* que es cierto en la Palabra de Dios y lo que *sientes* que es cierto? Nuestros sentimientos son muy variables. Fluctúan dependiendo de nuestras circunstancias, parecido a como nuestro humor cambia según el clima meteorológico. La buena noticia es que no cambian los hechos. Dios promete fortaleza, sabiduría, paz, esperanza, dirección, consuelo, perdón, valor, vida eterna, y mucho más. Estas cosas son inalterables, están escritas en piedra.

¿Cómo pasamos de la tiranía de las emociones a la confianza de la fe? Debemos decidir creer lo que Dios dice en lugar de lo que dicen nuestras emociones, y después declarar en voz alta sus promesas. Después lo volvemos a hacer una y otra vez hasta que la fe se levanta y cierra la brecha.

Señor, tu Palabra es verdad y lo sé. Ahora mismo, me siento muy sola y asustada, aun sabiendo que tú prometes no abandonarme ni desampararme nunca. Decido creer la verdad. Ayúdame ahora por el poder de tu Espíritu.

Vasijas de barro

A pesar de todo, Señor, tú eres nuestro Padre;
nosotros somos el barro, y tú el alfarero.
Todos somos obra de tu mano.

ISAÍAS 64:8, NVI

Hay muchos tipos de vasijas, desde cerámica básica de barro cocido usada para tareas triviales hasta preciosas piezas decorativas que adornan la repisa de la chimenea de algunas casas. Es interesante destacar que Dios usa esta imagen desde el Génesis hasta el Apocalipsis. Él es el alfarero, y nosotras somos el barro. El alfarero tiene el poder absoluto para crear de manera exacta lo que desea; el barro no tiene nada que decir.

Hay veces en las que no estamos contentas con la vasija que ha moldeado el alfarero. Preferiríamos ser un florero sobre la cornisa usado para contener un bonito ramo de flores. La verdad es que la vasija en sí no es lo que le da valor, por muy bonita que pueda ser. El valor reside en lo que la vasija contiene.

Señor, perdóname por no estar contenta con esta
vasija que tú creaste. Sé que la apariencia externa
no tiene importancia comparada con la gloria interna
de la presencia de Cristo. Brilla a través de esta vasija;
úsame como desees, y que el mundo sepa quién eres tú.

Que todo quede atado

Él es anterior a todas las cosas,
que por medio de él forman un todo coherente.

COLOSENSES 1:17, NVI

A menudo, la vida parece ser un conglomerado de actividades que no tienen relación entre sí y sentimos que tiran de nosotras desde mil direcciones a la vez. Cabos sueltos, asuntos sin terminar, y listas de actividades nos dejan sintiendo que nos ha faltado tiempo y que no nos ha alcanzado el dinero. A menudo nos agobian la frustración, el desánimo y la ansiedad. El apóstol Pablo debió haber experimentado algo similar cuando viajaba en un barco que se dirigía a Jerusalén para ser juzgado. Se levantó una gran tormenta, y en un esfuerzo por sobrevivir, los marineros se ataron al barco para no caer por la borda. Dios le prometió a Pablo que todos sobrevivirían al naufragio, ¡y así fue!

Qué verdad tan asombrosa es saber que nuestra tarea no es ocuparnos de que todo quede atado. Nuestra responsabilidad es someter nuestra lista de actividades a Dios, inclinarnos ante su voluntad, y dejar que Él se encargue de todo. Él es la cuerda que nos ata de forma segura.

Señor, gracias porque tú eres el pegamento que mantiene
todas mis partes unidas. Hoy, al abordar mi lista imposible
de responsabilidades, me someto a tu voluntad
y te pido que dejes todo bien atado.

Gozo

No estén tristes, pues el gozo del Señor
es nuestra fortaleza.

NEHEMÍAS 8:10, NVI

El gozo no es necesariamente felicidad. La felicidad depende de las circunstancias, pero el gozo no. La felicidad es pasajera, pero el gozo es constante. La felicidad desaparece cuando llegan las pruebas, pero el gozo crece en medio de los problemas. Los buenos tiempos traen felicidad y risas; las dificultades traen tristeza y aflicción, pero el gozo reside debajo de todo eso.

El gozo no es una emoción que se puede fabricar o fingir. Es el sentimiento profundamente asentado de que todas las cosas están bien, porque Dios está a su cargo. El gozo se expresa en alabanza, canciones, risas, un rostro de paz, un brillo en la mirada, o en la serenidad que oculta cualquier adversidad. Es la esencia del alma que nos mantiene erguidas al confiar en Dios, quien hace bien todas las cosas. ¡Jesús quiere que nuestro gozo esté completo!

Gracias, Jesús, por el gozo que me da fortaleza.
Hoy, decido llenar mi mente con la verdad, pensar en
esas cosas que son dignas de alabanza, y confiar en ti
plenamente. Con un corazón agradecido, escojo el gozo.

Temor

Si tienes miedo de la gente,
tú mismo te tiendes una trampa;
pero si confías en Dios estarás fuera de peligro.

PROVERBIOS 20:25, TLA

Si vives en los Estados Unidos, es imposible no mirar la fecha de hoy y recordar, ya sea por experiencia propia o por haberlo oído durante años, uno de los días más oscuros de nuestra historia. Miles de vidas se perdieron en un ataque terrorista muy bien planificado, y en muchos aspectos las cosas nunca volvieron a ser igual. Los viajes aéreos, por ejemplo, continúan evocando un espíritu de temor en muchos corazones que antes era inimaginable.

En la Nueva Traducción Viviente, tan solo la palabra *temor* aparece 601 veces. Principalmente, está ahí para recordarnos que temamos a Dios; al hacerlo, Él derribará todos los demás temores. El temor que Dios desea que tengamos no implica falta de confianza, sino respeto y admiración. Si creemos por completo en su poder soberano, si le damos toda nuestra reverencia, ¿cómo podemos temer a alguna otra cosa? Si Dios está por nosotras, no hay nada que temer. ¡Aleluya!

Señor, dejo mi temor a tus pies hoy, y pongo
mi confianza en ti. Sé que, sean cuales sean mis
circunstancias, mi seguridad está garantizada en ti.

Luz al final del túnel

*Yo soy la luz del mundo. El que me sigue
no andará en tinieblas, sino que tendrá la luz de la vida.*

JUAN 8:12, NVI

Hay un viejo dicho de los años 1800 que probablemente todas hemos citado: «Hay luz al final del túnel». Traducido: «Aguanta. El final de la dificultad por la que estás pasando ya está a la vista». Sin embargo, hay veces en las que probablemente no hay ningún final positivo, y no hay luz al final de nuestro túnel. ¿Qué hacemos en esos casos?

Jesús es luz, y Él habita en ti. Estamos rodeadas de su presencia estemos donde estemos. Él está a nuestras espaldas, a la derecha y a la izquierda, por encima y por debajo. Estamos envueltas en su presencia y no caminamos en oscuridad. Él es nuestra luz. Se acabó lo de andar por túneles oscuros con tan solo un punto de esperanza al final. Atravesamos nuestros túneles brillando con la luz de Jesús.

*Señor, reconozco que tú, la luz del mundo,
vives en mí. No necesito temer a la oscuridad o al
resultado. Ayúdame a recordar que la luz de tu
presencia nunca me deja.*

Empezar de nuevo

¡Aleluya!
¡Alabemos al Señor, porque él es bueno,
porque su misericordia permanece para siempre.

SALMOS 106:1, RVC

¿Alguna vez has deseado poder volver a hacer algo de nuevo? Sería fantástico poder hacer retroceder las manillas del reloj, revertir una decisión, y hacerlo de otra manera. ¡Hay mucha más sabiduría en mirar atrás! Sí, hay algunas cosas que podemos volver a hacer, como modificar la receta o descoser la costura, pero la mayoría de las veces, las grandes decisiones importantes no se pueden cambiar.

Salvo cuando se trata de las cosas espirituales. Dios nos dice que podemos empezar de nuevo cada mañana porque sus misericordias estarán ahí. Cualquier cosa que no saliera bien del todo el día anterior, cualquier lío que hayamos creado por una mala decisión, podemos comenzar al día siguiente con una pizarra totalmente en blanco. No es necesario que haya ningún remanente de los errores de ayer. Nuestra parte en la transacción quizá exija arrepentimiento de pecado o perdonar a alguien, quizá incluso a nosotras mismas. Bañadas en sus misericordias, podemos comenzar cada día totalmente en blanco.

Señor, estoy muy agradecida porque tu amor
y tus misericordias nunca terminan. Tú me las ofreces
nuevas cada mañana. ¡Grande es tu fidelidad!

Esperar

Espera al Señor;
Esfuérzate y aliéntese tu corazón.
Sí, espera al Señor.

SALMOS 27:14, NBLA

¿Hay algo positivo que se pueda decir acerca de la espera? Ya sea que estemos en la fila del supermercado, en un atasco de tráfico, o simplemente esperando que llegue un paquete, es parte de nuestra vida cotidiana. Esperar nos parece una pérdida de tiempo colosal, y a la vez, Dios nos dice específicamente (unas 35 veces) que debemos «esperar en el Señor».

El concepto de esperar en Dios parece originarse con el salmista. Quizá fue porque él, a menudo, se encontraba metido en situaciones peligrosas y sabía que su única esperanza era Dios. El tipo de espera de la que habla no es una espera pasiva como si pusiéramos en pausa nuestra vida espiritual hasta que Dios aparezca con nuestra petición. Es una muestra activa de fe al dejar nuestros deseos, esperanzas y sueños delante del Señor y rendirnos a su voluntad. En la espera, Él perfecciona nuestra fe y desarrolla nuestro carácter.

Oh Señor, detesto esperar. Soy muy impaciente.
Dios, concédeme la gracia para esperar humildemente
en ti mientras me conformas a tu imagen. Tu tiempo
es el mejor, y me rindo a él.

Canciones de victoria

Pues tú eres mi escondite;
me proteges de las dificultades
y me rodeas con canciones de victoria.

SALMOS 32:7, NTV

A veces, la vida nos puede parecer una batalla. Desde estar al día con las ocupadas agendas hasta tomar grandes decisiones, nos enfrentamos diariamente a los retos. Algunos días tan solo queremos escondernos un rato para poder recargar las pilas y reenfocarnos.

Dios es nuestro escondite, nuestra protección y nuestro descanso. Él nos acompaña en las batallas de la vida y nos canta canciones de victoria. Con Cristo como nuestra fortaleza, no solo podemos superar la batalla; también podemos ser alegres vencedoras.

Señor, al enfrentar los retos de mi vida cotidiana,
ayúdame a correr a ti. Cuando me esconda en ti,
dame tu paz, tu descanso y tu esperanza. Te pido
que pueda entrar en mis batallas con confianza,
sabiendo que tú me darás la victoria.

Refugio para el alma inquisitiva

Confía siempre en él, pueblo mío;
ábrele tu corazón cuando estés ante él.
¡Dios es nuestro refugio!

SALMOS 62:8, NVI

Hay preguntas que anhelaríamos que Dios nos respondiera, y circunstancias en nuestra vida que nos dejan preguntándonos por su bondad. Al orar, intentamos desgarrar los cielos en busca de una respuesta que le dé sentido a nuestra tormenta.

Lo que Dios más desea no es el alma que tiene ya la respuesta, sino la que está descalza delante de Él en una danza perfecta de confianza, creencia y pura vulnerabilidad. En ese momento de estar vacía ante tu Hacedor, Él será tu lugar seguro. Derrama ante Él tu corazón y descansa en su abrazo, porque Él es un refugio incluso para el alma más inquisitiva.

Dios, no tengo respuestas para todas las preguntas profundas, pero sé que tú eres un lugar seguro donde puedo derramar mi corazón. Te entrego mis preguntas y mis temores, y digo sí a la paz de tu presencia.

Refugio

El Señor es bueno;
es un refugio en el día de la angustia.
El Señor conoce a los que en él confían.

NAHÚM 1:7, RVC

Dios no solo está con nosotras cuando nuestra fe es fuerte y nuestra alabanza es imparable. Incluso en el día de la angustia, Dios conoce íntimamente a las que confían en Él, y es un refugio para ellas.

No solo en la catástrofe, sino incluso en nuestros momentos de debilidad oculta, Dios es nuestra fortaleza y nuestro refugio. Podemos confiar en Él y saber que Él siempre es bueno.

Gracias, Señor, porque tú eres una fuente de fortaleza
para mí incluso en mis momentos de debilidad.
Tú recuerdas mi confianza en ti cuando me siento
cercana a perder mi fe. Tú no me olvidas,
y eres más que suficiente para mí.
Tú tomas mi momento de más oscuridad
y me traes la luz de tu rostro.

Lo más hermoso de todo

Dios mío, sólo una cosa te pido,
sólo una cosa deseo:
déjame vivir en tu templo
todos los días de mi vida,
para contemplar tu hermosura
y buscarte en oración.

SALMOS 27:4, TLA

Si hay algo que apreciamos son las cosas hermosas. Las cosas que brillan captan fácilmente nuestra atención, e intentamos rodearnos de belleza. Podemos encontrar mucha belleza en nuestro mundo natural.

No hay nada de malo en encontrar *belleza* en nuestro mundo, pero si hay algo que es más hermoso que cualquier otra cosa, es el Señor Dios mismo. Su amor, su misericordia, su gracia y su entendimiento no dejan de sorprendernos.

Señor, no quiero perderme hoy tu belleza. La busco porque sé que la puedo encontrar. Tú me creaste para disfrutar de todo lo exquisito, bello y cautivador, ¡y tú eres así! No hay nada mejor que tú y tu amor.

Canción de amor

Porque el SEÑOR tu Dios está en medio de ti
como guerrero victorioso.
Se deleitará en ti con gozo,
te renovará con su amor,
se alegrará por ti con cantos.

SOFONÍAS 3:17, NVI

¡Oh, de cuántas maneras pecamos! Estamos llenas de errores. Tomamos muy malas decisiones. La lista de aspectos en los que fallamos es interminable.

Si estamos verdaderamente arrepentidas, no tenemos que pasar tiempo fustigándonos por lo errores que cometimos. Podemos decir que lo sentimos y después continuar. Las Escrituras nos dicen que el Señor se deleita en nosotras. Cuando Jesús murió para salvarnos de nuestros pecados, dejó de haber la necesidad de reprensión. En su lugar, Él se alegra sobre nosotras con cantos. ¿Te imaginas? El mismo Dios que nos salvó está tan emocionado por ello, que nos canta una canción.

Señor, gracias por la canción que entonas sobre mí.
El simple hecho de que existo te produce un gran placer.
Me arrepiento de mi pecado, ¡y me alegro hoy contigo!

Seguridad garantizada

Dios te protegerá y te pondrá a salvo de todos los peligros. Dios te cuidará ahora y siempre por dondequiera que vayas.

SALMOS 121:7-8, TLA

Amontonados en el sótano del museo, los visitantes esperaban a que pasara el huracán. Los niños lloraban o dormían; las expresiones de los padres eran de tensión y angustia. El equipo del museo tenía walkie-talkies y linternas, cuyas luces se movían de forma nerviosa. Las sirenas sonaban, el viento soplaba y los cimientos del refugio temblaban mientras la fuerte tormenta sacudía violentamente desde el exterior.

Incluso habiendo implementado avances de ingeniería moderna, los que se cobijaban de la tormenta estaban preocupados. No había garantías de seguridad. ¿Sería de esperar que las personas amontonadas en ese sótano comenzaran a cantar de gozo? ¿Regocijarse en su lugar de refugio? Si fueran conscientes de Aquel que ha prometido proteger siempre, entonces sus alabanzas resonarían por las paredes del refugio.

En la sombra de tu protección, Dios, puedo estar alegre. ¡Tú eres el único capaz de garantizar mi seguridad! Tu protección me alcanza, más fuerte que cualquier refugio antibombas o búnker apocalíptico que se pudiera construir. Contigo, puedo deleitarme en la tormenta.

Alegría inagotable

¡Mi corazón se alegra en el Señor!
El Señor me ha fortalecido.
Ahora tengo una respuesta para mis enemigos;
me alegro porque tú me rescataste.
¡Nadie es santo como el Señor!
Aparte de ti, no hay nadie;
no hay Roca como nuestro Dios.

1 SAMUEL 2:1-2, NTV

Piensa por un momento en el tiempo más alegre de tu caminar con Cristo. Imagínate el deleite de ese tiempo, la alegría y el placer de tu corazón. Descansa en el recuerdo por un momento, y deja que las emociones regresen a ti. ¿Regresa la alegría? ¿La sientes? Ahora, escucha esta verdad: así como te sentías con Dios en el momento más elevado, más alegre, asombroso y glorioso, es como Él se siente con respecto a ti todo el tiempo.

¡Qué gloriosa bendición! Nuestro gozo es un desbordamiento del gozo de su corazón por nosotras; es solo una de las muchas bendiciones que Dios derrama sobre nosotras. Cuando nos damos cuenta de cuán bueno es Él, y de que nos ha dado todo lo que necesitamos para ser salvas a través de Jesús, ¡podemos alegrarnos!

Gracias, Señor, porque la época de mi mayor
gozo puede ser ahora, cuando pienso en la fuerza que
me das, el sufrimiento del que me has rescatado,
y la roca que tú eres.

Aceptar la debilidad

¡Humíllense ante el Señor,
y él los exaltará!

SANTIAGO 4:10, RVC

¿Alguna vez de repente eres consciente de tus deslumbrantes debilidades? ¿Consciente de que, si dependiera de tus buenas obras, no tendrías la más mínima opción de conseguir la salvación? Deberíamos encontrar un gran consuelo en el hecho de que no somos nada sin la salvación en Cristo Jesús.

Por fortuna, Dios nos abrió un camino para que pudiéramos estar unidas a Él, a pesar de la impaciencia, el egoísmo, la ira y el orgullo. Dios se interesa mucho por nosotras y nos sostiene pacientemente con un amor firme, fiel y adorable. Sorprendentemente, su amor incluso va más allá de esto hasta el punto de *aceptar* y *transformar* nuestras debilidades cuando se las entregamos. La debilidad no es algo que debamos temer o esconder; la debilidad, si la sometemos a Dios, hace posible que el poder de Cristo actúe en nosotras y a través de nosotras.

Dios, conocer mi debilidad me hace ser más consciente
de mi necesidad de tu fortaleza. Te pido humildemente
que seas fuerte donde yo soy débil. Gracias porque
tu amor transformador está esperando amablemente
para restaurarme.

Un amigo que vale la pena

Que todo lo que soy alabe al SEÑOR;
que nunca olvide todas las cosas buenas
que hace por mí. Él perdona todos mis pecados
y sana todas mis enfermedades.
Me redime de la muerte y me corona
de amor y tiernas misericordias.
Colma mi vida de cosas buenas;
¡mi juventud se renueva como la del águila!

SALMOS 103:2-5, NTV

Dios nos creó para estar en relación con Él. Le encanta pasar tiempo con nosotras ya sea que estemos despiertas tras habernos bañado, o que nos hayamos acabado de despertar y todavía tengamos puesto el pijama arrugado. No le importa si nos hemos lavado los dientes, si la cama está hecha y la colada ordenada. Él nos recibe tal como somos.

No hay muchas amigas en la vida que puedan decir lo mismo. Solo permitiríamos entrar en nuestra casa a unas pocas si aún no estuviéramos «arregladas para salir». Por eso, Dios es el mejor amigo. Él nos ama tal como somos; Él se sentará a escucharnos al margen de cómo estemos.

Dios, realmente tú eres el mejor amigo que tengo.
Gracias por escucharme con atención incluso cuando
me quejo o tengo mal aliento por la mañana.
Atesoro tu amistad.

El plan

Por la fe Abraham, cuando fue llamado para ir a un lugar que más tarde recibiría como herencia, obedeció y salió sin saber a dónde iba.

HEBREOS 11:8, NVI

A todas nos gustaría tener un mapa delante para ver cada giro y cada curva del camino. Como cristianas, pasamos gran parte de nuestro tiempo buscando la «voluntad de Dios». A menudo, cuando se trata de la voluntad de Dios, sinceramente podemos no entender. Buscamos lo que Dios quiere que hagamos, pero no entendemos que debemos ver quién es Él.

No siempre vamos a saber hacia dónde nos dirigimos, pero lo que Dios quiere en su corazón es que lo conozcamos a Él. No se trata de conocer cada detalle del plan, no se trata de saber cuál es la historia de otra persona, sino tan solo de conocerlo por quién es Él. Cuanto más cerca estés de Dios, más se deleitará Él en ti. ¿Y acaso no es eso lo que anhelamos, que Dios se deleite en nosotras?

Jesús, ayúdame a permanecer en ti para que verdaderamente puedas hacer tu perfecta voluntad en mí. Vengo delante de ti hoy sin preguntas y sin la necesidad de saber cuál es el plan. Tan solo necesito conocerte a ti.

El poder de buscar

Pero desde allí buscarás al Señor tu Dios,
y lo hallarás si lo buscas con todo tu corazón
y con toda tu alma.

DEUTERONOMIO 4:29, NBLA

¿Tienes días en los que te sientes vacía, cansada y nada inspirada? Días en los que sientes que no tienes nada que dar, aunque no faltan las demandas. No sabes cómo volver a llenarte; solo sabes que lo necesitas.

El Señor dice que, si lo buscas con todo tu ser, lo encontrarás. Dios no se alejará de una hija suya que le pide. Incluso aquí, en tu vacío, te puede levantar; solo tienes que buscar.

Dios, estoy aquí sentada delante de ti pidiéndote que me llenes. No tengo las palabras para hacer una oración elocuente, ni lo necesario para una gran fe, pero tengo un corazón que necesita que tú lo llenes. Muéstrate a mí hoy.

Digno

Digno eres, Señor, de recibir la gloria,
la honra y el poder;
porque tú creaste todas las cosas,
y por tu voluntad existen y fueron creadas.

APOCALIPSIS 4:11, RVC

La adoración es nuestra respuesta natural a la bondad de Dios. No es simplemente una reacción emocional, sino que la adoración es también el acto de devolverle a Dios la gloria que merece legítimamente. Cuando nos detenemos a pensar en el poder de Dios, su majestad y creatividad, no podemos evitar glorificarlo por ser tan digno de la forma de honor más sublime.

Al glorificar a Dios en nuestra vida cotidiana, quienes nos rodean lo verán y algunos llegarán a querer unirse a nosotras para alabarlo.

Dios, ayúdame a alabarte de la forma que tú
mereces. Ayúdame a responderte con honor,
aprecio y adoración. Quiero buscarte
en todo, para poder devolverte alabanza
por todo lo que has hecho.

Tus ojos verán

Tus ojos contemplarán al Rey en Su hermosura,
Verán una tierra muy lejana.

ISAÍAS 33:17, NBLA

En los días difíciles en los que nuestra fe es débil, nuestras lágrimas brotan libremente y nuestro corazón se desanima, deseamos poder ver a Dios. Pensamos que, si pudiéramos mirarlo a los ojos, si tuviéramos la oportunidad de hacerle nuestras preguntas más profundas y escucháramos sus respuestas, podríamos continuar.

Amada, la realidad del cielo está más cerca de lo que nos podemos imaginar. Veremos a nuestro Rey, en toda su grandeza y belleza. Miraremos a esa tierra lejana del cielo. Un día habitaremos allí en paz: con cada pregunta respondida y cada lágrima enjugada.

Gracias, Dios, porque me has prometido el cielo
por haber creído en tu Hijo. Gracias porque veré
tu rostro un día y caminaré contigo en tu reino.
Cuando los días sean difíciles, ayúdame a recordar
que en un ratito todo estará bien y yo estaré contigo.

Sin obstáculos

Gracias a Cristo y a nuestra fe en él, podemos entrar en la presencia de Dios con toda libertad y confianza.

EFESIOS 3:12, NTV

Nuestra salvación nos concede el gran privilegio de poder acercarnos a Dios sin obstáculos. Como el pecado ya no puede apartarnos de su santa presencia, somos libres para presentar nuestra alma ante Dios como sus queridos hijos e hijas.

Como amantes de Dios seguras y confiadas, no hay nada que no podamos compartir con Él, y Él con nosotras. El temor y la vergüenza ya no tienen lugar en este tipo de amor excelente.

Te amo, Señor. Te alabo porque encontraste una forma en la que pudiera amarte sin obstáculos. No quiero que mi temor y mi vergüenza interrumpan nuestra relación, así que te pido que los quites de mí. Muéstrame lo que significa ser una hija tuya valiente y confiada.

Cumplir los sueños de Dios

Fuera de esto, según el Señor ha asignado a cada uno, según Dios llamó a cada cual, así ande. Esto ordeno en todas las iglesias.

1 CORINTIOS 7:17, NBLA

Dios te creó perfectamente para ser la persona que planeó que fueras. Él tiene planes para tu vida y propósitos para tus talentos. Cuando anhelamos ser alguien que no somos, o estar donde no estamos, nos perdemos el increíble plan que Dios tiene para quienes somos, justo donde nos encontramos.

Al consagrarnos para vivir la vida a la que hemos sido llamadas, cumplimos el excelente sueño de Dios para nuestra vida. No hay mayor privilegio que honrar a nuestro Creador cumpliendo el propósito que planeó para nosotras.

Señor, quiero darte honor en la forma en que vivo, y gloria en cómo uso mis talentos únicos. Aclárame tu llamado para que pueda cumplirlo.

Hallado en un desierto

Lo encontró en tierra desierta,
En la horrenda soledad de un desierto;
Lo rodeó, cuidó de él,
Lo guardó como a la niña de Sus ojos.

DEUTERONOMIO 32:10, NBLA

¿Alguna vez pasas por épocas en tu vida en las que tan solo sientes oscuridad? ¿Quizá sin dirección ni inspiración? En un desierto metafórico donde no puedes obtener ni un destello de visión alguna, ni esperanza, Dios puede encontrarte. Incluso en los desiertos de tu propio corazón donde no puedes reunir la fuerza para llegar hasta Él, Él puede encontrarte y lo hará.

Espera al Señor, incluso en tu vacío; espéralo y Él vendrá por ti.

Gracias, Padre, porque tú estás cerca de mí incluso cuando mi corazón está roto y me fallan las fuerzas. Gracias porque tú me encuentras en mi desierto y me restaurarás el gozo.

Octubre

Hijo mío, presta atención a mis palabras;

Inclina tu oído a mis razones.

Que no se aparten de tus ojos;

Guárdalas en medio de tu corazón.

Proverbios 4:20-21, nbla

Consuelo para el corazón

*Que nuestro Señor Jesucristo mismo y Dios nuestro
Padre, que nos amó y por su gracia nos dio consuelo
eterno y una buena esperanza, los anime y les fortalezca
el corazón, para que tanto en palabra como
en obra hagan todo lo que sea bueno.*

2 TESALONICENSES 2:16-17, NVI

Dios no nos deja solas en nuestra debilidad. Cuando nos sentimos incapaces, Él nos da la fortaleza que nos falta para realizar la tarea. Cuando trabajamos sinceramente para Él, nuestro trabajo, sin importar cuán insignificante pueda parecer, siempre será eficaz.

Tal vez nos sentimos un fracaso ante los ojos de quienes nos rodean, pero ante los ojos del Señor, nuestro trabajo para su reino nunca queda desperdiciado. Él se interesa por nuestro corazón para consolarnos en momentos de fracaso, y para valorarnos en nuestros momentos de insignificancia.

*Señor, algunas veces siento que te he defraudado.
A pesar de mi debilidad, tú consuelas mi corazón
y fortaleces mi alma. Sé que nunca soy un fracaso
ante tus ojos. Soy para siempre tu hija amada.*

Llenar el vacío

Oh Dios, Tú eres mi Dios; te buscaré con afán.
Mi alma tiene sed de Ti, mi carne te anhela
cual tierra seca y árida donde no hay agua.

SALMOS 63:1, NBLA

Todas experimentamos épocas en las que nos sentimos vacías: un profundo dolor interno que es inexplicable pero que llega de repente. En esos tiempos, cuando no estamos seguras de qué es lo que anhelamos, lo que necesitamos es más de Dios.

En lo profundo del corazón de cada persona hay una necesidad innata de intimidad con nuestro Creador. Sin ella, nuestra alma desfallece queriendo más de Él. Pero la preciosa verdad es que Él anhela llenarnos con su presencia. Solo tenemos que buscarlo con expectación.

Señor, anhelo tu presencia. Te necesito
desesperadamente. Te pido que
te encuentres conmigo en mi vacío
y que me llenes de tu Espíritu.

Tú lo haces feliz

Porque el SEÑOR, a causa de Su gran nombre, no desamparará a Su pueblo, pues el SEÑOR se ha complacido en hacerlos pueblo Suyo.

1 SAMUEL 12:22, NBLA

¿Qué podría ser más gratificante que saber que complaces al Señor? Cuando comienzas una relación con Dios, Él promete no dejarte nunca. Él está contigo para siempre, no solo porque no está en su naturaleza dejarte, sino también porque, dicho de manera sencilla, tú lo haces feliz.

A menudo nos convencemos a nosotras mismas de que hemos decepcionado a Dios. Esto se traduce en vergüenza en nuestra relación con Él; pero Dios se complace en nosotras, y anhela decirnos eso. Pasa tiempo hoy deleitándote en el Señor, y sintiendo a cambio su deleite sobre ti.

Qué cosa tan maravillosa saber que te complazco, Dios. Gracias por hacerme parte de tu pueblo y por prometer que nunca me dejarás.

Más fuerte por esperar

Pero los que esperan en el SEÑOR renovarán sus fuerzas.

ISAÍAS 40:31, NBLA

¿Alguna vez has esperado en alguien? Cuando esperas, abdicas tu capacidad de decidir cuándo sucederá algo. Dependes de otra persona.

Cuando esperamos en Dios, puede resultarnos algo tremendamente difícil de hacer. En verdad, esperar en Él significa que no estamos resolviendo situaciones por nosotras mismas. Ponemos totalmente nuestra dependencia y confianza en la solución de Dios, sabiendo que será mejor que la nuestra o que la de cualquier otra persona. Esperar no es algo natural. Preferiríamos actuar antes que esperar en Dios, incluso a riesgo de actuar incorrectamente. Aunque hayamos esperado una semana o veinte años, su promesa para nosotras permanece: si perseveramos en la espera, seremos más fuertes.

Padre, dame la fortaleza para mantenerme firme en mi espera. Gracias por tu promesa de que seré más fuerte si espero.

Lágrimas recogidas

Tú has tomado en cuenta mi vida errante;
Pon mis lágrimas en Tu frasco;
¿Acaso no están en Tu libro?

SALMOS 56:8, NBLA

Nuestro desconsuelo llega al corazón de Dios. Él anhela consolarnos: acariciarnos el cabello, enjugar nuestras lágrimas, y susurrar palabras de consuelo. Él cuenta las noches que damos vueltas en la cama; Él recoge nuestras lágrimas. Dios no está ausente en nuestra aflicción; más bien lo contrario, está más cerca que nunca.

No tengas miedo de acudir a Dios con tu aflicción. Comparte con Él los sentimientos más hondos de tu corazón sin contenerte. En su presencia encontrarás consuelo, esperanza, compasión, y más amor del que podrías imaginar.

Gracias, Jesús, por abrazarme en mi tristeza. Necesito tu fortaleza aún más en mi aflicción. Por favor, mantente junto a mí y consuélame en tu presencia.

Aprende de mí

Vengan a mí todos ustedes que están cansados y agobiados, y yo les daré descanso.

MATEO 11:28, NVI

Quizá aún sea en la mañana cuando estás leyendo estas palabras. Tu día tan solo está comenzando, pero tu corazón ya está cargado. O tal vez ya estás terminando el día y te sientes débil por las cargas que has llevado. Descansa en la persona más buena que haya existido jamás. Deja que sus palabras te alivien y te fortalezcan.

Quizá has aceptado más de lo que Dios te está pidiendo, física o emocionalmente. Cristo mismo dejó claro que su yugo es fácil y su carga ligera. Si tu yugo es demasiado pesado, quizá no deberías llevarlo, para empezar. Aprende de Jesús. Negarte a llevar los yugos que no son tuyos no es algo que te salga de forma natural, pero pregunta y aprende. Al hacerlo, Él fortalecerá tu capacidad de conocer la diferencia entre ambos, a fin de que puedas disfrutar de su descanso.

Jesús, ayúdame a aprender de ti y a descansar en ti. No quiero llevar ningún yugo que tú no me estés pidiendo. Dame sabiduría y discernimiento mientras empiezo cada nuevo día.

Pide, busca, llama

Pidan, y se les dará; busquen, y encontrarán;
llamen, y se les abrirá. Porque todo el
que pide, recibe; el que busca, encuentra;
y al que llama, se le abre.

MATEO 7:7-8, NVI

¿Se ha debilitado tu fe con el paso del tiempo? ¿Algunas de tus experiencias más difíciles te han dejado más incrédula que esperanzada? Recuerda: al margen de cuál sea el grado de tus experiencias duras, Él promete hacer que todo ayude para bien en tu corazón y en tu vida. No dejes que tus decepciones nublen la verdad de la Palabra de Dios. Él promete que todo el que pide en su nombre, recibe.

¿Estás pidiendo? Entonces puedes contar con que recibirás. ¿Estás buscando? Él promete que encontrarás. ¿Estás llamando? Sí, hija, la puerta se te abrirá.

Padre, por favor renuévame con la verdad de tu Palabra.
Ayúdame a creer en ti de nuevo, y con fe,
atreverme a pedir, buscar y llamar.

Comprometida con el proceso

*Vístanse con la nueva naturaleza y se renovarán
a medida que aprendan a conocer a su
Creador y se parezcan más a él.*

COLOSENSES 3:10, NTV

Aunque nuestra salvación es una obra terminada, hay un trabajo continuo con respecto a nuestra fe. Esto se debe a que Dios te ha llamado a tener una relación con Él. Las relaciones hay que nutrirlas y mantenerlas. La palabra que usa la Biblia para este concepto es *renovación*.

Incluso después de la salvación, nuestro nuevo yo sigue siendo renovado en el conocimiento a imagen de nuestro Creador. Nuestra mente también necesita una renovación continua. No te desanimes si aún te cuesta lidiar con antiguas formas de pensar o de actuar. La renovación es un proceso. Sigue arrepintiéndote y sometiéndote a Dios. Él está más apasionado por renovarte que tú misma. Él es un Dios amoroso que está comprometido con el proceso.

*Dios, lo siento por todas las veces que no he estado
a la altura. Ayúdame a buscar continuamente
la renovación de mi corazón y mi mente.
Muéstrame cómo ser más como tú.*

Liberada, de por vida

Aquel de ustedes que esté libre de pecado,
que tire la primera piedra.

JUAN 8:7, NVI

Si sientes que Jesús te está reteniendo su amor y compasión por algo que has hecho o que no has hecho, ¡piénsalo dos veces! Cuando Jesús murió en la cruz, te perdonó misericordiosamente.

El perdón solo es apropiado cuando alguien ha hecho algo malo, así que Dios no está atascado en tu pecado. En su lugar, Dios colgó tu pecado en una cruz y te hizo inequívocamente libre. Disfruta de la vida.

Jesús, tú no condenaste a la mujer sorprendida en adulterio, y no me condenas a mí, aunque me lo merezca. Gracias. Ayúdame a dejar atrás mi pecado y a dejar que tu obra en la cruz me limpie por completo.

Obras mayores

> *De cierto, de cierto les digo: El que cree en mí,*
> *hará también las obras que yo hago; y aun mayores*
> *obras hará, porque yo voy al Padre.*
>
> JUAN 14:12, RVC

El reloj avanza y el tiempo pasa mientras te preguntas si has aprovechado al máximo cada segundo. Buscas sentido en lo trivial, y empiezas a preguntarte si alguna vez probarás el milagro en el momento. Crees que Dios es capaz de lo imposible, pero ¿realmente te usará para lograrlo? ¿Es Él lo suficientemente grande y poderoso para trascender tu mediocridad y convertir la obra de tus manos en algo que perdure eternamente?

Al margen de lo que creas que eres capaz, Dios conoce tus intenciones. Entrégate a Él por completo y Él logrará cosas que jamás habías imaginado. Dios puede hacer grandes cosas a través de una vida rendida. Lo único que tienes que hacer es *rendirte*. Él hará el resto.

Padre celestial, rindo mi vida a ti. Quiero ser alguien a quien tú puedas usar para hacer grandes obras para la gloria de tu nombre. Haz tu voluntad en mi vida.

Siempre a mi lado

El camino de Dios es perfecto. Todas las promesas
del Señor demuestran ser verdaderas.
Él es escudo para todos los que buscan su protección.
Pues ¿quién es Dios aparte del Señor?
¿Quién más que nuestro Dios es una roca sólida?

SALMOS 18:30-31, NTV

Desde canciones famosas hasta anuncios de televisión, pasando por amigas cercanas, hay una promesa que se hace a menudo, pero que raras veces se cumple. *Aquí me tienes. Cuenta conmigo para cualquier cosa.* La mayoría de nosotras hemos prometido o nos han prometido esto en algún momento en nuestra vida, y la mayoría hemos sentido el aguijón del rechazo o la decepción cuando las cosas no resultaron así.

Decimos «nadie es perfecto», pero de algún modo esperamos que todos deberían serlo. En medio de nuestras circunstancias difíciles, llamamos a personas que prometieron estar a nuestro lado siempre, pero no responden. Ni siquiera nos devuelven la llamada. Los seres queridos nos harán daño, porque son humanos. Incluso los mejores amigos, la hermana más cercana o el papá cariñoso fallarán en su capacidad de estar ahí. No hay manera de escapar de ello. Pero hay alguien con el que siempre puedes contar. Puedes contarle todo, porque te escucha.

Padre, ayúdame a dar gracia a los que me han
decepcionado y herido. Gracias por ser confiable
y por poder contar contigo. En verdad, siempre
estás a mi lado.

Verdad inmutable

Envía Tu luz y Tu verdad; que ellas me guíen,
Que me lleven a Tu santo monte Y a Tus moradas.

SALMOS 43:3, NBLA

Cuando somos débiles, el enemigo quizá intente infiltrarse y acribillarnos con mentiras, patearnos mientras estamos en el suelo. Es una táctica increíblemente eficaz. Nuestra mejor línea de defensa es rodearnos de la verdad. Léela. Piensa en ella. Órala. Declárala. En Juan 1:1 leemos que la Palabra en el principio estaba con Dios, y que la Palabra era Dios. El Salmo 119:160 dice: «La suma de tu palabra es verdad». Usando la simple lógica, juntamos estos versículos y obtenemos lo siguiente: si la Palabra es Dios y la Palabra es verdad, entonces Dios es verdad.

Cuando te des cuenta de que estás creyendo las mentiras del enemigo, acude a la Palabra de Dios. Encuentra tu ánimo, gozo, paz y fortaleza en su verdad inmutable. No importa cuántas mentiras hayas creído en el pasado, o cuántas estés creyendo ahora mismo, siempre puedes callar esa voz engañosa saturándote de la verdad de la Palabra de Dios.

Dios, expongo las mentiras que he creído sobre mí
misma y sobre otros ante tu verdad hoy. Ayúdame
a considerar cuidadosamente lo que oigo
y a contrastarlo con tu verdad. Decido no creer nada
que no esté en consonancia con tu Palabra.

Conocer al pastor

Mis ovejas oyen Mi voz; Yo las conozco y me
siguen. Yo les doy vida eterna y jamás
perecerán, y nadie las arrebatará de Mi mano.

JUAN 10:27-28, NBLA

Hay un festival internacional que se celebra cada año, y el evento más popular muestra los talentos de los perros pastores irlandeses. Los pastores usan silbatos y órdenes de voz para dirigir al perro, quien a su vez reúne a las ovejas llevándolas a través de varios obstáculos y peligros. La audiencia se asombra de la velocidad de los perros y los rápidos giros en la dirección del rebaño, todo debido a la eficaz comunicación entre hombre, perro y ovejas.

Jesús se llamó a sí mismo nuestro Buen Pastor. Sus seguidores entendían que las ovejas necesitan ayuda en los muchos obstáculos y peligros que enfrentan. Así mismo, necesitamos que Jesús se comunique con nosotras con una voz calmada y familiar para que sepamos en qué dirección ir para estar a salvo. Nuestro pastor tiene un objetivo: mantener a salvo a sus ovejas. Él nos cerca con llamadas amables y con empujoncitos cuando es necesario. Él entiende nuestros límites, nuestra tendencia a deambular, nuestra naturaleza rebelde. En su bondad, nos empuja por los costados, recordándonos que confiemos en Él y obedezcamos sus mandatos.

Jesús, gracias por tu voz que me guía. Quiero escuchar
hoy tu voz. Me siento tranquilamente y te espero,
sabiendo que tú siempre tienes algo apropiado que decir.

Una vida de victoria

¿Acaso hay algo que pueda separarnos del amor de Cristo? ¿Será que él ya no nos ama si tenemos problemas o aflicciones, si somos perseguidos o pasamos hambre o estamos en la miseria o en peligro o bajo amenaza de muerte? [...] Claro que no, a pesar de todas estas cosas, nuestra victoria es absoluta por medio de Cristo, quien nos amó.

ROMANOS 8:35, 37, NTV

El Trapeador Milagroso prometía ser la solución para el arte de la limpieza. No más manchas tercas, suciedad incrustada, o tener que romperse la espalda haciendo fuerza. ¡La solución era sencilla y barata! Estas frases apelan a nuestras carteras porque… bueno… la vida es difícil, y a veces un atajo es algo sumamente tentador. Pero sabemos que nunca es así de fácil. ¡Al fin y al cabo, el trapeador no se empuja solo!

Es tentador tomar atajos, pero una vida de victoria no es una vida sin decepciones, ni trabajo duro. Jesús nos prometió pruebas y dificultades cuando lo seguimos a Él. La promesa de Jesús era prepararnos para el rechazo, la amargura y el odio que enfrentaríamos. Él también nos prometió gracia, fortaleza, esperanza y victoria. No te engañes pensando que las buenas obras, las oraciones, o incluso la fe, producirán una vida de tranquilidad y bendición terrenal. Tenemos una promesa de victoria, y es el amor redentor de Jesucristo.

Dios, tu amor es victorioso en todas las situaciones. Hoy te digo que estoy dispuesta a frotar y restregar. No quiero tomar atajos. Dame ojos para ver las cosas que importan y la fortaleza para ir tras ellas.

Fragmentos rotos

Él tomará nuestro débil cuerpo mortal y lo transformará
en un cuerpo glorioso, igual al de él. Lo hará valiéndose
del mismo poder con el que pondrá todas las cosas
bajo su dominio.

FILIPENSES 3:21, NTV

Cuando una maceta se cae contra el suelo o un florero se hace añicos por un golpe, consideramos el daño con la esperanza de que se pueda reparar. ¿Qué quedó? ¿Diminutos pedazos de cristal muy peligrosos, demasiado pequeños para volver a unirlos? ¿O simplemente trozos voluminosos, como las piezas de un rompecabezas, que solo necesitan pegamento y paciencia? Una cosa es cierta: nos esforzaremos más por arreglar las cosas que tienen un gran valor para nosotras.

Del mismo modo que la cerámica rota, nosotras somos vasijas rotas que necesitan una reparación importante; sin embargo, no se necesita una terapia elaborada, tan solo el procedimiento más humilde. Estiramos las manos y entregamos nuestro ser roto, desesperado, doloroso, pecador y orgulloso a Aquel que nos arregla y nos restaura de nuevo sin que quede ni una sola cicatriz o grieta.

Dios, me maravillo por tu capacidad de arreglar incluso
los fragmentos más diminutos de mi vida rota uniéndolos
de nuevo. Tú eres santo e íntegro, y yo soy tu creación.
Me someto a ti, sabiendo que tu obra sanadora nunca
deja cicatrices, y que tu amor que habita en mí me
recompone para siempre.

Pedir sabiduría

Da oído a la sabiduría,
Inclina tu corazón al entendimiento.
Porque si clamas a la inteligencia,
Alza tu voz por entendimiento.

PROVERBIOS 2:2-3, NBLA

La aflicción tiene la habilidad especial de trastornar nuestra cabeza. Puede causar que una niebla se asiente en nuestra mente. Las pequeñas decisiones nos parecen monstruosas, o quizá es lo contrario: tomamos grandes decisiones a la ligera porque, para ser francas, no tenemos energía para pensar bien todo. Por lo tanto, ¿cómo obtenemos la sabiduría que necesitamos para la tarea que tenemos por delante? Se la pedimos a Dios.

El rey Salomón tenía a su cargo una nación. Él sabía que era una tarea imposible de realizar sin sabiduría. No nació siendo el hombre más sabio que jamás vivió, sino que adquirió su sabiduría pidiéndole a Dios que se la diera. Si Dios puede darle sabiduría a Salomón para que dirija una nación, seguro que puede darnos sabiduría para tomar decisiones sobre cosas grandes y pequeñas en nuestra vida.

Dios, necesito sabiduría cada día. Gracias porque tú quieres que te la pida. Ayúdame a oírla en cualquier forma en la que venga, ya sea directamente de ti o a través del buen consejo de familiares, amigos o consejeros.

Volver

Y tú, vuelve a tu Dios,
Practica la misericordia la justicia,
Y espera siempre en tu Dios.

OSEAS 12:6, NBLA

A veces, perdemos nuestro rumbo y perdemos de vista la pasión que antes sentimos por Dios. Una vez que hemos perdido nuestra conexión con Él, no siempre sabemos cómo volver. Nos preguntamos si lo que hay entre nosotros es tanto, que Él no puede pasarlo por alto.

Pero es tan simple como volver; tan directo como ponerte de rodillas y decir: «Dios, estoy de regreso». Cuando vuelves, aferrándote al amor que te atrajo a Él la primera vez, Dios se mostrará a ti.

Dios, sé que hay áreas de mi vida en las que he puesto distancia entre tú y yo. No quiero seguir con esta desconexión entre nosotros. Quiero volver a ti y ser restaurada a una relación correcta. Gracias porque, aunque me he alejado, tú nunca te fuiste lejos.

Los secretos de Dios

¿Podrás tú descubrir las profundidades de Dios?
¿Podrás descubrir los límites del Todopoderoso?

JOB 11:7, NBLA

¿Alguna vez has descubierto algo sobre ti que no sabías antes? Quizá probaste una comida nueva que siempre afirmaste odiar, y resulta que te encantó. Tal vez te sorprendió una idea que tuviste que ni siquiera sabías que eras capaz de tener.

Si nosotras, que somos humanas, somos tan complejas que no nos entendemos del todo, entonces ¿cuánto más complejo no será el Dios que nos creó? No debemos limitar a Dios a lo que pensamos que sabemos de Él. No podemos conocer sus límites, pero podemos confiar en que su Palabra y su Espíritu Santo nos enseñen mientras buscamos conocerlo más.

Dios todopoderoso, ayúdame a no limitarte a lo que
he visto o lo que he oído de ti. Ayúdame a buscar
constantemente tu corazón para que pueda conocerte
por mí misma.

Cómo saciar nuestra hambre

Yo soy el pan de la vida; el que viene a Mí no tendrá hambre, y el que cree en Mí nunca tendrá sed.

JUAN 6:35, NBLA

No tienes que enseñar a los bebés a llevarse las cosas a la boca, ya que nacen con un instinto natural de alimentarse. Pero sí tienes que enseñarles a saber con *qué* alimentarse.

Todas fuimos creadas con un hambre espiritual natural por Dios, pero debemos aprender a saciar nuestra hambre. Hay cosas que intentaremos llevar a nuestra alma que nunca nos dejarán satisfechas. El único remedio verdadero para saciar el anhelo más profundo de nuestro ser es Dios, porque fuimos creadas para tener hambre de Él.

Señor, ayúdame a no buscar fuentes externas para saciar el hambre que solo puedo satisfacer mediante una relación contigo. Ayúdame a reconocer mi hambre para que, en lugar de vivir como alguien que está vacía, pueda vivir como alguien que está llena de tu presencia.

Creo que soy aceptada

*Que si confiesas con tu boca a Jesús por Señor,
y crees en tu corazón que Dios lo resucitó de entre los
muertos, serás salvo. Porque con el corazón se cree para
justicia, y con la boca se confiesa para salvación.*

ROMANOS 10:9-10, NBLA

¿Cómo puede ser que una humilde oración, un deseo
sencillo y a la vez sorprendente de dejar nuestra vida
y adoptar una vida como la de Jesucristo, establece
nuestra eternidad en el reino de los cielos? Vivimos en
un mundo en el que, la mayoría de las veces, recibimos
lo que merecemos y nada nos resulta fácil.

En ocasiones, como no podemos creer que la
aceptación puede venir de un acto tan sencillo,
reconstruimos el evangelio. Queremos sentir que nos
merecemos la gracia de Dios, o que nos la hemos
ganado, o que la hemos intercambiado justamente.
Construimos otro conjunto de requisitos: más oración,
más dar, más leer, más servir. Tiempo a solas. Grupo
de alabanza. Ministerio de niños. Estudio bíblico. Todos
estos hábitos son buenos, pero no nos garantizan más
aceptación. Al menos no de parte de Dios.

*Dios, gracias porque el camino a la salvación
realmente es sencillo. No tengo que ganármelo.
Lo creo. Lo confieso. Mi oración sencilla y ferviente
me asegura la aceptación en tu familia.*

Planes buenos

«*Porque Yo sé los planes que tengo para ustedes*»,
declara el S*EÑOR*, «*planes de bienestar y no de calamidad,
para darles un futuro y una esperanza*».

JEREMÍAS 29:11, NBLA

Hay dos tipos de personas en el mundo: las que pueden hacer las maletas en un momento y aceptar unas vacaciones de última hora en París, y las que necesitan meses de planificación y organización. Quizá tú estés dispuesta a hacer cualquiera de las dos cosas; a fin de cuentas, ¡es un viaje a París! Pero ¿bajo qué condiciones lo disfrutarías más? ¿Podrías confiar en que sería como tú misma lo habrías planeado si hubieras tenido mucho tiempo para prepararlo?

Cuando pensamos en nuestro futuro, puede ser difícil confiar en que las cosas saldrán como deseamos. ¡Ojalá supiéramos que los planes para nuestro futuro son certeros! Piensa en que Dios conoce el futuro, te conoce a ti, y sabe exactamente lo que necesitas.

Dios, decido creer que tienes el mejor plan en mente para mi vida. Puedes mostrarme los lugares secretos y las gemas escondidas que nunca encontraría por mí misma.

Hija de Dios

*Pues todos los que son guiados por el Espíritu
de Dios son hijos de Dios.*

ROMANOS 8:14, NTV

¡Dios es un buen Padre! Él te ama con un amor incomparable y firme. Nuestros padres terrenales tienen tareas importantes; principalmente, nos guían al amor de nuestro Padre celestial. Ya sea que la guía de un hombre dedicado modele el amor verdaderamente perfecto y abundante del Padre, o las carencias de un hombre con defectos nos lleve al amor sanador y compasivo del Padre, ambos nos guían a casa como hijas de Dios.

Por cuanto hemos sometido nuestras vidas a Jesucristo, tenemos el privilegio de que el Espíritu Santo nos guía a la verdad y la acción. Este Espíritu, como describe Pablo, es prueba de que somos adoptadas en la familia de Dios. Por la fe, podemos aferrarnos a nuestra afirmación como hijas de Dios preciosas y amadas.

Gracias, Padre celestial, por tu amorosa autoridad, amable guía, gracia interminable, tierna compasión, firme protección y perfecta fidelidad. Soy muy bendecida de tener tu herencia de vida eterna.

Perseverancia

*Por lo tanto, no desechen la firme confianza que tienen
en el Señor. ¡Tengan presente la gran recompensa que
les traerá! Perseverar con paciencia es lo que necesitan
ahora para seguir haciendo la voluntad de Dios. Entonces
recibirán todo lo que él ha prometido.*

HEBREOS 10:35-36, NTV

¿Recuerdas cuando decidiste por primera vez seguir a
Cristo? Quizá sentiste que te librabas de un peso enorme,
o que finalmente habías encontrado la paz y el gozo
que habías estado buscando por años. Estabas llena de
emoción en la nueva vida que habías encontrado, y te
sentías lista para comerte el mundo en el nombre de Jesús.

Seguir a Dios puede parecer fácil al principio. Lo
aceptamos en nuestra vida y entramos en su amor con
una esperanza increíble; sin embargo, a medida que pasa
el tiempo regresan las viejas tentaciones, y amenazan
con sacudir nuestra decisión. La confianza que sentíamos
en nuestra relación al principio se suaviza mientras nos
preguntamos si tendremos lo necesario para permanecer
en esta vida cristiana. Mantente confiada en Él, pues
cumplirá lo que ha prometido. Cuando seguirlo te cueste
trabajo, prosigue con más fuerza y recuerda que serás
recompensada en abundancia por tu perseverancia.

*Dios, ayúdame a permanecer en un lugar de confianza
completa, y puesta en ti. Quiero entrar con valentía
en todo lo que tú tengas para mí.*

Camina con firmeza

Guía mis pasos conforme a tu promesa;
no dejes que me domine la iniquidad.

SALMOS 119:133, NVI

¿Qué tendrán los tacones altos? Todos los álbumes familiares contienen una fotografía de una niña adorable intentando caminar con esos zapatos, y todas las mujeres recuerdan su tambaleante intento de parecer elegante vistiendo ese primer par de zapatos de tacón. La mayoría también recordamos un tropezón no muy elegante o incluso una torcedura de tobillo; sin embargo, de algún modo el tacón de aguja sigue teniendo su encanto. ¿Quién no ha confiado en el brazo firme de un escolta o compañero con un calzado más fiable?

Caminar con Jesús es un poco parecido a aprender a caminar con tacones altos. Otras mujeres hacen que parezca fácil, deslizándose aparentemente sin problema mientras nosotras nos sentimos temblorosas e inseguras, propensas a tropezar en cualquier momento. ¿Daremos un paso en falso? ¿Nos caeremos de boca? (¿Alguien más siente el dolor?). Apóyate en el brazo firme del Salvador; permítele que te enderece y dirija tus pasos.

Señor, sé que no tengo confianza en todas las áreas
de mi caminar contigo. Te pido tu guía y tu mano firme.
Dirígeme en todo lo que me disponga a hacer.
Confío en ti.

Tal como Dios me hizo

Pero el fruto del Espíritu es amor, gozo, paz, paciencia,
benignidad, bondad, fidelidad, mansedumbre, dominio
propio; contra tales cosas no hay ley.

GÁLATAS 5:22-23, NBLA

Hacer compota de manzana con la abundante cosecha
otoñal de manzanas es una estimada afición por toda
la zona norte de los Estados Unidos. Los expertos han
desarrollado recetas laureadas cuyo secreto, dicen ellos,
es combinar diversas variedades de manzanas para
producir un perfil de sabor complejo. El resultado es un
balance del sabor ácido, dulce, fresco, suave y firme por
el que las manzanas son tan apreciadas. Cada variedad
de manzana es esencial para la compota; su particular
sabor encaja en algo bello de sabor delicioso.

En la compota del ministerio de Dios, cada perfil de
sabor del fruto espiritual del creyente es esencial.
Cuando comparamos la evidencia de nuestro fruto con el
de otros creyentes, las mentiras llegan a nuestra carne:
tu fruto no es tan brillante, tu fruto no es tan oloroso,
tu fruto es demasiado blando y sin sabor. No todos los
árboles tienen que producir el mismo fruto.

Señor, ayúdame a ser agradecida con el fruto que doy.
Ayúdame a no comparar mi fruto con los que me rodean.
Gracias por crearme con un sabor distinto
y particular.

La petición de sabiduría

Si a alguno de ustedes le falta sabiduría, pídasela a Dios, y él se la dará, pues Dios da a todos generosamente sin menospreciar a nadie.

SANTIAGO 1:5, NVI

En el primer capítulo de Santiago, el apóstol anima a los creyentes a recibir con agrado los problemas, porque la prueba de su fe producirá paciencia. Y, cuando su paciencia alcance la madurez, estarán enteramente completos en Cristo, sin que les falte nada. Santiago los exhorta a pedir sabiduría durante la dificultad, y Dios la dará generosamente.

Durante los periodos de prueba, nuestra necesidad de sabiduría divina es grande, no solo para saber cómo navegar por los detalles, sino también para recibir consuelo, claridad mental, y la capacidad de tomar decisiones sabias. Nuestro clamor a Dios no debería ser necesariamente pidiendo que nos quite las pruebas, sino pidiendo sabiduría para hacer el mejor uso de ellas. ¿Necesitas sabiduría de Dios en este momento? Pídele. Él quiere que lo hagas. Él ha prometido darnos generosamente.

Señor, hoy necesito una gran dosis de sabiduría divina. No estoy segura de cómo gestionar mis dificultades y mi propio espíritu. Gracias porque tú me guiarás durante este día paso a paso.

Sed

¡Vengan a las aguas todos los que tengan sed!
¡Vengan a comprar y a comer los que no tengan dinero!
Vengan, compren vino y leche sin pago alguno.

ISAÍAS 55:1, NVI

La sed es una sensación dada por Dios para dejarnos saber que necesitamos beber. Bajo circunstancias normales, la solución para un problema de sed es realmente simple, basta con beber. La sed espiritual también es algo dado por Dios. Él nos creó para saciarnos solo en una fuente: Jesús, el agua viva. Sin Él, estamos áridas y secas. Jesús le dijo a la mujer en el pozo que, si bebía del agua que Él le daría, nunca volvería a tener sed, y hablaba de sí mismo.

Isaías 55:1 revela la forma de satisfacer la sed espiritual. Tan solo acudir a Jesús. No hace falta el dinero; el único costo es la rendición. Bebe del vino del Espíritu Santo y la leche de la Palabra, y te saciarás. ¿Te sientes espiritualmente seca hoy? ¿Has estado demasiado ocupada y no has podido comer y beber adecuadamente para satisfacer tu alma?

Jesús, perdóname por ser negligente en beber de la fuente de tu Palabra. Necesito un trago fresco de agua viva. Lléname hoy, Señor; sacia mi sed.

Valiosa

¿Cuánto cuestan cinco gorriones: dos monedas de cobre? Sin embargo, Dios no se olvida de ninguno de ellos. Y, en cuanto a ustedes, cada cabello de su cabeza está contado. Así que no tengan miedo; para Dios ustedes son más valiosos que toda una bandada de gorriones.

LUCAS 12:6-7, NTV

A Jesús le encantaba usar historias e ilustraciones sencillas para enseñar verdades espirituales. Aquí, está explicando el valor de la vida humana usando a los gorriones como ejemplo. Aunque Mateo nos dice que se podían conseguir dos aves por una moneda, Lucas revela la oferta de cinco al precio de cuatro. Los gorriones valían tan poco que, si comprabas cuatro, el quinto te lo regalaban. Criaturas casi sin valor alguno, pero el Padre no se olvidaba de ellas.

¿Sientes hoy que vales poco? ¿El temor llama a tu puerta a causa de ello? Recuerda esto: Dios se preocupa de cada pequeño detalle de tu vida hasta el punto de contar los cabellos de tu cabeza. Eres su creación preciosa y valiosa. Se quedó corto cuando dijo: «Ustedes son más valiosos que toda una bandada de gorriones». ¿Puedes recibir esto hoy? ¿Lo harás?

Oh, Señor, gracias por ser un Creador y Padre tan amoroso. Tú te preocupas de cada detalle de mi vida. No tengo de qué tener miedo porque tú me vigilas con un cuidado tierno y amoroso.

Lo que Dios quiere

Él te ha declarado, oh hombre, lo que es bueno.
¿Y qué es lo que demanda el Señor de ti,
Sino solo practicar la justicia, amar la misericordia,
Y andar humildemente con tu Dios?

MIQUEAS 6:8, NBLA

¿Alguna vez te has preguntado cómo puedes enmendar tus errores? ¿Deberías intentarlo con más decisión, dar más, hacer más cosas para Dios? Tal vez tienes una sensación difusa de que no das la talla cuando se trata de ser una sierva eficaz de Cristo. En los tiempos de Miqueas, Israel se preguntaba qué era lo que satisfacía la justicia de Dios: ¿sacrificar un animal, o mil, o incluso a sus propios hijos como pago por sus pecados? Dios no necesitaba sus sacrificios y ejercicios religiosos. Simplemente quería que Israel viviera en humilde obediencia a Él, e hiciera lo correcto.

Y ese es el mensaje para ti hoy. No compliques demasiado tu vida cristiana. No te preocupes de hacer más. Camina de forma sencilla y humilde ante Dios: obedécelo, sé amable con los demás, y haz lo correcto.

Gracias, Señor, por darme directrices claras en tu Palabra. Aunque son sencillas, no son fáciles. Necesito tu ayuda hoy para vivir humildemente delante de ti y hacer lo correcto.

Cuando tienes a Jesús

Mediante su divino poder, Dios nos ha dado todo lo que necesitamos para llevar una vida de rectitud. Todo esto lo recibimos al llegar a conocer a aquel que nos llamó por medio de su maravillosa gloria y excelencia.

2 Pedro 1:3, NTV

Una mamá joven tenía un hijo con discapacidad y un esposo gravemente enfermo ingresados en el hospital al mismo tiempo. Su fe en Dios era evidente al saludar a la gente con un rostro alegre. «¿Cómo lo haces?», le preguntaban. Con una sonrisa, ella respondía: «Tengo a Jesús».

¿Es Jesús suficiente para ti? Piensa por un minuto en todas las cosas maravillosas que tienes en Cristo: sus asombrosas promesas, vida eterna, perdón, poder, ayuda, fortaleza, paz, guía; todo lo que necesitas para vivir una buena vida. El problema para muchas es que no se apropian de la verdad de Dios en su vida cotidiana. La leen, pero yace dormida y desatendida. ¿Te pasa eso a ti?

Señor, gracias por llamarme y darme todo lo que necesito para vivir para ti. Ayúdame a conocerte mejor y aferrarme de tus magníficas promesas. Quiero experimentar toda su suficiencia.

Una canción de deleite

Pues el Señor tu Dios vive en medio de ti.
Él es un poderoso salvador.
Se deleitará en ti con alegría.
Con su amor calmará todos tus temores.
Se gozará por ti con cantos de alegría.

SOFONÍAS 3:17, NTV

¿Estás de acuerdo conmigo en que los sentimientos de una abuela hacia sus nietos se pueden resumir en la palabra «deleite»? Escucha los sinónimos: encanto, estima, placer y disfrute. La abuela juega a juegos simples, compra juguetes, y derrocha amor sobre sus nietos. Ahora, transfiere esta experiencia tan humana a la experiencia divina, sobrenatural y perfecta. Dios, nuestro Salvador que vive en nosotras y entre nosotras, se deleita en nosotras con más intensidad de lo que cualquier número de sinónimos podrían expresar. Su amor es tan fuerte, que nuestros temores se calman. Su deleite sale de labios divinos en canciones alegres por nosotras. No es de extrañar que haya en el corazón del hombre un deseo de adorar, de devolver la canción a Dios con un deleite similar.

Toma un momento hoy y disfruta del hecho de que Dios se deleita en ti. Él conoce tus debilidades y fallas, pero aun así se alegra en ti. Al demostrar un amor tan maravilloso, Él calma todos tus temores. ¡Devuélvele una canción de alabanza!

Señor, es asombroso darse cuenta de que realmente te deleitas en mí mucho más de lo que puedo comprender. Gracias por tu increíble amor. Te alabo y te adoro hoy.

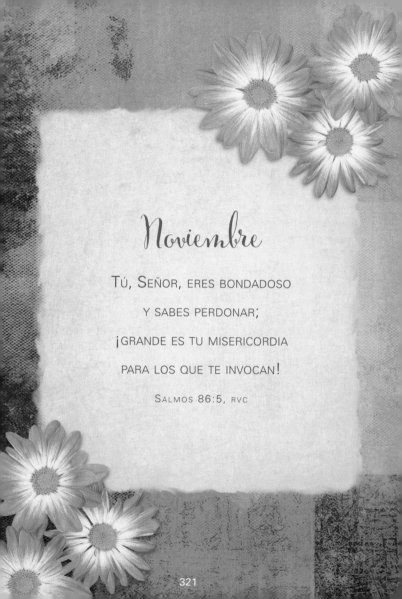

Noviembre

Tú, Señor, eres bondadoso

y sabes perdonar;

¡Grande es tu misericordia

para los que te invocan!

Salmos 86:5, RVC

Sin rencor

[El amor] no guarda rencor.

1 CORINTIOS 13:5, NVI

Muchos expertos están de acuerdo en que una de las maneras de mantener relaciones saludables y fuertes es evitar frases como «tú siempre...», «tú nunca...», o «no me puedo creer que lo hayas vuelto a hacer». El verdadero amor suelta los errores pasados y cree genuinamente lo mejor para la próxima vez. Esto produce libertad de la culpa, y permiso para que la relación avance y crezca.

Esta verdad es aplicable a todos aquellos con los que interactuamos en la vida. No seamos rencorosas con las personas por sus ofensas ni las etiquetemos por sus errores. Demos libertad para crecer y aprender. Dios no guarda rencor por los errores confesados. Libérate del reproche, y vive en la libertad de Dios.

Señor, confieso que he tenido resentimiento en mi corazón hacia personas que me han ofendido. Suelto esos errores ante ti ahora y te pido que me ayudes a borrarlos de mi corazón. Tú eres perfecto en tu amor por mí, y yo quiero ser más como tú.

Generosidad de tiempo

Cada uno debe dar según lo que haya decidido en su corazón, no de mala gana ni por obligación, porque Dios ama al que da con alegría.

2 CORINTIOS 9:7, NVI

A veces, es más fácil ser generosas con nuestro dinero que con nuestro tiempo. La vida es normalmente tan ajetreada, que tendemos a guardar nuestro tiempo religiosamente. A menudo nos enfocamos tanto en nosotras y en nuestra lista de quehaceres, que no observamos las necesidades que nos rodean. Quizá una amiga necesitaría una llamada telefónica, o una vecina anciana necesitaría ayuda para plantar su jardín. Tal vez, ofrecer tiempo podría ser una bendición para una maestra, o alguien de la iglesia que necesita ayuda con una mudanza.

Somos llamadas a ser las manos y los pies de Cristo. Hay muchas oportunidades de servir a quienes nos rodean, y resulta de gran bendición para nosotras cuando lo hacemos. A veces, dar de ti es más valioso que dar un cheque apresuradamente. Dios ama al dador alegre. Sé esa dadora alegre, aunque eso signifique dejar de lado tus propias necesidades o tu agenda. Piensa cómo podrías bendecir a alguien con tu tiempo.

Dios, muéstrame cómo puedo bendecir a alguien con mi tiempo hoy. Quiero dar con alegría aunque eso signifique tener que dejar de lado mis propias necesidades.

Solicitud aceptada

*Porque Dios nos escogió en Cristo antes de la
fundación del mundo, para que fuéramos santos
y sin mancha delante de Él.*

EFESIOS 1:4, NBLA

Las solicitudes son esenciales para separar a los
solicitantes prometedores de los inadecuados. Llena
esta solicitud, y averigua si puedes optar a una hipoteca,
la admisión a la universidad, o una tarjeta de crédito.
Ponemos nuestras mejores cualidades en el papel,
modificamos nuestras debilidades, y esperamos la
aprobación. Pero que lo denieguen es siempre una
posibilidad a considerar.

Con Dios, sin embargo, nuestra aceptación ya ha sido
garantizada. Solo debemos apelar a su Hijo, Jesús,
quien se ofrece por nosotras y pide que nos escojan.
No hay fallo en el crédito, ni suspenso ni error pasado
que su muerte en la cruz no pueda redimir por completo.
Como estamos cubiertas con su perdón, no hay falla en
nosotras. Somos aceptadas por Dios como parte de su
familia y redimidas por su gracia para su reino eterno.

*Dios, me apoyo en la promesa de que no hay nada en mi
historial, ni pecado pasado o presente, que me pueda
separar de tu amor. Deposito todo sobre ti y creo que soy
totalmente aceptada y grandemente amada.*

Una cálida bienvenida

*Por tanto, acéptense mutuamente, así como Cristo
los aceptó a ustedes para gloria de Dios.*

ROMANOS 15:7, NVI

¿Alguna vez has conocido a alguien e inmediatamente
has sentido que conectabas con esa persona? Quizá
te atrajo su personalidad, y de ahí nació una amistad.
¿Alguna vez has conocido a alguien con quien te costara
conectar? Tal vez su forma de vestir, de actuar, de hablar
o de escoger su trabajo era algo totalmente ajeno a ti.

Todas tenemos nuestras amistades naturales. No
tenemos que ser la mejor amiga de todas las personas
que conozcamos, porque la verdad es que no lo seremos.
Pero ¿qué ocurriría si, a pesar de nuestras diferencias,
aceptáramos a todas las personas que conozcamos?
Como cristianas, nuestra meta principal es agradar a
Dios. Al aceptar a los demás con la misma medida de
aceptación absoluta que Cristo nos extendió a nosotras,
honramos a Dios y le damos alabanza.

*Dios, ayúdame hoy a aceptar a los que me rodean,
y a darles la bienvenida genuinamente con los brazos
abiertos a pesar de nuestras diferencias.*

El amor del Padre

¿Qué les parece? Si un hombre tiene cien ovejas y una de ellas se ha descarriado, ¿no deja las noventa y nueve en los montes, y va en busca de la descarriada? Y si sucede que la halla, en verdad les digo que se regocija más por esta que por las noventa y nueve que no se han descarriado.

MATEO 18:12-13, NBLA

Al margen de cuán maravillosa o imperfectamente tu padre terrenal te mostró su amor, el amor de tu Padre celestial es totalmente ilimitado. Medita en esa idea por un momento. No hay nada que puedas hacer para cambiar lo que Él siente por ti. Nada.

Pasamos mucho tiempo intentando ser más encantadoras, desde regímenes de belleza a repostería de alta cocina, para estar ahí prácticamente para todos. Es fácil olvidar que ya somos perfectamente amadas. Nuestro Padre nos ama más de lo que podamos imaginar. Y Él haría cualquier cosa por nosotras. *Cualquier cosa.*

Dios, te doy gracias porque el amor que siento por mi compañero más cercano es una mera fracción del amor que tú sientes por mí. Me sorprendo de tu amor por mí tan grande e inmensurable.

Raíces más profundas

Pero aquel en quien se sembró la semilla en tierra buena,
este es el que oye la palabra y la entiende; este
sí da fruto y produce, uno a ciento,
otro a sesenta y otro a treinta por uno.

MATEO 13:23, NBLA

Los lirios cala son flores muy bonitas con anchas hojas manchadas, tallos gruesos y colores vivos. Año tras año, puedes ver cómo aparecen las asombrosas hojas, y anticipar las preciosas flores… y después la decepción de ver que no pasa nada. ¿Quizá el problema es la tierra? Los lirios cala pueden ser muy particulares.

Es una gran imagen de la parábola de Jesús sobre el sembrador y la semilla. Algunas semillas caen en tierra pedregosa, y aunque reciben la Palabra de Dios, no echan buenas raíces y rápidamente se secan ante las dificultades. Las semillas que se establecen en buena tierra, donde las raíces pueden profundizar, no solo sobreviven, sino que también dan fruto.

Dios, anhelo ver más profundidad en mi relación contigo. Quiero que otros vean tu belleza desplegada en mi vida. Ayúdame a plantarme en tierra fértil para que pueda oír, entender y dar fruto para tu gloria.

Más que las piedras preciosas

Opten por mi instrucción, no por la plata;
por el conocimiento, no por el oro refinado.
Vale más la sabiduría que las piedras preciosas,
y ni lo más deseable se le compara.

PROVERBIOS 8:10-11, NVI

Si te concedieran lo que más deseas, ¿qué sería? Probablemente, podemos responder mejor a esta pregunta si pensamos en quién o qué idolatramos. ¿La vida de quién deseamos, o qué cualidad admiramos más de alguien? ¿Belleza, inteligencia, creatividad, reconocimiento o amor?

El rey Salomón entendió el valor de la sabiduría mejor que nadie. Cuando Dios le ofreció cualquier cosa que deseara, el rey Salomón respondió con una petición de sabiduría. Podía haber pedido fama o riquezas o éxito en la guerra; en cambio, pidió *entendimiento*. El rey Salomón buscó conocimiento e instrucción primero, y terminó siendo el rey más sabio, rico, famoso y exitoso que jamás vivió.

Dios, reconozco el valor de la sabiduría hoy. Dame
un entendimiento más profundo de tu Palabra y del
mundo que me rodea. Ayúdame a buscar tu sabiduría
como buscaría el oro, la plata y las piedras preciosas.

Belleza

Que la belleza de ustedes no dependa de lo externo, es decir, de peinados ostentosos, adornos de oro o vestidos lujosos, sino de lo interno, del corazón, de la belleza incorruptible de un espíritu cariñoso y sereno, pues este tipo de belleza es muy valorada por Dios.

1 PEDRO 3:3-4, RVC

A las mujeres nos gusta lucir lo mejor posible. Eso significa, por lo general, ponerse la ropa adecuada, y el corte de cabello y complementos que vayan a juego. A veces, solo peinarse bien marca la diferencia entre un día bueno o malo. Tenemos que admitir nuestra naturaleza superficial y reconocer cuándo estamos priorizando la apariencia externa sobre la belleza interior.

La Biblia no condena la belleza externa, más bien nos aconseja que prestemos más atención a «lo interno, del corazón». ¿Quién está dentro? ¿Estás esforzándote para que esa persona interior esté bella? La belleza, para Dios, es un espíritu cariñoso y sereno.

Señor, sé que no siempre actúo con gentileza hacia los demás. Sé que podría esforzarme más por mantener un espíritu sereno. Ayúdame a desarrollar y mostrar estas cualidades que son verdaderamente hermosas.

Un roble vigoroso y esbelto

A todos los que guardan luto en Israel les dará:
belleza en vez de cenizas, júbilo en vez de llanto,
y alabanza en vez de abatimiento.
Porque para gloria de Dios, él mismo los ha plantado
como vigorosos y esbeltos robles.

ISAÍAS 61:3, NBV

¿Cuántos pensamientos concibe el cerebro humano en una hora? ¿En un día? ¿En toda una vida? ¿Cuántos de esos pensamientos tienen que ver con Dios: quién es Él y lo que ha hecho por sus hijos? Imagina puestos en una balanza tus propios pensamientos sobre la vida: listas de la compra, citas en el dentista, letras de canciones, las llaves perdidas, y tus pensamientos sobre Dios: su majestad, santidad, consuelo, creatividad. Probablemente, pesarían más los muchos detalles de la existencia humana.

Estos detalles temporales opacan el consuelo y la promesa en los que podemos confiar: el evangelio del nacimiento, muerte, resurrección y ascensión de Jesús para nuestra salvación eterna. Desechemos cualquier otro pensamiento y nos quedará esta verdad. ¡Para las que están cargadas con sus pecados es un gran consuelo! ¡Jesús vino para darnos una vida nueva!

Dios, gracias porque no soy un árbol joven y débil,
limitado por la luz inadecuada y una mala nutrición.
Tú me has hecho como un roble vigoroso y esbelto,
alto y resistente para tu gloria.

La fuerza de su presencia

Busquen al Señor y Su fortaleza;
Busquen Su rostro continuamente.

1 CRÓNICAS 16:11, NBLA

Nuestras vidas nos demandan fortaleza. Hay muchas situaciones en las que nos vemos inmersas que prueban de qué estamos hechas. Nos esforzamos al máximo por ser fuertes y enfrentar cada desafío de cara, pero regularmente no damos la talla. Lo que a menudo nos falta reconocer es que la fortaleza perfecta de Dios solo se puede mostrar en nuestra debilidad.

Tenemos un Dios que pelea por nosotras. Un Dios que acerca su oído a nuestro clamor y nos presta su fortaleza para la batalla. Cuando buscamos habitar en el lugar de su presencia diariamente, encontramos su fortaleza en nuestro corazón y su poder en nuestro espíritu.

Señor, soy débil. Hay cosas en mi vida que me han superado y solo han servido para aumentar mi necesidad de ti. Estoy aquí hoy pidiéndote tu fortaleza y tu presencia. Te necesito en cada parte de mi vida.

El Señor está cerca

El Señor está cerca de todos los que lo invocan,
De todos los que lo invocan en verdad.
Cumplirá el deseo de los que le temen,
También escuchará su clamor y los salvará.

SALMOS 145:18-19, NBLA

El Señor no solo está cerca de quienes lo invocan cada mañana. No solo está cerca de quienes viven una vida libre de pecado o de quienes hablan con elocuencia. Dios está cerca de todos los que lo invocan en verdad. Está cerca de todas aquellas cuyo corazón es genuino delante de Él. El amor de Dios es suficiente para acortar la distancia entre el cielo y la tierra y permitir que se oiga nuestra voz.

¿Anhelas la presencia de Dios? Entonces entra en ella. En realidad, es así de simple. Hay días que extrañamos su presencia y deseamos su cercanía, pero se nos olvida en ese momento que siempre podemos tenerlas. Jesús derribó todas las barreras que hayan existido jamás entre tú y Dios. Acalla tu corazón, entra en su presencia, y da voz a tus pensamientos. Él escucha, se interesa y responde.

Padre celestial, gracias porque tú estás cerca de mí.
Gracias porque no tengo que hacer piruetas
para estar en tu presencia. Tú eres un Padre bueno,
un Dios amoroso. Escucha mi corazón hoy y dame
la paz para esperar tu respuesta.

El susurro

Porque lo dice el excelso y sublime,
el que vive para siempre, cuyo nombre es santo:
Yo habito en un lugar santo y sublime,
pero también con el contrito y humilde de espíritu,
para reanimar el espíritu de los humildes
y alentar el corazón de los quebrantados.

ISAÍAS 57:15, NVI

¿Qué tendrá la noche que hace que pensemos en Él? Caemos rendidas a la cama, agotadas del día, y en la oscuridad le susurramos: «Te necesito. Extraño tu presencia». Y se nos saltan las lágrimas, y llega el arrepentimiento, y el corazón se abre, y el Espíritu se mueve. Y te das cuenta en un instante en la oscuridad de que Él está a un susurro de distancia. Él nunca ha estado lejos, nunca tan lejos como te ha parecido a veces.

Su presencia trae una sanidad inmediata, y su cercanía restaura nuestra alma. En las relaciones humanas, cuando hay distancia entre dos personas, esto daña la relación y hace que sea difícil avanzar. Pero en nuestra relación con el Señor, por mucha distancia que creemos entre nosotras y Él, siempre podemos ser restauradas de forma inmediata y completa. Lo único que se necesita es un susurro en la oscuridad, pronunciar su nombre: el nombre que nos sana, nos restaura y nos hace empezar de nuevo.

Jesús, te necesito. Borra la distancia entre nosotros
y restáurame plenamente en tu presencia.

Paz verdadera

*La paz les dejo, Mi paz les doy; no se la doy
a ustedes como el mundo la da. No se turbe su
corazón ni tenga miedo.*

JUAN 14:27, NBLA

¿Qué es la paz? ¿Un momento de verdadera relajación?
¿Una hora de calma tranquila? ¿Una vida o circunstancias
fáciles? Nuestras definiciones de paz quizá nos hacen
sentir tranquilas, pero ¿están en consonancia con la
verdadera definición dada por el propio dador de la paz?

Jesús dice muy claramente que su paz no es igual que
la paz del mundo. Él no la da de la misma forma que la
da el mundo, una forma que viene y va, y se puede tener
o perder en cualquier instante. Su paz no depende del
estado de ánimo o de las circunstancias, de la posición o
la compañía. Su paz es interior. Es la ausencia de temor.
Es la ausencia de ansiedad. Es saber que, al margen del
ruido, el cansancio o las complicaciones que te rodeen,
tú estás protegida.

*Señor Jesús, me preocupo y me dan miedo
muchas cosas. Sin darme cuenta, intercambio tu paz
por la paz del mundo que es efímera e incierta.
Pero anhelo tu verdadera paz, la paz que no vendrá
y se irá con cada circunstancia pasajera.*

Propósito para mi dolor

El Señor cumplirá Su propósito en mí;
Eterna, oh Señor, es Tu misericordia;
No abandones las obras de Tus manos.

SALMOS 138:8, NBLA

A menudo, la vida no va como pensamos que debería ir. Cuando estamos atascadas en medio de circunstancias que nunca hubiéramos deseado, como sueños perdidos y una esperanza enterrada, es difícil encontrarle sentido a todo, y puede parecernos imposible continuar. Pero Dios da propósito a nuestro dolor y esperanza para continuar.

Cuando nos parece que más que habitar activamente en Él estamos sobreviviendo, Él nos consuela con la promesa de que terminará la obra que comenzó en nosotras, haciendo que todas las cosas sean hermosas en su tiempo. Tenemos la bendición de abrazar todo lo que esté sucediendo en nuestra vida como parte de su plan confiable de glorificarse y cumplir sus buenas intenciones para nosotras.

Dios, creo que me estás moldeando más a la imagen de Jesús mediante las circunstancias dolorosas en mi vida. Espero y confío en tu promesa de que cumplirás tu propósito en mí.

Relaciones rotas

Acérquense a Dios, y Él se acercará a ustedes. Limpien sus manos, pecadores; y ustedes de doble ánimo, purifiquen sus corazones. Hermanos, no hablen mal los unos de los otros. El que habla mal de un hermano o juzga a su hermano, habla mal de la ley y juzga a la ley.

SANTIAGO 4:8, 11, NBLA

Fuimos creadas para las relaciones. Desde que Adán expresó la necesidad de compañía, las personas han buscado estar juntas. Pero, por muy fuerte que sea nuestro deseo de tener relaciones buenas y saludables, puede resultar difícil superar el dolor de una relación rota. Puede ser un divorcio, una hermana o madre separada, o una amiga de la infancia que de algún modo se ha convertido en un amargo rival. Para que se produzca una reconciliación, debemos buscar la dirección de Dios.

Primero, ora. Sométete a Dios y rehúsa permitir que el enemigo continúe con su destrucción. Después, pregúntale qué pecado, si existe alguno, has cometido que haya contribuido al distanciamiento. Confiésalo, arrepiéntete y suéltalo. Ahora llega la parte más difícil: no hables mal de la persona. No murmures, chismees o compartas tu agravio; eso no hará que las cosas mejoren. De hecho, solo las empeorará.

Dios Padre, perdono hoy en lugar de juzgar. Lo siento por la parte que me corresponda en esta relación rota. Ayúdame a dejar que tu amor fluya a través de mí hacia las personas con las que no concuerdo. Te pido humildemente una reconciliación y restauración.

Recuerdo tus maravillas

Me acordaré de las obras del Señor;
Ciertamente me acordaré de Tus maravillas antiguas.

SALMOS 77:11, NBLA

Cuando nos damos cuenta de que dudamos del poder de Dios para hacer milagros en nuestra vida, debemos recordar las maravillas que ha realizado a lo largo de la historia. La Escritura está llena de relatos de vidas cambiadas por el poder de Dios.

El mismo gran Dios que levantó a Lázaro de la muerte es el Dios a quien adoramos hoy. El Dios que le dio la vista a un ciego e hizo que un paralítico se levantara y caminara, es el mismo que aún hace milagros hoy. Cree que Dios puede hacer algo grande, sabiendo que su poder nunca ha disminuido y que sus maravillas nunca cesan.

Dios, estoy asombrada de las maravillas que has realizado a lo largo de la historia. Ayúdame a recordar tu poder cuando empiece a dudar de tu fuerza. Gracias por redimirme y permitirme, por la fe, ser testigo de tus milagros en mi propia vida. Ayúdame a crecer en fe y en la expectativa de tu grandeza.

Por los pobres

*Tú, Señor, has dicho: «Tanto se oprime a los pobres,
y es tanto el clamor de los humildes, que ahora voy a
levantarme para acudir en su ayuda».*

SALMOS 12:5, NBLA

La economía de Dios es totalmente opuesta a la nuestra.
Nuestra moneda es el dinero y el poder, mientras que
la suya es la misericordia y la gracia. Nuestra sociedad
eleva a los ricos y prominentes, y Dios levanta a los
necesitados y sin nombre. Su objetivo principal no es
conseguir algo de la gente, sino volcarse sobre ellos
abundantemente. Su corazón está con los pobres. Él es
el defensor de los indefensos y protector de los débiles.

Si queremos agradar el corazón del Padre, entonces
nosotras también defenderemos la causa de los pobres.
Los defenderemos, rescataremos y ayudaremos.
Hablaremos por ellos, los honraremos y les llenaremos
de amor.

*Padre, sé que tu corazón es tierno para con
los necesitados. Pon oportunidades en mi camino
para suplir las necesidades de los pobres y para
servir a los desamparados.*

Plenamente dedicada

¡No insistas en que te abandone o en que me separe de ti! Porque iré adonde tú vayas, y viviré donde tú vivas. Tu pueblo será mi pueblo, y tu Dios será mi Dios.

RUT 1:16, NVI

Rut dejó todo lo que para ella era familiar para seguir a Noemí hasta Belén, una tierra totalmente extraña para ella. Qué dedicación tan radical: ¡dejar todo lo familiar por dedicarse a otra persona!

¿Estás dispuesta a dejar todo lo que te gusta y conoces por seguir a Dios? Él es un Dios que recompensa y devuelve. Todo lo que entregues por el reino te será restaurado en una medida incluso mayor de aquella en la que tú diste.

Padre celestial, quiero estar dispuesta a ir dondequiera que me guíes, incluso aunque me lleves a lugares en los que nunca antes haya estado. Tú eres mi Dios, y estoy plenamente dedicada a ti.

Empatía humana

*Gócense con los que se gozan
y lloren con los que lloran.*

ROMANOS 12:15, NBLA

Hay pocas cosas más notables que el poder de la empatía humana. Cuando alguien se duele, podemos sentir su dolor, aunque nosotras no estemos heridas. Cuando alguien llora, podemos llorar con esa persona, aunque nosotras no estemos tristes. Cuando alguien se ríe, podemos disfrutar del momento con ella, aunque la felicidad no sea nuestra.

Jesús vino a nosotros, como un ser humano, en el mayor acto de empatía de la historia. Al seguir su ejemplo al ayudar a llevar sobre nuestros hombros las tristezas de otros y al compartir las alegrías de otros, expresamos su corazón al mundo.

Señor, dame una capacidad de empatía que ministre tu carácter a los que me rodean. Ayúdame a entender mejor por lo que otros están pasando para poder revelar tu corazón a quienes me rodean.

Haz un cambio

*No se amolden al mundo actual, sino sean
transformados mediante la renovación de su mente.
Así podrán comprobar cuál es la voluntad
de Dios, buena, agradable y perfecta.*

ROMANOS 12:2, NVI

Queremos cambio, pero nos cuesta perseverar en
nuestras metas. «Un día, cambiaré...» es el enemigo
de «Hoy, estoy cambiando...»; sin embargo, parece
que mientras cambiar duela más que decir la palabra,
vacilamos entre nuestro deseo y nuestra comodidad.

Suele ocurrir a menudo con el asunto de rendirnos
al Espíritu Santo. Él anhela hacer «cosas mayores», y
aunque esta idea nos seduce, la comodidad de no hacer
nada nos parece reconfortante, segura y predecible. Nos
damos cuenta, al final, de que el centro de la voluntad
de Dios verdaderamente es el lugar más seguro para
nuestra vida. Sabiendo eso, nos alegramos en Él
mientras nos moldea e inspira. Fuimos creadas para
hacer cosas buenas.

*Gracias, Padre, por los cambios que estás haciendo
en mi vida. Disfruto el hecho de que me transformes,
de que me pulas como la plata que se muestra
para ocasiones especiales.*

Eres única para Él

Pues, así como cada uno de nosotros tiene un solo cuerpo con muchos miembros, y no todos estos miembros desempeñan la misma función, también nosotros, siendo muchos, formamos un solo cuerpo en Cristo, y cada miembro está unido a todos los demás.

ROMANOS 12:4-5, NVI

Cada una de nosotras tiene una función. No operamos como las demás, porque no fuimos creadas de esa manera. A menudo no nos ponemos de acuerdo en las prioridades, aparte de habitar en Cristo y vivir en amor, porque cada una fue creada para reflejar distintos aspectos de la gloria de Dios.

A menudo leemos este versículo como si fuera una súplica para ser amables con otros cristianos. Pero no es así. Es una glorificación de nuestro Dios, el cual es fantásticamente creativo, y un ánimo para que cada una se ocupe de sus dones, permitiendo que las demás hagan lo mismo. Nuestros dones son tan personales como nuestras experiencias de salvación. Cuando finalmente aceptamos nuestra interdependencia, nos honramos unas a otras y actuamos en unidad. Aceptamos quiénes somos en Cristo y soltamos lo que no somos. Tener la libertad de hacerlo es un aspecto de lo que es verdaderamente la libertad en Cristo, y de actuar en libertad.

Padre, gracias por el complejo cuidado que tuviste al hacerme. Ayúdame a reconocer qué dones de los que me has dado no son realmente valores universales que todo el mundo tiene, sino tu firma única de gracia sobre mi vida. ¡Te amo!

Subir de nivel

Confía en el Señor con todo tu corazón,
Y no te apoyes en tu propio entendimiento.
Reconócelo en todos tus caminos,
Y Él enderezará tus sendas.

PROVERBIOS 3:5-6, NBLA

A medida que aprendemos a caminar rindiéndonos al Espíritu Santo, nuestro Padre celestial nos llama a un nivel más alto de intimidad con Él. Para hacer eso, debemos volvernos totalmente vulnerables y ser genuinas con Él. Debemos confiar en Él continuamente más que en nuestras experiencias o nuestro razonamiento.

Cuando confiamos en Dios sin límites, nos damos cuenta de que es más confiable que nadie. Nos vemos envueltas en su amor, el lugar más seguro en el que podríamos estar. Al acercar constantemente nuestro corazón a Él y escoger lo que Él escogería, recibimos su consuelo y su guía, y nuestros caminos se enderezan.

Padre celestial, vengo a ti y te pido que me ayudes a confiar en ti, sabiendo que tú tienes en mente lo mejor para mí. Haz lo que quieras conmigo. Suelto el control, y confío en ti. Tú estás de mi lado, no contra mí. Te amo.

La ironía de la debilidad

El SEÑOR es el Dios eterno, el Creador de toda la tierra.
Él nunca se debilita ni se cansa; nadie puede medir
la profundidad de su entendimiento.
Él da poder a los indefensos
y fortaleza a los débiles.

ISAÍAS 40:28-29, NTV

Cuando te ves despojada de tus talentos y fortalezas, lo único que puedes hacer es confiar en que la gracia de Dios te haga avanzar. Es ahí, en tu carencia, donde verdaderamente se revela el poder de Dios. A ninguna nos gusta sentirnos ineptas, pero si nuestra ineptitud puede hacer que Cristo se revele aún más en nosotras, entonces siempre valdrá la pena.

Debemos recordar que somos canales de misericordia, imágenes sagradas de su gracia que existen para darle siempre, en primer lugar, la gloria a Cristo.

En mi debilidad, Señor, sé mi fortaleza.
Revélate a través de mí para que pueda colaborar
contigo para llevar a cabo tu obra.

El sacrificio de acción de gracias

«Ofrece a Dios sacrificio de acción de gracias,
Y cumple tus votos al Altísimo.
Invoca Mi nombre en el día de la angustia;
Yo te libraré, y tú me honrarás».

SALMOS 150:14-15, NBLA

Los israelitas en el Antiguo Testamento tenían una lista muy compleja de rituales y sacrificios que seguir. Entre las cinco ofrendas especiales, una era la ofrenda de paz, o el sacrificio de acción de gracias. Cuando vino Jesús, los antiguos requisitos fueron reemplazados por los nuevos, para que nuestra adoración pudiera ser una expresión de nuestro corazón directamente a través de nuestros labios.

No siempre es fácil estar agradecida. En tiempos de gran dificultad, cuando todo en lo natural grita: «¡Esto no me gusta!», la gratitud se convierte en un gran sacrificio. Es una negación de la respuesta natural, muriendo a nuestra propia preferencia, y diciendo de forma sumisa: «Dios, tu camino es el mejor y te doy las gracias». Tener un corazón agradecido nos da el privilegio de clamar a Dios en nuestro momento de necesidad, y la seguridad de su liberación. ¿Puedes ofrecerle a Dios tu sacrificio de alabanza hoy?

Señor, hoy quiero darte las gracias por ser mi Dios y por la gracia que me muestras cada día. Al clamar a ti, sé que serás mi libertador, ¡y te llevarás toda la gloria en el proceso!

Redimida y libre

El Espíritu del Señor Dios está sobre mí,
Porque me ha ungido el Señor
Para traer buenas nuevas a los afligidos.
Me ha enviado para vendar a los quebrantados de
corazón, Para proclamar libertad a los cautivos
Y liberación a los prisioneros;
Para proclamar el año favorable del Señor.

ISAÍAS 61:1-2, NBLA

Cuando Jesús, el Mesías tan esperado, reveló su deidad a su familia, sus discípulos y las multitudes, estos esperaban un poderoso rey que los librara de sus opresores y estableciera su reino eterno. Lo que recibieron fue un humilde siervo que comía con recaudadores de impuestos y a quien una prostituta le lavó los pies con sus propias lágrimas. Jesús no era exactamente lo que ellos pensaban que sería.

¡Fue mucho mejor! Él vino para dar salvación a los que se ahogaban en un mar de pecado y enfermedad, a los que estaban desterrados y necesitaban una redención santa, a aquellos cuyos líderes religiosos habían considerado indignos, pero cuyo corazón anhelaba una verdadera restauración. Él vino para redimir a su pueblo, pero no como ellos lo esperaban.

Jesús, tú me liberaste de las ataduras del pecado y la opresión mediante tu muerte y resurrección. ¡Te alabo por mi libertad! Espíritu Santo, reposa sobre mí y dame la osadía para hablar a otros sobre estas buenas noticias.

Manantial refrescante

*Pero el que beba del agua que yo doy
nunca más tendrá sed. Porque esa agua es como
un manantial del que brota vida eterna.*

JUAN 4:14, TLA

¿Alguna vez has estado tan sedienta que pensaste que
no habría agua suficiente para calmar tu sed? Quizá
estuviste en algún lugar tan cálido que estabas segura de
que te tirarías a un charco de barro solo para refrescarte.
Imagínate toparte con un oasis en medio del desierto
o con un remanente de agua cristalina al fondo de una
catarata en la jungla. ¡Eso sería muy refrescante!

La palabra *refresco* misma suena como una bebida fría
para el alma cansada. La Palabra de Dios es nuestra
fuente de vida y energía. Nos da lo que necesitamos
desesperadamente, y está disponible en todo momento.
Si pasas tiempo en las Escrituras, te darás cuenta de que
su Palabra está en ti, esperando a revitalizarte
y vigorizarte.

*Dios, tu Palabra nunca se secará. Tu agua es
vivificante y eterna, ¡refrescante! Hay en mí un manantial
perpetuo cada día listo para poder zambullirme en él
en cualquier momento del día o de la noche.
Esto me da mucho ánimo cuando estoy cansada,
frustrada, triste y confusa.*

Él me da descanso

«Ustedes viven siempre angustiados y preocupados.
Vengan a mí, y yo los haré descansar.
Obedezcan mis mandamientos y aprendan de mí,
pues yo soy paciente y humilde de verdad.
Conmigo podrán descansar. Lo que yo les impongo no es
difícil de cumplir, ni es pesada la carga que les hago llevar».

MATEO 11:28-30, TLA

Hay veces en las que la aflicción te deja dolorida. Solo pensar en tener que hacer la más mínima tarea nos abruma. Levantarte de la cama, vestirte, hacer la comida o llevar a los niños al entrenamiento se convierten en tareas imposibles. El mundo continúa girando, y tú solo piensas en detenerte y bajarte de él, aunque sea un ratito. Intentar seguir el ritmo de las demandas de la vida te parece imposible. Así que dejas de intentarlo.

Admite tu debilidad y pídele a Dios que te dé su fuerza. Descubrirás que Él tiene muchos recursos cuando le permites que los use. ¿Alguien se presenta en tu casa con un plato de comida? Acéptalo. Eso fue un regalo de Dios para darte descanso. ¿Una amiga aparece y se ofrece a llevar a tus niños al entrenamiento? Dale las gracias. Eso también fue Dios. Aceptar que necesitamos ayuda a veces puede ser la parte más difícil.

Dios, estoy muy agradecida de que tú seas amable,
humilde y fácil de agradar. Ayúdame a encontrar mi
descanso y fortaleza en ti hoy.

Todo nuevo

Bendice, alma mía, al SEÑOR, Y no olvides ninguno de Sus beneficios. Él es el que perdona todas tus iniquidades, El que sana todas tus enfermedades; El que rescata de la fosa tu vida, El que te corona de bondad y compasión; El que colma de bienes tus años, Para que tu juventud se renueve como el águila.

SALMOS 103:2-5, NBLA

¿Es razonable creer que un corredor de maratón pueda terminar una carrera sin tomar ni si quiera un solo vaso de agua? ¿Sería justo esperar que un doctor, después de trabajar en un turno de 36 horas, tenga la energía de realizar una última y tediosa operación? ¿Podemos esperar que un niño no chupe la espátula que usó para mezclar la masa de las galletas? ¿Debería estar cómodo un extranjero con las costumbres de un país nuevo para él?

Sabemos que los humanos tenemos límites. Necesitamos comer y beber regularmente. Nos cansamos y estamos de mal humor si no dormimos lo suficiente. Nuestras emociones se pueden ver alteradas por las grandes turbulencias de la vida. Ya sea que estés en lo mejor de tu desempeño o a punto de quedarte vacía, necesitando una renovación ahora o en el futuro, solo Dios puede darte lo que necesitas, porque Él conoce tus límites y capacidades. Él sabe que necesitas tiempo para reposar, espacio para recuperar tu fortaleza, y que a veces una galletita ayuda mucho.

Dios, necesito tu renovación. Sé que no puedo estar fuerte siempre. Necesito que repongas mi energía, que renueves mi mente, y que me des fuerzas.

Ven conmigo

Mi amado habló, y me dijo: «Levántate, amada mía,
hermosa mía, y ven conmigo. Pues mira,
ha pasado el invierno, ha cesado la lluvia y se ha ido.
Han aparecido las flores en la tierra;
Ha llegado el tiempo de podar las vides,
y se oye la voz de la tórtola en nuestra tierra».

CANTAR DE LOS CANTARES 2:10-12, NBLA

Algunos dicen que el romance está muerto. No es así para Dios: el amante de nuestra alma. ¡Él solo desea pasar tiempo con su creación! Aunque puede resultar un tanto incómodo tener su mirada de manera tan intencional sobre nosotras. No somos nada especial, a fin de cuentas. No somos las reinas de la belleza, ni eruditas académicas o prodigios atléticos de ningún tipo. Quizá no somos musicales, ni mañosas u organizadas. Puede que nuestra casa esté hecha un caos, y probablemente nos vendría bien una manicura.

¿Te sientes un poco impresionable bajo una mirada tan adorable? ¡Tengo buenas noticias para ti! ¡En realidad eres su niña hermosa! Y no dudes que Él quiere sacarte de tu frío invierno. Él ha puesto fin a la época de lluvias y finalmente, *por fin*, es tiempo de alegrarse en la estación de la renovación.

Padre celestial, no sé por qué me siento incómoda
bajo tu mirada. Tú me amas más de lo que nadie
podría amarme nunca. Al margen de lo indigna que
piense que soy, quiero levantarme e ir contigo.

Peso de preocupación

La ansiedad en el corazón del hombre lo deprime,
Pero la buena palabra lo alegra.

PROVERBIOS 12:25, NBLA

La preocupación llena nuestra cabeza con preguntas que quizá nunca tengan respuestas y posibilidades que quizá nunca se hagan realidad. Nos cansamos a medida que nuestros problemas momentáneos deprimen nuestra paz. Es en estos tiempos que las palabras de ánimo de una amiga se pueden convertir en el catalizador de cambio para transformar nuestra incertidumbre en fortaleza y nuestra duda en una fe restaurada.

Al rodearnos del tipo de personas que regularmente dicen la verdad, sin darnos cuenta aseguramos nuestra propia paz y nuestra futura alegría.

Dios, cuando empiece a sentirme ansiosa, te pido que me traigas a una amiga que me diga la verdad. Ayúdame también a mí a ser una amiga que lleve paz a las personas que me rodean.

Diciembre

POR LO TANTO, YA QUE FUIMOS HECHOS

JUSTOS A LOS OJOS DE DIOS POR MEDIO

DE LA FE, TENEMOS PAZ CON DIOS GRACIAS

A LO QUE JESUCRISTO NUESTRO SEÑOR

HIZO POR NOSOTROS.

ROMANOS 5:1, NTV

Fe como la de un niño

Te alabo, Padre, Señor del cielo y de la tierra,
porque ocultaste estas cosas a sabios e
inteligentes, y las revelaste a los niños.

MATEO 11:25, NBLA

Hay muchas cosas que podemos aprender de nuestros niños. Jesús enseñó esto cuando los discípulos le estaban preguntando quién sería el mayor en el reino de los cielos. No sabemos a ciencia cierta por qué se lo preguntaban, pero podemos intuir que no esperaban de manera alguna la respuesta que Jesús les dio. Él puso a un niño en medio de ellos y dijo que, a menos que se hicieran como un niño, nunca entrarían en el reino de los cielos.

La fe en Dios de un niño no conoce dudas. Ellos creen, con bastante sencillez, que Él es quien dice ser y que hará lo que dice que hará. No se desaniman, y no tienen razones para dudar de su fidelidad. Dios nos desafía a tener ese tipo de fe: sincera y pura.

Dios, dame el tipo de fe que no se rinde.
A pesar del desánimo, quiero confiar en ti
como lo haría una niña.

Escapa de la batalla

Ustedes no han sufrido ninguna tentación que no sea común al género humano. Pero Dios es fiel, y no permitirá que ustedes sean tentados más allá de lo que puedan aguantar. Más bien, cuando llegue la tentación, él les dará también una salida a fin de que puedan resistir.

1 CORINTIOS 10:13, NVI

Quizá luchas con la ira o la avaricia. Tal vez tu lucha es con el orgullo o la vanidad. Podría ser que te resulta difícil ser honesta o amable. Sea cual sea tu batalla, no peleas sola. Todas tenemos luchas, pero Dios no nos permitirá luchar con algo tan grande que no podamos vencerlo.

Podemos tener confianza en que, en cada batalla, en cada lucha y en cada tentación, Dios nos dará una salida. Hay un plan de escape preparado. Cuando nos veamos ante la tentación, podemos pedirle ayuda a Dios. Él es fiel, y responderá a nuestro clamor.

Dios, ayúdame con las batallas que enfrente hoy. Sé que tú me rescatarás y me fortalecerás.

El corazón del ofensor

Entonces, ustedes como escogidos de Dios, santos y amados, revístanse de tierna compasión, bondad, humildad, mansedumbre y paciencia; soportándose unos a otros y perdonándose unos a otros, si alguien tiene queja contra otro. Como Cristo los perdonó, así también háganlo ustedes.

COLOSENSES 3:12-13, NBLA

Cuando alguien nos hiere profundamente, no es fácil pasar por alto la ofensa y ver el corazón del ofensor. Pero eso es exactamente lo que Dios hace con nosotras, y Él quiere que hagamos lo mismo con los demás. La mayoría de las veces descubriremos que el ofensor se está ahogando en su propio mar de dolor y desesperación. Ellos también necesitan una gran medida de amor.

Si le pedimos a Dios poder ver a nuestros ofensores como Él los ve, desarrollaremos un profundo entendimiento y compasión por ellos. Quizá nuestra herida palidezca en comparación con su dolor. Vemos que están perdidos y que desean que alguien les ayude. Nosotras les ofrecemos bondad y gracia al igual que Dios nos las dio a nosotras.

Padre, ayúdame a mostrar gracia y compasión a los que me han herido. Cambia mi corazón hacia ellos. Permíteme verlos como tú los ves. Gracias por tu bondad hacia mí.

Columna en un mundo tembloroso

El Señor es mi roca, mi baluarte y mi libertador;
Mi Dios, mi roca en quien me refugio;
Mi escudo y el poder de mi salvación, mi altura
inexpugnable.

SALMOS 18:2, NBLA

Nunca sabemos cómo reaccionaremos cuando llegue una tragedia, cuando algo supere nuestro entendimiento, o cuando nos veamos ante una circunstancia inconmovible. ¿Qué podemos hacer para prepararnos? No mucho en el mundo físico, pero podemos podar nuestro corazón. Podemos pedir una dependencia total de nuestro Padre. Podemos entender mejor lo profundo, lo ancho y lo largo que es su amor para con nosotras, para que cuando nos veamos ante la incertidumbre, nos aferremos a lo que sabemos que es certero: Jesús.

Jesús es nuestro mejor apoyo. Él es nuestra roca. Él es nuestra columna de fortaleza cuando nos sentimos inestables o inciertas. Cuando tenemos preguntas, Él es nuestra respuesta. Cuando clamamos pidiendo ayuda, Él es nuestro consolador. Cuando preguntamos por qué, Él susurra su verdad de un plan para nuestra vida.

Señor, te necesito. Cuando las circunstancias
se salen de mi control, me aferro a ti,
que eres mi columna de fortaleza.

Es posible la integridad

[El amor] no guarda rencor.

1 CORINTIOS 13:5, NVI

Tener integridad significa que no nos falta nada y que vivimos perfectamente. Suena imposible, pero en Cristo somos restauradas y nos sentimos completas, libres de cualquier culpa o mancha. Por lo tanto, la integridad está presente en cada creyente.

La buena noticia es que no es algo que tengamos que buscar o reunir. Podemos vivir en integridad y tomar decisiones según su voluntad por la obra que Dios ya ha hecho en nosotras. Nuestra integridad solo se ve comprometida cuando decidimos alejarnos de su integridad.

Dios, me doy cuenta de que solo puedo actuar
en integridad si dejo que tú me guíes.
No hay perfección fuera de ti.
Hazme completa e íntegra mientras espero en ti.

Borrar

Para alabanza de la gloria de Su gracia que
gratuitamente ha impartido sobre nosotros en el Amado.
En Él tenemos redención mediante Su sangre, el perdón
de nuestros pecados según las riquezas de Su gracia que
ha hecho abundar para con nosotros.

EFESIOS 1:6-8, NBLA

Inmediatamente después del momento, queremos apretar el botón de borrar. Queremos regresar en el tiempo solo unos minutos cuando sentimos que la presión sanguínea aumentaba y sabíamos que podríamos decir algo que luego lamentaríamos. Sabíamos que podríamos perder el control, porque ya no podíamos soportarlo más.

Pero llega el momento, reaccionamos, y después nos disculpamos: es el círculo vicioso de nuestra humanidad. Por fortuna, a través de la sangre de Jesucristo y nuestro arrepentimiento, somos perdonadas, liberadas y aliviadas de la carga de nuestros errores. Se nos da una pizarra en blanco para empezar de nuevo, y algunos días ese regalo parece mayor que otros días. Algunos días, confiamos mucho en nuestro Señor y Salvador para poder superar otro día más. Y está bien.

Dios, hay muchas veces en las que quiero apretar
el botón de «borrar», o regresar y cambiar algo que
he dicho o hecho. Gracias porque tu regalo del perdón
es ilimitado. Acepto ese regalo hoy.

La voz del amor

*Les he dado la gloria que tú me diste, para que
sean uno, como nosotros somos uno. Yo estoy en ellos,
y tú estás en mí. Que gocen de una unidad tan perfecta
que el mundo sepa que tú me enviaste y que los amas
tanto como me amas a mí.*

JUAN 17:22-23, NTV

Cuando vivimos para otras voces, rápidamente nos
cansamos y desanimamos. Las expectativas de otras
personas con respecto a cómo deberíamos vivir, actuar
y ser son a veces inalcanzables. Hay solo una voz que
importa, y puede venir en una gran variedad de formas:
la voz de Dios.

Lo que Dios nos dice es que somos amadas, que somos
queridas, y que añadimos un valor importante. Somos
sus amadas, sus hijas, su hermosa creación. Esta es
la voz que importa. Esta es la voz a la que regresamos
cuando sentimos que no somos lo suficiente.

*Padre, ayúdame a ignorar las voces que no importan.
Nada cambia el amor que sientes por mí.
Hoy, decido sentarme y empaparme de ese amor.*

Transformación

*Y estoy seguro de que Dios, quien comenzó la buena
obra en ustedes, la continuará hasta que quede
completamente terminada el día que Cristo Jesús vuelva.*

FILIPENSES 1:6, NTV

Cuando le entregamos nuestra vida a Dios, esperamos
experimentar un cambio radical y completo desde dentro
hacia afuera. Nos frustramos y desanimamos cuando
descubrimos que los viejos hábitos son difíciles de
romper, y seguimos atrapadas en la misma tentación.

Es tentador rendirse, pero ¡deberíamos animarnos!
Somos nuevas criaturas en Cristo; su obra en nosotros
continúa. La santificación es un proceso; un proceso
muy difícil y doloroso. Pero su gracia nos cubrirá, y Él
promete terminar su obra. Él no nos ha dejado ni nos ha
abandonado.

*Señor, a veces estoy tan frustrada que no soy
la persona que quisiera ser. Gracias porque me estás
transformando mediante tu Espíritu y tu Palabra.
Anhelo ver tu obra terminada en mí.*

Miedo a los monstruos

Busqué al Señor, y Él me respondió,
Y me libró de todos mis temores.
Los que a Él miraron, fueron iluminados;
Sus rostros jamás serán avergonzados.

SALMOS 34:4-5, NBLA

De niñas nos daban miedo los monstruos debajo de la cama, o teníamos miedo al pensar en lo que podría acecharnos en los rincones oscuros de nuestro cuarto. Aunque esos temores eran muy irracionales, para nosotras eran muy reales. Nos quedábamos paralizadas, sin atrevernos a respirar o gritar, y cerrábamos fuerte los ojos anhelando volver a quedarnos dormidas. Las noches y la oscuridad que traían parecían interminables.

Como adultas, aún tenemos miedo a los monstruos; sin embargo, ahora adoptan la forma de un jefe airado, la dificultad en una relación, un diagnóstico médico desfavorable, o la factura de la tarjeta de crédito. El temor nos atenaza de una forma real y poderosa, dejándonos inmovilizadas. Si no tenemos cuidado, el temor puede destruir nuestra paz mental. Como hija de Dios, puedes clamar a Él con la confianza de que te ayudará. Puedes sacudirte el temor y saber que, enfrentes el monstruo que enfrentes, nunca lo harás sola.

Dios, los monstruos de mi vida pueden ser abrumadores.
Gracias por la promesa en tu Palabra que me
dice que tú me librarás de todos mis temores
cuando te busque. Te pido hoy tu paz, y el brillo
de un rostro que te mira.

Transparencia

El perfume y el incienso alegran el corazón;
la dulzura de la amistad fortalece el ánimo.

PROVERBIOS 27:9, NVI

Está bien frustrarnos cuando las cosas no salen bien. De verdad que sí. Todas tenemos días difíciles, días en los que nos despertamos tarde, se nos pierden las llaves, no encontramos calcetines que hagan juego… ¡y después se nos vuelca el vaso de leche! Experimentamos esos días en los que solo queremos tirar la toalla y olvidarnos de todo. Por alguna razón, pensamos que tenemos que ser perfectas: todo el tiempo. Pero no lo somos. Está bien ser transparentes unas con otras. Al hacerlo, permitimos que otras nos amen, nos animen y oren por nosotras.

Compartir nuestras luchas no solo aligera nuestras cargas, sino que también refuerza el hecho de que no estamos solas. Además, nos da permiso para que otras personas también sean transparentes.

Padre, abandono la idea de que debo tenerlo todo
bajo control. Necesito a otros en mi vida que me animen.
Muéstrame las amigas con las que puedo ser
transparente, y ayúdame también a ser una amiga
confiable para ellas.

Rostro de bondad

«Busquen Mi rostro», mi corazón te respondió:
«Tu rostro, SEÑOR, buscaré».
No escondas Tu rostro de mí.

SALMOS 27:8-9, NBLA

¿Alguna vez anhelas ver el rostro de Dios? ¿Te preguntas cómo se verá cuando Él te mira? Ten por seguro que sus ojos son más bondadosos de lo que piensas. Su expresión es más tierna de lo que crees, y su postura es más accesible de lo que imaginabas. Esta no es solo una idea linda. Sabemos que es cierto, porque sabemos cómo se veía Él cuando caminó sobre esta tierra. Tenemos relatos directos de cómo respondió a las personas con corazones humildes. Les dio la bienvenida y les habló con palabras que traían libertad.

Podemos pensar en la persona más amable que conocemos, la persona que parece que nunca se molesta por nada y que escucha con atención a todos. Aunque esa persona podría ser digna de atención por su bondad, sería tan solo un mero reflejo de la bondad de Dios.

Dios Padre, tú eres constante en tu amor por mí.
Tú nunca tienes un día malo, y no me miras
con disgusto cuando yo sí lo tengo. Gracias por tu
rostro, que es tierno y bueno cuando me mira.

Senderos antiguos

Deténganse en los caminos y miren;
pregunten por los senderos antiguos.
Pregunten por el buen camino, y no se aparten de él.
Así hallarán el descanso anhelado.

JEREMÍAS 6:16, NVI

Es divertido recibir algo nuevo, especialmente si estás orientada a la tecnología y te apasionan los aparatos. Las largas filas de las tiendas de Apple en todo el país demuestran que a la mayoría nos encanta lo último y lo mejor. No nos gusta quedarnos desfasadas o no vivir a la vanguardia.

A veces, podemos sentirnos un tanto desfasadas en nuestra vida espiritual, y necesitamos un toque nuevo de Dios. Quizá también necesitemos revivir, pero en el reino de Dios, lo antiguo es mejor. De hecho, ¡lo antiguo es lo mejor! En nuestra iglesia, los estilos de adoración cambian, y los programas y los métodos también, pero hay algo que debe permanecer antiguo, y es la verdad de la Palabra de Dios. La religión de antaño sigue rescatando a las personas de perecer. Como no necesitamos actualizar el evangelio, quizá lo que necesitemos sea solo una unción fresca del Espíritu Santo que nos llene de contentamiento y descanso para nuestra alma.

Padre celestial, hoy necesito un toque de ti.
Mi espíritu se siente reseco y desfasado, y mi alma
necesita refrigerio. Quiero seguir tus senderos antiguos
que recorren el buen camino, ¡así que dame un fresco
comienzo en este día!

Belleza interior

No se interesen tanto por la belleza externa: los peinados
extravagantes, las joyas costosas o la ropa elegante.
En cambio, vístanse con la belleza interior, la que
no se desvanece, la belleza de un espíritu tierno y
sereno, que es tan precioso a los ojos de Dios.

1 PEDRO 3:3-5, NTV

Todas queremos sentirnos bien por cómo lucimos, así que
a menudo pasamos tiempo haciendo lo que podemos para
cubrir nuestras debilidades y mejorar nuestras fortalezas.
Queremos estar bellas. Pero la definición de Dios de belleza
es muy distinta a la del mundo. Piensa en esta historia: Dios
envió al profeta Samuel a Belén para que escogiera a uno
de los hijos de Isaí para reemplazar al rey Saúl. Cuando
Samuel vio al mayor, Eliab, pensó: «Seguro que es este».
Fue entonces cuando Dios le dijo a Samuel que no se fijara
en la apariencia externa, porque el Señor mira el corazón.

¿Qué es bello para Dios? Sabemos que Él ya nos ama tal
como somos, ¡pues Él nos creó! Lo que es bello para Él
es un espíritu tierno y sereno. Cuando nos adornamos
con amor, amabilidad y bondad, estamos viviendo la
verdadera belleza que atraerá a otros a Cristo. ¿Estás
obsesionada con tu apariencia externa? Recuerda: Dios
está mirando tu corazón.

Señor, tengo que admitir que protesto demasiado
sobre mi aspecto. Sé que, a medida que me vaya
pareciendo más a ti, tu belleza se verá más en mí.

Quebranto

El Señor está cerca de los que tienen quebrantado el corazón; él rescata a los de espíritu destrozado.

SALMOS 34:18, NTV

Las cosas rotas se consideran sin valor y se desechan: el cristal roto, el viejo juguete, o la pluma que se ha quedado sin tinta. El mundo está lleno de personas con el corazón roto por la traición, la decepción o la pérdida. En algún punto, todos nuestros corazones estaban rotos por el pecado, el egoísmo, el orgullo y la terquedad: fortalezas que Dios tenía que romper en nuestras vidas.

Hay una belleza en el quebranto, porque en el proceso de restauración vemos obrar a Jesús. Cuando somos quebrantadas, estamos listas para que nos restauren y tenemos que acudir al maestro constructor. Cuando acudimos a Cristo con un corazón arrepentido, Dios se acerca para salvarnos. Cuando la vida se pone difícil y las circunstancias aplastan el espíritu, Dios se acerca para consolarnos. Cuando nuestra desesperación nos lleva a arrodillarnos, Dios se acerca para librarnos. ¿Tienes el corazón roto hoy? Clama al maestro constructor. Él comenzará la obra.

Señor, necesito algunas reparaciones en mi corazón hoy. Gracias por ser quebrantada para poder sanar mi quebranto.

Escoger el contentamiento

Ahora bien, la verdadera sumisión a Dios es una gran riqueza en sí misma cuando uno está contento con lo que tiene. Después de todo, no trajimos nada cuando vinimos a este mundo ni tampoco podremos llevarnos nada cuando lo dejemos.

1 TIMOTEO 6:6-7, NTV

Muchas personas en este mundo viven motivadas por el deseo de tener más. Tal vez, a nosotras nos tienta la seducción del materialismo más de lo que nos gustaría admitir. La tentación es difícil de evitar, ya que somos bombardeadas por los medios de comunicación a cada momento. El hombre rico en Marcos 10 tenía problemas con este asunto. Era incapaz de entregar sus posesiones y su dinero para seguir al Señor.

La mayoría de nosotras no somos ricas ante los ojos del mundo, pero como cristianas, cuando conseguimos tener contentamiento con lo que Dios nos ha dado, sin duda somos muy ricas. La sumisión con contentamiento es en sí misma una gran riqueza. ¿Estás luchando hoy con el descontento o incluso con la codicia? Rinde tus deseos al Señor; escoge el contentamiento, ¡y disfruta de lo que tienes!

Amado Señor, siento mucho estar descontenta con lo que me has provisto. Rindo mis deseos a ti y te doy gracias, porque cuando te tengo a ti, tengo todo lo que necesito.

Osadía inusual

*Los gobernantes, al ver la osadía con que hablaban
Pedro y Juan, y al darse cuenta de que eran gente
sin estudios ni preparación, quedaron asombrados y
reconocieron que habían estado con Jesús.*

HECHOS 4:13, NVI

¿Te acuerdas del paralítico que se sentaba diariamente
en la puerta del templo para mendigar? Pedro y Juan
se acercaron, pero no tenían dinero que darle. Ellos lo
sanaron mediante el poderoso nombre de Jesús. Esto no
pasó desapercibido ante los líderes religiosos. Mandaron
llamar a los dos apóstoles ante el concilio, donde se
vieron ante un intimidante grupo de hombres que
tenían la autoridad para encarcelarlos. Sin temor, Pedro
tomó la palabra e hizo una potente crítica contra ellos.
Habían crucificado a Jesús, cuyo poder había sanado
al leproso. El concilio se quedó paralizado por la osadía
de dos hombres sin estudios, comunes y corrientes. ¿La
explicación de su valentía? ¡Habían estado con Jesús!

¿Hay una situación que estés viviendo que necesite más
osadía de la que tienes ahora? Bueno, ¿has estado con
Jesús últimamente? No tienes que tener un don concreto
o educación formal para mostrar una osadía inusual en
una situación que te dé miedo. Tienes a Jesús. Él te dará
exactamente lo que necesitas.

*Amado Señor, necesito una gran dosis de osadía hoy.
Te pido que me llenes de valentía por el poder de tu
Espíritu Santo.*

Libertad para volar alto

Cristo nos libertó para que vivamos en libertad.
GÁLATAS 5:1, NVI

¡La libertad es algo maravilloso! Vivimos en un país libre donde podemos adorar a Dios, decir lo que pensamos, y disfrutar de oportunidades ilimitadas sin temor o impedimento. Sin embargo, a pesar de estas libertades, a veces nos sentimos atadas a la aburrida rutina de la vida cotidiana, de algún modo como un ratón en su rueda. Parece no haber vía de escape de las rutinas de una vida carente de gozo.

Ese no es el plan de Dios para nosotras. La vida consiste naturalmente en responsabilidades que pueden parecer incesantes, pero simultáneamente podemos volar alto como las águilas en una gozosa libertad. ¿Te sientes atrapada en la rutina hoy? Toma un momento y fija tus ojos en Jesús, empápate de su presencia, siente la chispa de vida divina que se encendió en ti la primera vez que le rendiste el corazón a Dios. Dale gracias por la libertad del pecado, el temor, las ataduras y la desesperanza. ¡Él nos libertó para que vivamos en libertad!

Señor, gracias por el increíble regalo de la libertad, ¡tanto en mi país como en mi alma! Ayúdame hoy a enfrentar mis tareas con gozo, y libera mi espíritu.

Todo

Todo lo puedo en Cristo que me fortalece.

FILIPENSES 4:13, NVI

Una joven universitaria entraba en pánico cada vez que tenía que levantarse en la clase de oratoria. En este día en concreto, con las manos sudorosas, la voz vacilante y rodillas temblorosas, se levantó para ponerse delante de sus compañeros y dar su discurso de cinco minutos. El profesor quedó impresionado con la presentación, y le pidió que diera su mensaje a todo el cuerpo estudiantil en el servicio de la capilla. De modo interesante, la charla fue sobre Filipenses 4:13. ¿Cómo podía ella rehusar con buena conciencia? El día señalado, orando como loca y a punto de derretirse, ¡consiguió la hazaña! Dios demostró ser fiel a su Palabra y le mostró de esta pequeña manera que, sin duda, ella podía hacer algo difícil porque Jesús era su fortaleza.

¿Qué estás enfrentando tú en este día? ¿Algo totalmente fuera de tu zona de comodidad? ¿Algo que te recuerda a un temor insidioso desde lo más hondo de tu ser y que te paraliza de miedo? Encuentra consuelo sabiendo que Dios nunca te pedirá hacer algo para lo que Él no te capacite.

Oh Señor, ¡qué agradecida estoy de no tener que intentar ser fuerte y valiente en mis propias fuerzas! Tú eres mi fuente. Dame hoy lo que necesito para cumplir tu voluntad.

Hogar

«Viviré con ellos y caminaré entre ellos.
Yo seré su Dios, y ellos serán mi pueblo».

2 CORINTIOS 6:16, NVI

¡En ningún lugar se está mejor que en casa! Ahí nos sentimos seguras y a salvo. Es un lugar donde podemos poner los pies sobre el sofá, respirar y relajarnos. Tenemos nuestro propio juego de llaves, y entramos y salimos con libertad. El hogar es donde está nuestro corazón.

Quizá el hogar no es así para ti y anhelas tener ese sitio algún día. La buena noticia es que nuestro Padre del cielo ya te ha preparado uno, no solo en la eternidad sino también aquí y ahora. Recuerda que Él es Emanuel, el Dios que camina y vive entre nosotros. Él nos da las llaves de su hogar donde podemos actuar con su autoridad, bendición y poder. Al acudir a nuestro Papá con cualquier necesidad que tengamos en cualquier momento, podemos descansar en el hecho de que, responda como responda, eso será lo mejor. Podemos relajarnos, descansar y confiar, sabiendo que estamos seguras y a salvo en su presencia. Cuando estamos con Jesús, estamos en nuestro hogar.

¡Oh Padre, quiero vivir en un lugar así! Mi casa aquí en la tierra necesita algunas remodelaciones, pero el hogar que tú has provisto para mí está perfectamente diseñado para acomodar mi corazón. ¡Gracias!

Esperanza

¿Por qué voy a inquietarme? ¿Por qué me voy a angustiar? En Dios pondré mi esperanza y todavía lo alabaré. ¡Él es mi Salvador y mi Dios!

SALMOS 42:5, NVI

Quizá recuerdes los tiempos de niña en los que anhelabas tener algún juguete nuevo y esperabas con todo tu corazón que Santa Claus te lo trajera. Ya conoces el dolor de la decepción si no estaba debajo del árbol, y también la alegría que sentías si estaba. Las personas en todos los lugares buscan alguien o algo en donde poner sus esperanzas, sin saber que la mayor fuente de esperanza se encuentra en Jesucristo.

¿Cuál es tu esperanza en este día? ¿Esperas una persona clave en tu vida o que cambien tus circunstancias? El cumplimiento de una esperanza así no se puede garantizar. Sin embargo, cuando ponemos nuestra esperanza en Cristo, ¡cada anhelo que tengamos se cumplirá! Dios sabe lo que realmente necesitamos, así que quizá tenga que torcer un poco nuestros anhelos para que encajen en sus planes; pero, cuando nuestra esperanza y confianza están dirigidas hacia el Dios de toda esperanza, no seremos decepcionadas.

Señor, conforma los anhelos de mi corazón, todas mis esperanzas, para que encajen en el molde que has creado para mí. Mi esperanza está en ti, y esperaré. Sé que tú conoces todos mis deseos y que me das lo que realmente necesito.

Quiero conocerte

¡Oh, si conociéramos al SEÑOR! Esforcémonos por
conocerlo. Él nos responderá, tan cierto como viene el
amanecer o llegan las lluvias a comienzos de la primavera.

OSEAS 6:3, NTV

Oseas fue un profeta con una de las tareas más inusuales que realizar. Fue guiado a casarse con una prostituta como una imagen de la infidelidad de Israel hacia Dios. Buscando restaurar a su propia esposa adúltera, Oseas estaba demostrando el amor de Dios y su deseo de restaurar a su pueblo escogido. Los israelitas se habían apartado en pos de otros dioses, confiando en su fortaleza y poder militar en lugar de confiar en el Señor. Dios permitió que cayera sobre ellos mucha tragedia para persuadirlos a que volvieran a Él. Bajo estas dolorosas circunstancias, el apasionado ruego de Oseas llega hoy hasta nuestros oídos: «Esforcémonos por conocerlo».

¿Has estado obstinada últimamente, quizá confiando en otras personas o en tu propia sabiduría para resolver tus problemas cotidianos? ¿Has hecho de las actividades o de la ocupación o incluso del ministerio tu prioridad, y has relegado a Dios al fondo de la estantería? ¡Vamos, esforcémonos por conocerlo! Él nos responderá tan cierto como la llegada del alba. Al buscarlo, Él nos corresponderá tan cierto como la llegada de las lluvias a principios de la primavera.

¡Señor, aumenta mi deseo de conocerte! Quiero
proseguir hacia un mayor conocimiento de ti, pero la
vida muchas veces se interpone en mi camino.
Hoy decido buscarte a ti primero.

Paz en Jesús: el regalo eterno

Gloria a Dios en las alturas,
Y en la tierra paz entre los
hombres en quienes Él se complace.

LUCAS 2:14, NBLA

Puede que los árboles de Navidad sean decoraciones seculares, pero en Navidad evocan pensamientos de un árbol más precioso: la cruz. Jesús vino a nosotros el día de Navidad con el propósito de traer paz a su pueblo mediante la cruz del Calvario.

La misión de Cristo fue redimirnos de cada pensamiento, palabra o acción que no coincidiera con nuestra semejanza de Dios. Él destruyó nuestros pecados y silenció a nuestro enemigo permanentemente en la cruz. Él nos capacitó para la victoria. Cada una de nosotras lleva su gloria como hija del Dios Altísimo. Este es un regalo de Navidad para que lo abramos cada día.

Padre santo, gracias por este regalo. Por favor, elimina las decoraciones rotas de mi vida, y vuelve a hacerme de acuerdo a tu gloria. Dame paz. Te afirmo como mi Señor, y recibiré tus órdenes. Gracias por amarme con tanta ternura. Yo también te amo.

El mayor regalo

Dios no envió a su Hijo al mundo para condenar al mundo, sino para salvarlo por medio de él.

JUAN 3:17, NVI

¿Alguna vez has considerado lo que ocurrió en el cielo el día en que la tierra recibió el mayor regalo de la historia desde su inicio? Cuando Jesús se hizo hombre, dejó a un lado el poder indescriptible de ser plenamente Dios y, en lugar de ello, aceptó la humildad y la debilidad. Por un tiempo, el Padre perdió la inmensurable profundidad de la relación que tenía con su Hijo, y tuvo que ver cómo Jesús aprendía la obediencia mediante el sufrimiento. Verdaderamente, no hay un sacrificio mayor que el que hicieron tanto el Padre como el Hijo para declararnos a todos que somos amados.

Sin la obra del Espíritu Santo, la encarnación de Jesús no hubiera sido posible. Es el mismo Espíritu obrando en ti quien revela el profundo amor de Dios y te ofrece la oportunidad de recibir este regalo. Piensa en ello mientras celebras la época del dar.

Dios, tu regalo para nosotros es inmensurable, impensable e indescriptible. Me humillo ante tu derroche de amor para con toda la humanidad a pesar de nuestra indignidad. Gracias.

Regalo de Navidad

*Dará a luz un hijo, y le pondrás
por nombre Jesús, porque él salvará
a su pueblo de sus pecados.*

MATEO 1:21, NVI

La época de Navidad es una época de amor. Es un
tiempo de recordar que el Dios del universo descendió a
la tierra como un bebé, cambiándolo todo. Es un tiempo
de anhelar con la llegada del adviento. Es un testamento
de celebración. Árboles. Luces centelleantes. Pijamas
cómodos. Tés calientes. Amigas. Familia. Tradiciones.
Comida deliciosa. Regalos. Consideración. Comodidad.
Gozo. Belleza. Salvación… en la forma de un bebé.

La época de Navidad tiene que ver con la salvación.
Es un comienzo que hay que nutrir y devorar al mismo
tiempo. Reconocemos el regalo de Jesús y lo que
significó para Dios enviarlo para salvarnos.
Él verdaderamente es el mejor regalo de todos.

*Dios, en el ajetreo de la época de Navidad,
decido detenerme y recordar de qué se trata.
Soy salva debido a tu regalo. Gracias.*

Jesús: mi canción de Navidad

Brotará la raíz de Isaí, el que se levantará para gobernar a las naciones; en él los pueblos pondrán su esperanza.

ROMANOS 15:12, NVI

Jesús, un judío, vino para que todas las personas calificaran para experimentar su indescriptible esperanza, gozo y paz al poner su fe en Él. No es de extrañar que una gran multitud de ángeles se uniera en alabanza aquella noche. Jesús es la verdadera base para la esperanza y el gozo de cada creyente, para esta época de Navidad y para siempre.

Quizá hoy estás sola o con muchas personas. Tal vez estés leyendo este día de Navidad, o quizá estés poniéndote al día tras un aluvión de actividad. Puede que estés hojeando este libro, y te hayas detenido en este pasaje. Dondequiera que estés, y sean cuales sean tus circunstancias, tienes un regalo del Señor para este mismo día. Está bien; ¡un regalo de Navidad de Dios no caduca! El regalo que Dios tiene para ti, cada día, es este: Él es tu fortaleza y tu canción. Y siempre lo será.

Jesús, gracias por ser mi canción de Navidad. Tú sabes bien lo que necesito para llenar mi alma, incluso cuando yo misma no lo sé. Gracias por tu bondad al venir a la tierra para que yo pudiera ser tu hija. Pensar en eso hace que mi alma se llene de gratitud.

Poder para transformar

Dios nos hace justos a sus ojos cuando ponemos nuestra fe en Jesucristo. Y eso es verdad para todo el que cree, sea quien fuere.

ROMANOS 3:22, NTV

Dios tiene el poder para transformar cualquier cosa. Quizá nosotras pensamos que una persona o situación está totalmente más allá de la redención, pero Dios puede reclamar incluso el corazón y la circunstancia más difícil. Tal vez hemos perdido la fe para creer en algo, pero Dios nunca lo hace porque sabe de lo que es capaz.

Dios, que tiene el poder de hablar y hacer que exista el universo, ciertamente puede intervenir en una situación y hacer lo que quiera en ella. Dios, que mandó que los muertos salieran de la tumba, no cabe duda de que puede ablandar el corazón incluso del alma más endurecida.

Gracias, Dios, porque tú ofreces redención para mi corazón, mi vida y mis circunstancias. Ayúdame a confiar en ti plenamente en el proceso redentor, para que pueda disfrutar del beneficio de una vida que ha sido cambiada por ti.

Contar

Pues donde tengan ustedes su tesoro,
allí estará también su corazón.

LUCAS 12:34, NVI

Un asesor financiero te pide que cuentes cada dólar gastado en el transcurso de tres meses. La razón de este ejercicio es demostrar claramente nuestras prioridades. ¿Dónde va nuestro dinero? Una vez que lo sepamos, podremos reajustar nuestro gasto según nuestro plan financiero general.

El mismo método se podría aplicar a la vida en general. ¿Dónde gastamos nuestro tiempo? Si anotamos todo el tiempo que invertimos en nuestras relaciones con seres queridos, ¿nos quedaríamos cortas? Cuando sentimos que nuestra relación con Dios flaquea, es bueno evaluar dónde dirigimos la mayoría de nuestro tiempo y enfoque. ¿Lo buscamos a Él? ¿Pasamos tiempo en su Palabra?

Dios, quiero hacer de ti una prioridad en mi vida otra vez.
Ayúdame a mostrarte a ti y a otros dónde están
verdaderamente mi tesoro y mi corazón.

Vida abundante

Yo soy la puerta; si alguno entra por Mí, será
salvo; y entrará y saldrá y hallará pasto. El ladrón
solo viene para robar, matar y destruir. Yo he venido para
que tengan vida, y para que la tengan en abundancia.

JUAN 10:9-10, NBLA

Muchos han sufrido el trauma de que un ladrón entre en su casa. Quizá te haya pasado a ti. Como sabes, el diseño del ladrón es totalmente egoísta: satisfacer sus propios deseos sin importar el costo que tenga para otros. En un sentido espiritual, el ladrón (Satanás) tiene una motivación similar, solo que con un objetivo mucho más oscuro. Él no solo quiere robar tu gozo, tu fe y tu misma vida, sino también quiere la destrucción de tu alma.

En contraste con eso, tenemos al buen Pastor. Él no vino para quitar, ¡sino para dar abundantemente! Sus regalos van más allá del perdón y la salvación de los pecados. Él desea que nuestra vida sea algo más que una simple y mera existencia para convertirse en una vida abundante y satisfactoria, bendecida todo el tiempo desde el presente hasta la eternidad. Lleva esta verdad hoy a tu día, ¡y vive exuberantemente!

Señor, ayúdame a reconocer los intentos del ladrón de
robar mi gozo y mi fe. Gracias por ser mi buen
Pastor e inundar mi vida de abundancia.

Al mínimo

*Recuerden que el Señor recompensará
a cada uno de nosotros por el bien que hagamos.*

EFESIOS 6:8, NTV

Una vida más simple. Una vida con menos cosas. Una vida con menos quehaceres. Una vida donde menos es más. Una vida de margen. Una vida, dicho de forma sencilla, menos ocupada. Puede que deseemos todo eso para nosotras, y a la vez, nos cuesta mucho alcanzarlo. Siempre hay toda una lista de responsabilidades que no nos dejan mucho espacio para los márgenes.

Está bien estar feliz con una vida calmada. Está bien *desocupar* tu *ocupada* vida. Está totalmente bien empezar a usar la palabra *no* más a menudo. En el otro extremo de esta vida tan ocupada encontraremos menos estrés, menos ansiedad y menos decepción.

*Jesús, mi tesoro es mi relación contigo.
No es lo que digo o lo que hago. Sé que tú deseas mi corazón, y quiero dártelo por completo. Ayúdame a crear una vida más simple para que pueda oír tu gentil susurro llamándome a acercarme.*

Lamento en baile

Que sea tu gran amor mi consuelo,
conforme a la promesa que hiciste a tu siervo.

SALMOS 119:76, NVI

La aflicción puede ser muy distinta según cada persona, pero toda encaja en el mismo molde de confusión, enojo, tristeza y duda que encoje el corazón. La mayoría de las veces, la aflicción nos sorprende con una agitación de todo lo que pensábamos que era sólido en la vida. Confiar en un Dios que nos ama incondicionalmente se vuelve confuso en esos momentos. Nuestro sólido cimiento se vuelve esponjoso e incierto.

Con suerte, con los suaves toques en nuestro corazón para recordar su gran amor por nosotras, la confusión se convierte en entendimiento y la tristeza en gozo por los momentos que pudimos compartir. Nuestra mente esponjosa y llena de dudas se aferra a la verdad que conocíamos en lo más hondo de nuestra alma: que Dios es bueno y tiene un plan para nuestra vida.

Señor Dios, hay veces en las que he dudado de tu plan
para mi vida. Etapas de aflicción han hecho que me
resulte difícil ver que habrá nuevamente risa y paz.
Ayúdame a confiar en tu promesa de consuelo
en esos momentos.

Sabiduría en cada situación

Entonces comprenderás lo que es correcto, justo e imparcial y encontrarás el buen camino que debes seguir. Pues la sabiduría entrará en tu corazón, y el conocimiento te llenará de alegría. Las decisiones sabias te protegerán; el entendimiento te mantendrá a salvo.

PROVERBIOS 2:9-11, NTV

Toda esta vida es una prueba. A medida que vivimos cada día, las pruebas que enfrentamos nos enseñan valiosas lecciones. Puede parecer que es al revés: por lo general, las lecciones se aprenden para prepararnos para una prueba. Pero, en la vida, las pruebas a menudo vienen primero. Mediante las lecciones, Dios nos da la sabiduría que necesitamos para la siguiente prueba.

Es una apuesta segura que las pruebas seguirán llegando. Por fortuna, nuestro corazón obtiene entendimiento con cada prueba. La tensión y la incertidumbre se derriten; el gozo florece. El consejo de Salomón es que escuchemos la sabiduría, que la apliquemos, y aprendamos mientras caminamos. Entonces tendremos entendimiento; encontraremos el camino correcto con sabiduría en nuestro corazón y gozo por el conocimiento.

Dios, tú me has enseñado muchas lecciones valiosas mediante las pruebas de la vida. Me gozo en la sabiduría que he obtenido de esas pruebas. Gracias por darme la oportunidad de tomar decisiones sabias.